唐僕尚丞郎表

（四）

嚴耕望◎著

北京联合出版公司
Beijing United Publishing Co.,Ltd.

唐僕尚丞郎表 卷十七

輯考六上 兵部尚書

屈突通——武德元年六月一日甲戌朔，以隋兵尚留任。（通鑑一八四、一八五，參舊傳。）三年二月十日甲辰，見在任。（會要四五功臣條。）四年七月，出爲陝東道大行臺右僕射。（通鑑、兩傳。）——舊五九、新八九有傳。

任瓌——武德末，蓋八九年，曾官兵尚。——舊五九、新九〇有傳。

〔考證〕舊傳：「關東初定，持節爲河南道安撫大使。……圓朗事平，遷徐州總管，仍爲大使。……及輔公祏平，拜邢州都督。隱太子之誅也，瓌弟璨時爲典膳監，瓌坐左遷通州都督。貞觀三年卒。」新傳略同，惟「邢州」作「邗州」，都督下又有「遷陝州」三字。皆不云爲兵尚。而朝野僉載三：「初兵部尚書任環，敕賜宮女二人，……妻妒，爛二女頭髮禿盡，太宗聞之，」云云。按唐初大臣無任環；而任瓌舊傳：「妻劉氏妬悍無禮。」則僉載「環」必「瓌」之譌。是似曾官兵尚，而兩傳失書也。又按，徐圓朗事平在武德六年，輔公祏以武德六年八月反，七年三月誅，隱太子誅在九年六月。是瓌遷兵尚或當在八九年，蓋卽由陝州入拜，後貶通州歟？

●杜如晦——武德九年七月六日壬辰，由太子右庶子遷兵尚。（舊紀、通鑑、兩傳〔作左庶誤〕。）貞觀二年正月三日辛亥，兼檢校侍中・攝吏尚，仍總監東宮兵馬事。（新表、新紀、兩傳、文館詞林六九一授杜如晦別檢校官勅。）三年二月六日戊寅，遷右僕。（兩紀、新表、通鑑、兩傳。）——舊六六、新九六有傳。

●李靖——貞觀三年二月六日戊寅，由刑尚・檢校中書令遷兵尚，中書令如故。（新表、舊紀、通鑑、兩傳。)十一月，爲定襄道行軍大總管，討突厥。〔考證一〕。四年蓋四月，進階左光祿大夫。〔考證二〕。八月二十二甲寅，遷右僕，階如故。(詳右僕卷。)——舊六七、新九三有傳。

〔考證一〕　新紀表，爲定襄道大總管在三年八月。而舊紀在十一月。按通鑑，八月丁亥，只云以兵尙爲行軍總管討突厥；十一月庚申，始書以兵尙爲定襄道行軍總管。今姑書於十一月。

〔考證二〕　據兩傳，大破突厥，擒頡利，突利來降，然後云「詔加左光祿大夫。」按，執頡利獻捷在四年三四月，則進階不能早過初夏。

●**侯君集**——貞觀四年十一月一日壬戌朔，由右衞大將軍遷兵尙·參預朝政。〔考證〕。蓋同時，權檢校吏尙事。(新傳。)六年三月，以喪罷。(新表、新紀。)十一月，起復。(新表、新紀〔十月〕。)八年十二月三日辛丑，爲積石道行軍總管，從李靖伐吐谷渾。(新表、兩紀、通鑑。)九年十二月，見在任。(通鑑。)十一年，見在任。(舊六五長孫無忌傳。)十二年八月三日戊寅，遷吏尙，進階光祿大夫，仍參朝政。(詳吏尙卷。)——舊六九、新九四有傳。

〔考證〕　新表通鑑兩紀兩傳書事均同。新紀表作十一月壬戌，而通鑑作十一月壬辰。按十一月無壬辰，而此下書事爲「甲子」，是三日，則「辰」必「戌」之譌。舊紀書於十月戊寅。按戊寅已是十一月十七日，今不取。

李世勣——貞觀十五年十一月三日庚申，由幷州大都督府長史入遷兵尙。(通鑑、兩傳。)時階光祿大夫。(舊傳。)同月十六癸酉，爲朔州道行軍總管，討薛延陀。(通鑑、兩紀。)十六年，見在任。(舊七四崔仁師傳。)十七年二月二十八戊申，圖像凌烟閣，階如故。(會要四五功臣條、舊六五長孫無忌傳、全唐文七太宗圖功臣像於凌煙閣詔。)四月十日己丑，遷太子詹事·同中書門下三品，(舊紀、新表、兩傳。)進階特進。(舊傳。)——舊六七、新九三有傳。

長孫無憲——貞觀中，蓋李世勣前後，官至兵尙。——兩書無傳。

〔考證〕新七二上世表，長孫無忌兄「无憲，兵部尙書、薛國公。」按此必貞觀中。然貞觀中惟世勣前後各有兩三年闕。

崔敦禮——貞觀二十年，由靈州都督入遷兵尙。（碑、兩傳。）時階銀青光祿大夫。（碑。）是年六月，見在任。（舊紀、通鑑。）二十二年，見在任。（舊紀、通鑑。）永徽三年六月，見在任。（通鑑。）四年十一月五日癸丑，遷侍中。（兩紀、新表、通鑑、兩傳、碑。）——舊八一、新一〇六有傳，全唐文一四五有于志寧撰崔敦禮碑。

〔附考〕據前注出處，敦禮自貞觀二十年遷兵尙直至永徽四年遷侍中，中間未卸。而新七七荆王元景傳，坐子與房遺愛往還誅，時崔敦禮奏事，銜爲兵部侍郎。按此在永徽二年，「侍郎」必誤。又芒洛遺文補遺獨孤氏墓誌：「祖母博陵崔氏，故兵部侍郎敦禮之姪女。」亦誤。

唐臨——永徽四年十二月至五年春間，由刑尙遷兵尙。時階銀青光祿大夫。〔考證〕。顯慶元年或二年春夏，遷度支尙書。（詳戶尙卷。）——舊八五、新一一三有傳。

〔考證〕舊傳：「加銀青光祿大夫，……。永徽元年，爲御史大夫，……尋遷刑部尙書，加金紫光祿大夫，復歷兵部、度支、吏部三尙書。」新傳不書；而新七四下世表，臨亦曾官兵尙。考萃編五〇萬年宮銘碑陰，從駕羣臣題名，唐臨書銜「銀青光祿大夫·守兵部尙書·上輕車都尉。」碑以永徽五年五月十五日庚申立，而文云：「時侵夏首，日□餘春。」是作於三月尾或四月，是其時臨在任。按四年十一月十九日，臨尙在刑部，又合前條崔敦禮事觀之，則臨由刑部遷兵部當在四年十二月或五年春也。又據碑陰，其時階尙銀青；而舊傳進階金紫在此前，誤。

●**任雅相**——顯慶中，由兵侍遷兵尙。（冊府四五七。）四年五月二十丙申，以本官同中書門下三品。（新表、兩紀、通鑑。）龍朔元年四月十六庚辰，爲浿江道行軍大總管，伐高麗。（新表、通鑑、會要九五高句麗條、舊紀〔作五月丙申誤〕。）二年二月十四甲戌，薨於軍。（新表、兩紀、通鑑。）——兩書無傳。

●姜恪——麟德二年三月十二甲寅，以兼司戎太常伯同東西臺三品。（舊紀、通鑑、新紀〔無兼字〕、新表〔同上〕。）總章元年十二月二十四甲戌，兼檢校左相。（通鑑、新紀〔無兼字〕、新表〔同上〕。）蓋二年，卸司戎。（據崔餘慶事推知。）——兩書無傳。

崔餘慶——總章二年十二月二十二丁卯，在司戎太常伯任。時階銀青光祿大夫。（全唐文一四高宗冊冀王輪文。）——舊八一、新一〇六附崔敦禮傳。

〔附證〕舊傳：「子餘慶，官至兵部尚書。」新傳及新七二世表並同；惟皆作敦禮之弟。未知孰是。

裴熙載——高宗世，蓋中葉以前，官至兵尚。——舊八六附見子居道傳。

〔考證〕新七一上世表，裴氏「熙載，兵部尚書。」按父「鏡民，隋兵曹郎。」子「居道，相武后。」又據舊傳，熙載貞觀中曾爲左丞。則熙載官兵尚在高宗世，不能遲過中葉。

李德懋——高宗世，蓋中葉，官至兵尚。——舊六〇、新七八附見父襄邑王神符傳。

〔考證〕兩傳皆云官至少府監臨川郡公。而新七〇上世表，德懋官至刑尚。又萃編六八法琬法師碑，祖神符。「父德懋，故金紫光祿大夫，少府監，宗正卿，兵部尚書，上柱國，臨川公。」作兵部，與表又異。然官至尚書蓋可信。今姑從碑作兵尚。又據舊傳，神符以永徽二年卒，年七十三。據碑，法琬以垂拱四年卒，年四十九。則德懋官尚書當在高宗世，蓋中葉。

●郝處俊——儀鳳元年，以中書令檢校兵尚。——舊八四、新一一五有傳。

〔考證〕舊傳：「代閻立本爲中書令。歲餘，兼太子賓客，檢校兵部尚書。……儀鳳二年，加金紫光祿大夫·行太子左庶子。」新傳，同。按，處俊以上元二年八月遷中書令，則檢校兵尚當在儀鳳元年。

李虔繹——蓋高宗中末葉，官至兵尚？——兩書無傳。

〔考證〕 新七二世表，李氏武陽房，「虔繹，兵部尚書。」按其兄名虔緒，則虔字當不誤。又其同輩廻秀相武后，則虔繹當亦高宗武后時人。而會要有李處繹，總章二年爲兵部侍郎。時代略相及，蓋卽一人，譌「虔」爲「處」耳。兵侍絕不誤。已詳彼卷。此表兵尚可能爲兵侍之譌，今姑兩存之，時間當不出高宗世歟？

●岑長倩——弘道元年十二月二十五戊寅，由兵侍與中書門下同承受進止平章事遷兵尚·同中書門下三品。（新表、舊紀〔作甲戌依舊知政事〕。）垂拱元年三月，見在任。（會要三九定格令條。）二年四月十一庚辰，遷內史，（新表、兩紀、通鑑、兩傳。）仍知夏官事。（兩傳。）四年秋，仍見在夏官任。（舊七六太宗子越王貞傳。）天授元年春一月十日戊子，遷文昌右相·同鳳閣鸞臺三品。（詳右僕卷。）——舊七〇、新一〇二有傳。

武三思——天授元年，遷夏尚。九月前後，遷天尚。（詳吏尚卷。）——舊一八三、新二〇六有傳。

歐陽通——天授元年，由殿中監遷夏尚。（舊傳、全唐文二四四李嶠爲歐陽通讓夏官尚書表。）二年八月十日戊申，遷司禮卿·兼判納言事。（新表、新紀、通鑑、舊傳。）〔考證〕。——舊一八九上、新一九八有傳。

〔考證〕 是日由夏尚遷司禮卿·判納言事，新紀、表、通鑑均無異說，舊傳亦云：「二年，轉司禮卿·判納言事。」而舊紀在是年七月，以夏尚知納言事，不云轉司禮卿，與新紀表鑑不合，與舊傳亦歧。考全唐文二四四李嶠爲歐陽通讓夏官尚書表後，有爲歐陽通讓司禮卿第二表，舊紀必誤無疑。

●楊執柔——天授二年，或長壽元年正臘月，遷夏尚。（全唐文二四四李嶠爲楊執柔讓夏官尚書表，在爲歐陽通讓夏官表後。）長壽元年春一月二日戊辰，以本官同鳳閣鸞臺平章事。（通鑑、新表〔據百衲本而他本作正月誤〕、新紀〔同上〕、舊紀〔作冬官與李遊道抵觸蓋誤〕。）八月十六戊寅，罷爲地尚。（詳戶尚卷。)——舊六二、新一〇〇附見楊恭仁傳。

●王璿——長壽元年八月十九辛巳，由營繕大匠遷守夏尙·同鳳閣鸞臺平章事。(新表、新紀〔卽書於戊寅〕、通鑑〔脫八月〕。)九月二十二癸丑，流嶺南。(新表、新紀。)——兩書無傳。

婁師德——長壽元年蓋冬，以夏侍判夏尙事。(兩傳。)——舊九三、新一〇八有傳。

〔附考〕　朝野僉載五：「婁師德，鄭州人，爲兵部尙書，使幷州。」不知是否卽指此時判尙書而言。

●王孝傑——長壽二年，由左衞大將軍遷夏尙。(兩傳。)延載元年四月九日壬戌，以本官同鳳閣鸞臺三品。(新表、通鑑、舊紀、兩傳。)八月十七戊辰，爲翰海道行軍總管。(新表、新紀、通鑑。)天冊萬歲元年正月二十六丙午，爲朔方道行軍總管，擊突厥。(同上。)七月十五辛酉，爲肅邊道行軍大總管，擊吐蕃，(同上。)時仍在夏尙任。(舊九三婁師德傳。)萬歲通天元年三月一日壬寅朔，罷。(新表、通鑑。)——舊九三、新一一一有傳。

●武攸寧——聖曆元年九月七日甲子，以夏尙同鳳閣鸞臺三品。(新表、新紀、通鑑。)二年春一月四日庚申，罷爲冬尙。(新紀、通鑑、新表〔作二月庚申誤〕。)——舊一八三、新二〇六附武承嗣傳。

唐奉一——久視元年三月四日癸丑，以夏尙爲天兵中軍大總管，以備突厥。(新紀。)——兩書無傳。

●姚元之——長安元年六月十九庚申，以鳳閣侍郎·同鳳閣鸞臺平章事兼知夏尙事。(新表。)——舊九六、新一二四有傳。

●唐休璟(璿)——長安三年七月二十一庚戌，由右金吾衞大將軍·檢校涼州都督遷夏尙·同鳳閣鸞臺三品。〔考證〕。四年三月十四己亥，轉太子右庶子，仍同三品。(新表、兩傳、全唐文九五武后授唐休璟左庶子同三品制〔作左〕。)同時，進階金紫光祿大夫。(授制。)——舊九三、新一一一有傳。

〔考證〕　舊傳：「爲司衞卿·兼涼州都督，(略)持節隴右諸軍州大使。……擢拜右武威、右金吾二衞大將軍，……遷夏官尚書·同鳳閣鸞臺三品。」新傳同。新表，長安三年七月「庚戌，檢校涼州都督唐休璟爲夏官尚書·同鳳閣鸞臺平章事。」新紀同。通鑑，同月日，「以夏官尚書·檢校涼州都督唐休璟同鳳閣鸞臺三品。」數處小有不同，合而觀之，蓋由右金吾衛大將軍·檢校涼州都督遷夏官入相也。又全唐文九五武后授唐休璟左庶子同三品制，原銜爲「夏官尚書·同鳳閣鸞臺三品。」則通鑑及兩傳作同三品是也，新紀表誤。又舊紀，長安三年「七月，殺右金吾大將軍唐休璟。」殺字衍文，(或殺下有奪文。)而璟下奪「爲夏官尚書同鳳閣鸞臺三品」十二字。合鈔及殿本考證均謂休璟未嘗爲右金吾，亦誤。

●姚元之——長安四年六月二十八壬午，以相王府長史兼知夏尚·同鳳閣鸞臺三品。(新表、新紀、通鑑、兩傳。)八月八日辛酉，換兼春尚，餘如故。(新表、通鑑、兩傳。)——此再任。

○唐休璟(璿)——長安四年八月七日庚申，由太子右庶子·同鳳閣鸞臺三品罷爲夏尚·兼幽營二州都督·安東都護。(兩傳、新表、新紀、通鑑〔表紀鑑皆失書爲夏尚〕。)時階金紫光祿大夫。(全唐文九五武后授唐休璟左庶子同三品制。)——此再任。

●張柬之——神龍元年正月二十九庚戌，由鳳閣侍郎·同鳳閣鸞臺平章事遷夏尚·同鳳閣鸞臺三品。四月二日辛亥，遷吏尚，仍同三品。(詳吏尚卷。)——舊九一、新一二〇有傳。

●魏元忠——神龍元年四月二十五甲戌，由衛尉卿·同中書門下平章事遷兵尚·同中書門下三品。(新表、通鑑、兩傳。)五月十六甲午，兼侍中。(舊紀、新表、通鑑。)六月十五癸亥，正拜侍中，(新紀、新表、通鑑、兩傳。)仍兼檢校兵尚。(舊紀、舊傳。)十月二十五辛未，遷中書令，(兩紀、新表、通鑑、兩傳。)進階光祿大夫，(舊傳。)蓋仍兼兵尚。(舊紀下條原銜。)二年七月二十五丙寅，遷右僕，仍兼中書令·知兵部事。(舊紀、新表、兩傳。)十二月二十六丙申，遷左僕，(兩紀、新表、兩傳。)仍兼中書令·知兵部事。(舊紀、兩傳。)蓋景龍元年春夏，卸兵部事。(舊紀是年八月書銜已無兵部。)——舊九二、新一二二有傳。

●豆盧欽望？——神龍元二年之際，（參新表。）以左僕・相王府長史・知軍國重事兼知兵部事。（舊傳。）——舊九〇、新一一四有傳。

●宗楚客——景龍元年，由太僕卿遷兵尙。（兩傳。）七月六日辛丑，見在任。（通鑑、新傳。）九月二日丁酉，以本官同中書門下三品。（兩紀、新表、通鑑〔作丁卯誤〕、兩傳。）十月四日戊辰，見在任。（全唐文二四一宋之問爲宗尙書祭梁王文。）二年四月二十壬午，監修國史。（會要六四史館雜錄〔誤作兵侍〕。）同月二十二甲申，爲修文館大學士。（會要六四宏文館條。）三年二月九日丙申，見在任。（會要六一彈劾條。）三月一日戊午朔，遷中書令。（新紀、新表、舊紀〔脫三月合鈔已補〕、通鑑、兩傳。）——舊九二、新一〇九有傳。

●韋嗣立——景龍三年三月一日戊午朔，由太府卿遷兵尙・同中書門下三品。（新表、新紀、舊紀〔脫三月〕、兩傳、〔通鑑作中書侍郎考異云從實錄〕。）十二月十八庚子，見在任。（舊紀、會要二七行幸條〔作二年誤〕。）景雲元年六月二十三癸卯，貶宋州刺史。（舊紀、通鑑、新表〔壬寅〕。未之官。同月二十八戊申，遷中書令。（新表、通鑑、舊紀〔丁未〕、兩傳。）——舊八八、新一一六有傳。

●李嶠——蓋景雲元年六月二十三癸卯至二十八戊申間，以特進・同中書門下三品守兵尙。——舊九四、新一二三有傳。

〔考證〕　舊傳：「景龍三年罷中書令，以特進守兵部尙書・同中書門下三品。睿宗卽位，出爲懷州刺史。」新傳無「守兵部尙書」一句，餘略同。新表，景龍三年「八月乙酉，嶠守兵部尙書・同中書門下三品。」景雲元年七月丙寅，「嶠貶懷州刺史。」新紀不云守兵部。舊紀兩條月日並同。前條云「特進・行中書令趙國公李嶠爲特進・同中書門下三品。」後條原銜亦爲「特進・同中書門下三品」。皆不云守兵部。通鑑前條與新紀同；而後條原銜爲「兵部尙書・同中書門下三品」。按材料歧異如此，參合觀之，嶠在同三品期間似實曾守兵部。然自景龍三年三月一日至景雲元年六月二十三日，韋嗣立在兵部任，六月二十八日姚元之復遷兵尙同三品，則嶠同三品期間僅景雲元年六月二十三至二十八數日間兵尙有闕，今姑書於此時。新表始同三品時卽守兵尙，通鑑貶出時仍銜兵尙，則必誤也。

●姚元之——景雲元年六月二十八戊申，由許州刺史入遷兵尙·同中書門下三品。（新表、新紀、通鑑、舊紀〔丁未〕、兩傳。）時階銀青光祿大夫。（全唐文二五二蘇頲授姚元之宋璟兼庶子制。）七月十三壬戌，兼太子左庶子，（舊紀〔作右庶誤〕、新表〔書於入相日誤參萃編九七宋璟碑〕、蘇頲授制。）階如故。（授制。）同月十七丙寅，兼中書令。（新表、兩紀、通鑑。）十一月一日戊申朔，正拜中書令，（新表、新紀、通鑑、舊紀〔十月丁未〕、兩傳。）仍兼兵尙。（新表、舊紀。）二年二月九日甲申貶申州刺史。（新表、新紀、通鑑、舊紀〔作甲辰誤〕、兩傳。）——此三任。

●郭元振——景雲二年二月二十三戊戌，由太僕卿·同中書門下三品遷兵尙，仍同三品。時階銀青光祿大夫。十月三日甲辰，罷爲吏尙。（詳吏尙卷。）——舊九七、新一二二有傳，全唐文二三三有張說撰代國公郭公行狀。

○李廻秀——景雲二年冬或先天元年春，蓋由鴻臚卿遷兵尙。先天元年七月四日辛未，爲朔方道後軍大總管。旋卒官。——舊六二、新九九有傳。

〔考證〕舊傳：「景龍中，累轉鴻臚卿·修文館學士，又持節爲朔方道行軍大總管。……俄代姚崇爲兵部尙書。病卒。」新傳同。是朔方總管在兵尙前。而新紀，先天元年七月辛未，「兵部尙書李廻秀爲朔方道後軍大總管。」與傳異。今姑據紀書之。又據員闕，廻秀代郭元振，非代元之；舊傳小誤。

●郭元振——先天元年秋或十月十一月，（看刑尙卷。）由刑尙·朔方道行軍大總管遷兵尙，仍爲大總管。（行狀、兩傳，參通鑑十一月事。）時階金紫光祿大夫。（行狀。）十一月二十九甲午，以本官爲右軍大總管。（通鑑、新紀。）開元元年六月九日辛丑，以本官同中書門下三品。〔考證〕。秋，兼御史大夫，爲天下行軍大元帥。（行狀、兩傳。）十月十三癸卯，流新州。（兩紀、新表、通鑑、行狀、兩傳。）

——此再任。

〔考證〕舊紀，開元元年「六月丙辰，兵部尚書・朔方道行軍大總管郭元振加同中書門下三品。」新紀同，惟不書銜。新表作「丙寅」，字譌。通鑑與兩紀同。然考異云：「六月辛丑，郭元振同三品。注曰，舊紀在丙辰，今從睿宗實錄。」胡注云：「據考異，則通鑑正文當改丙辰爲辛丑。」則通鑑辛丑譌爲丙辰，久矣。今仍從實錄作辛丑。

●姚元之——開元元年十月十四甲辰，由同州刺史入遷兵尚・同中書門下三品。（新表、兩紀、通鑑、兩傳。）十一月，（戊子加尊號。）改名崇。（兩傳。）十二月十三壬寅，以本官兼紫微令。（新表、新紀、通鑑、兩傳〔作遷誤〕、全唐文二五〇蘇頲授姚崇兼紫微令制。）時階金紫光祿大夫。（授制。）旋爲都檢校諸軍大使。（全唐文二五二蘇頲授姚崇都檢校諸軍大使制。）三年，見在兵尚・兼紫微令任。（新五八藝文志開元新格。）四年閏十二月二十七己亥，罷爲開府儀同三司。（舊紀〔十二月乙丑〕、新表、新紀、通鑑。）——此四任。

王晙——開元八年九月，由御史大夫遷兵尚，（舊紀、兩傳。）復充朔方軍大總管。（兩傳、〔兩紀作幽州都督而通鑑九年四月作朔方總管〕。）時階銀青光祿大夫。（舊傳。）九年，仍兼御史大夫。（舊傳。）九月二日丙午，貶梓州刺史。（通鑑、兩傳。）——舊九三、新一一一有傳。

●張說——開元九年九月十九癸亥，由右羽林將軍・檢校并州大都督府長史・天兵軍節度大使遷兵尚・同中書門下三品。（舊紀、新紀、通鑑、新表〔作辛亥誤〕、兩傳。）十年四月二十九己亥，兼充朔方軍節度大使。（新紀、通鑑、兩傳、全唐文二八有元宗授制。）閏五月二日壬申，出巡朔方。（兩紀、通鑑、兩傳。）十一年二月二十七癸亥，兼中書令。（新表、新紀、通鑑、舊紀〔脫二月合鈔已補〕。）四月二十九癸亥，正拜中書令。〔考證〕。——舊九七、新一二五有傳。

〔考證〕兩傳皆遷中書令。新紀新表書說正拜中書令於四月甲子。通鑑失書。舊紀作四月癸亥，較新書差前一日。按：說正拜中書令與王晙再相同日。據後王晙條，當以二十九日癸亥爲正；新書小誤。

●王晙——開元十一年四月二十九癸亥，由吏尚遷兵尚·同中書門下三品。（詳吏尚卷。）時階銀青光祿大夫。（舊傳。）五月二十五己丑，充朔方節度使·兼知河北河東隴右河西兵馬使，（新表、新紀、通鑑、舊紀〔作己巳誤又誤「河東隴右」爲「郡隴左」〕、兩傳。）進階金紫光祿大夫。（舊傳。）六月，出巡朔方。（新表、兩紀、通鑑。）十二月二十九庚申，貶蘄州刺史。（新表、兩紀、通鑑、兩傳。）——此再任。

●蕭嵩——開元十四年，由兵侍遷檢校兵尚·領朔方節度大使。〔考證〕。十五年五月，兼關內鹽池使。（會要八八鹽池使條。）十月十三辛巳，改領河西節度副大使·判涼州事。（舊紀〔閏九月〕、通鑑。）〔考證〕。尋進階銀青光祿大夫。（舊傳。）十六年十一月一日癸巳朔，正拜兵尚·同中書門下平章事，餘如故。（舊紀、新表、通鑑、新紀。）蓋後進同三品。（兩傳。）十七年六月十五甲戌，兼中書令，（舊紀、新表、新紀、通鑑、兩傳。）遙領河西。（通鑑、兩傳。）不知何時，加集賢院學士知院事·兼修國史。（兩傳、全唐文二二三元宗授蕭嵩集賢院學士修國史制。）二十年七月六日丁未，見在兵尚·兼中書令·集賢學士任，階如故。（避暑錄話卷下授李暹汾州刺史告身。）十二月三日壬申，遷吏尚，仍兼中書令。（詳吏尚卷。）——舊九九、新一〇一有傳。

〔考證〕 舊傳：「三遷爲尙書左丞、兵部侍郎。十五年，……以嵩爲兵部尙書·河西節度使·判涼州事。」新傳：「遷尙書左丞。十四年，以兵部尙書領朔方節度使。……會吐蕃……殺涼州守將王君㚟，河隴大震，……徙嵩河西節度使·判涼州事。」兩傳不同。按通鑑，十五年十月辛巳「以朔方節度使蕭嵩爲河西節度等副大使。」冊府四〇：「開元十五年六月，朔方節度使·兵部尙書蕭嵩赴朔方軍。」云云。又會要八八鹽池使條：「開元十五年五月，兵部尙書蕭嵩除關內鹽池使」。此亦朔方節度兼職。則先爲朔方節度是也，今參合兩傳書之。又據舊紀開元十五年閏九月條及十六年十一月條，嵩書銜皆爲檢校兵尙。蓋由兵侍特擢，故資淺也。

李暠——開元二十一年十二月，由工尙遷兵尙。同月二十四丁巳或後一兩日遷吏尙。（詳吏尙卷。）——舊一一二、新七八有傳。

李禕——開元二十二年四月，由禮尙·關內採訪處置等使遷兵尙·領朔方節度大使。時階開府儀同三司。（兩傳、全唐文三五八杜頠兵部尙書壁記。）〔參全唐文二八四張九齡敕處分宴朔方將士。〕蓋二十三四年，貶衢州刺史。（兩傳、參李林甫年月。）——舊七六、新八〇有傳。

●李林甫——開元二十四年七月二十三庚子，由戶尙·同中書門下三品遷兵尙，仍同三品。時階金紫光祿大夫。（詳戶尙卷。）十一月二十七壬寅，兼中書令。（舊紀、新表。）二十六年正月二十三壬辰，遙領隴右節度副大使知節度事。（新表、通鑑。）五月十八乙酉，遙領河西節度副大使知節度事，仍判涼州事。（新表、通鑑。）二十七年四月二十八己丑，遷吏尙，仍兼中書令，階如故。（詳吏尙卷。）——舊一〇六、新二二三上有傳。

●牛仙客——開元二十七年四月二十八己丑，由侍中·遙領河東節度副大使知節度事遷兵尙，仍兼侍中，領節度。（新表、通鑑、舊紀〔作丁酉誤〕、舊傳。）二十八年十一月，罷節度。（新表、通鑑。）天寶元年七月二十九辛未，薨。（兩紀、通鑑、新表〔作辛丑誤〕、兩傳。）——舊一〇三、新一三三有傳。

●李適之——天寶元年八月二十壬辰，以左相兼兵尙。（舊紀、新表。）四載六月，見在任。（通鑑。）八九月，見在左相·兼兵尙·宏文館學士任。時階光祿大夫。（萃編八七石臺孝經題名。）五載四月八日庚寅，罷爲太子少保。（舊紀、新表。）——舊九九、新一三一有傳。

●陳希烈——天寶六載三月二十八甲辰，以左相兼兵尙。（新紀、新表〔作二月甲辰誤〕、舊紀〔四月戊午〕、兩傳、全唐文二一五元宗授陳希烈左相制。）時階光祿大夫，領集賢殿宏文館學士·崇元館大學士·太清太微宮使。(授制。)九載四月二十六甲申，見在任。時階特進，餘如故。(全唐文三八元宗冊廣寧公主文。)不知何時卸兵尚。——舊九七、新一二三上有傳。

哥舒翰——天寶十二三載，以鴻臚員外卿·隴右河西節度副大使知節度事兼判武部事。時階開府儀同三司。十三載，見在任。——舊一〇四、新一三五有傳。

〔考證〕 全唐文二五元宗加哥舒翰爵賞制：「開府儀同三司·兼鴻臚卿員外置同正員·西平郡王·判武部事·攝御史大夫·持節充隴右河西節度(略)等副大使知節度事·上柱國·涼國公哥舒翰……可開府儀同三司·太子少保，加賜實封二百戶，通前五百戶，……餘並同。」按舊傳：「為隴右節度(略)副大使知節度事，……拜特進·鴻臚員外卿，……加御史大夫。十一載加開府儀同三司。……十二載進封涼國公，食實封三百戶，加河西節度使，尋封西平郡王。……十三載，拜太子太保，(新傳作少保，是。)更加實封三百戶。」又據舊紀，十二載九月封西平郡王。則此制行於十三載無疑。

●韋見素——天寶十三載八月二十三丙戌，由文侍遷武尚·同中書門下平章事·兼知門下省事。時階銀青光祿大夫。(詳吏侍卷。)至德元載七月十八庚午，兼左相。(兩紀〔作為〕、新表〔作為〕、兩傳。)旋進階金紫光祿大夫，(舊傳。)卸武尚。——舊一〇八、新一一八有傳。

●郭子儀——至德元載八月一日壬午朔，由靈州大都督府長史·朔方節度使遷武尚·同中書門下平章事，仍兼長史，領節度。(通鑑、舊紀、兩傳。)二年四月一日戊寅，遷司空·充關內河東副元帥，仍兼武尚·長史·平章事·領節度。(新表、兩傳、參全唐文四四肅宗收復兩京大赦文。)五月十七甲子，貶左僕，仍兼武尚·長史·平章事，領元帥·節度使。(通鑑、兩傳、參舊紀新表。) 十二月十五戊午，遷司徒，卸武尚，仍兼左僕以下如故。時階銀青光祿大夫。(詳左僕卷。)——舊一二〇、新一三七有傳。

●李光弼——至德二載十二月十五戊午，由檢校司徒·兼戶尚·同中書門下平章事·河東節度副大使遷司空·兼兵尚，仍平章事·領節度。時階銀青光祿大夫。(詳戶尚卷。) 乾元元年八月十七丙辰，遷侍中，仍領節度。（詳戶尚卷。）——舊一一〇、新一三六有傳，全唐文三四二有顏眞卿撰臨淮武穆王李公神道碑。

王思禮——乾元元年八月十七丙辰，由工尚·兼御史大夫·關內節度使遷兵尚，仍領節度。時階開府儀同三司。〔考證〕。旋兼潞沁節度使。（同上。）二年七月二十三丁亥，兼太原尹·河東節度大使。（舊紀、兩傳。）上元元年閏四月七日丁卯，遷司空。（舊紀、新表、兩傳。）——舊一一〇、新一四七有傳。

〔考證〕　舊傳：「加開府儀同三司，……爲關內節度使。……至德二年九月，思禮從元帥廣平王收西京，……又從子儀……收東京，……遷戶部尚書·霍國公。……乾元二年，與子儀等九節度圍安慶緒於相州，思禮領關內及潞府行營步卒。……及光弼鎮河陽，制以思禮爲太原尹·北京留守·河東節度使。」新傳略同，惟作「兵部」。按舊紀，乾元元年八月甲辰，「（銜略）郭子儀、（銜略）李光弼、關內節度使王思禮來朝。加子儀，中書令；光弼，侍中；思禮，兵部尚書；餘如故。」甲辰，當從通鑑新表作丙辰。又舊紀，二年七月「丁亥，以兵部尚書·潞州大都督府長史·潞沁節度·霍國公王思禮兼太原尹·充北京留守·河東節度副大使。」則舊傳「戶部」誤。新傳書兵尚於乾元元年以前，亦小失。又全唐文四四肅宗收復兩京大赦文：「開府儀同三司·御史大夫·兼工部尚書·持節充招討兩京（略）等軍·兼關內節度使·（略）王思禮……可開府儀同三司·行工部尚書·兼御史大夫，封霍國公。」會要四五功臣條略同。此在至德二載十二月十五戊午，（詳戶尚卷李光弼條。）則兵尚前官爲工尚也，紀傳皆失書。（舊紀，至德元載十月，房琯爲兵馬元帥，「仍令兵部尚書王思禮爲副。」新紀同。按此時郭子儀爲武部尚書。兩紀此銜書後官歟？）

●李輔國——上元二年八月一日癸丑，由殿中監·判元帥府行軍司馬·充閑廐五坊宮苑總監·隴右羣牧京畿鑄錢長春宮等使遷兵尚，仍判元帥府行軍司馬·領諸使。時階開府儀同三司。（舊紀、通鑑、兩傳、全唐文四三肅宗加李輔國兵部尚書詔。）寶應元年四月二十六乙亥，進號尚父。（舊紀、通鑑、兩傳。）五月四日壬午，遷司空·兼中書令，仍兼兵尚·判元帥府行軍司馬·領諸使。（通鑑、舊紀〔己卯〕、兩傳、全唐文四六代宗加李輔國司空兼中書令兵部尚書制。）六月十一己未，罷兵尚及行軍司馬·閑廄等使。（舊紀、通鑑。）——舊一八四、新二〇八有傳。

●來瑱——寶應元年九月四日庚辰，由檢校戶尚·山南東道節度使入遷兵尚·同中書門下平章事，仍知山南東道節度事。（通鑑、舊紀、兩傳、〔新表失書〕。）廣德元年正月二十八壬寅，貶流播州，賜死。（舊紀、通鑑、兩傳。）時階開府儀同三司。（舊傳。）——舊一一四、新一四四有傳。

李抱玉——廣德元年六月十一癸未，由陳鄭澤潞節度使遷司空·兼兵尚，仍領節度。（新表、兩傳。）二年九月十七辛亥，遷司徒·兼鳳翔隴右節度使。（新表、新傳。）——舊一三二、新一三八有傳。

●李抱玉——大曆二年秋，由檢校左僕·同中書門下平章事·河西隴右副元帥·鳳翔等道節度使復爲兵尚，仍平章事·領元帥·節度使。〔考證〕。十二年三月三日乙卯，薨。（舊紀、通鑑、兩傳。）——此再任。

〔考證〕　新傳，「進司徒」後云：「抱玉懇讓司徒，故以尚書左僕射同中書門下平章事河西隴右副元帥。又讓僕射，故還爲兵部尚書……。抱玉在鎭十餘年，卒。」舊傳亦云「退授兵部尚書。」舊紀，永泰元年三月「丙午，鳳翔李抱玉讓司徒，從之；授左僕射·同平章事。」不書復讓左僕爲兵尚。而大曆十二年「三月乙卯，河西隴右副元帥·鳳翔懷澤秦隴等州節度觀察等使·兵部尚書·同中書門下平章事·潞州大都督府長史·知鳳翔府事·（勳·封）李抱玉卒。」通鑑月日同，書銜節度上亦有「兵部尚書·同平章事」八字，則還爲兵部，是也。

復考萃編九五會善寺戒壇碑後載中書門下牒，第一行「大曆二年十月十三日牒。」後爲宰相書銜，有元載、杜鴻漸、王鐳等，第五行爲「兵部尚書·平章事李使」，卽抱玉也。又大正藏經第二一二〇大廣智三藏不空和上表制集卷二許助僧道環修金閣寺制，宰相書銜有「檢校左僕射·平章事李袍（抱）玉」，時在永泰元年五月。又大曆元年十一月，二年二月，二年六月諸制勅，書銜並同。而大曆二年十月十三日降誕日度僧五人制，宰相書銜有「兵部尙書·平章事李使」亦卽抱玉也。此後三年、五年、六年、七年、八年、九年制勅凡十餘件，皆書銜「兵部尙書·同平章事李使」。七年九年且各有一勅書云「兵部尙書·同平章書李抱玉」，不稱「使」。又卷四三藏和上葬日李相公祭文云：「兵部尙書·同中書門下平章事李抱玉謹以香葬之供祭於……」時在九年七月五日壬寅。是自書銜亦不稱使也。綜此觀之，前爲左僕乃檢校官，後爲兵尙乃正員，其改官當在大曆二年秋。自此至李抱玉薨凡十年，遍觀史籍未見他人任兵尙者，是亦抱玉爲正員之旁證也。且當時方鎭帶平章事者多矣，惟抱玉書銜制勅，抱玉亦以眞宰相自居，則不但兵尙爲正官，且眞宰相矣。新表亦失書。蓋抱玉近在鳳翔，於方鎭中稱爲良臣，極爲代宗所信重，宜其授正員尙書，爲眞宰相，以殊於其他方鎭檢校僕尙、帶平章事也。

*路嗣恭——大曆十三年十二月十四丙戌，由江西觀察使入遷檢校兵尙·知省事。（舊紀、通鑑、兩傳。）十四年閏五月二十一庚寅，正拜兵尙，出爲東都留守。（舊紀、兩傳。）建中二年正月十七丙子，兼鄭汝陝河陽三城節度·東都畿觀察使。（舊紀、兩傳。）九月八日癸亥，卒官。（舊紀、兩傳。）——舊一二二、新一三八有傳。

崔漢衡——興元元年十一月某日或十二月十日丁丑〔考證〕，由檢校兵尙·兼秘書監·西京留守正拜兵尙·充東都河陽魏博淄青等道賑給宣慰使。（冊府一六二、兩傳。）十二月二十三庚寅，見在任。時階銀青光祿大夫。（萃編八〇華岳崔漢衡題名。）貞元元年，爲幽州宣慰使。（舊傳。）三年三月，見在任。（會要二六冊讓條、舊一二九張延賞傳。）五月四日丁亥，以本官充淸水會盟副使。（舊紀、通鑑、兩傳。）閏五月十九辛未，爲吐蕃所執。（同上。）八月七日丁亥，得還。（同上。）四年七月二十乙丑，出爲檢校吏尙·晉慈隰觀察使。（舊紀〔本作丁丑按七月無此日合鈔刪丁丑則承上文爲乙丑事〕、兩傳。）——舊一二二、新一四三有傳。

〔考證〕此事，冊府一六二書在「興元元年十一月丁丑。」據陳曆，此年十一月無丁丑，月日必有一誤。然此事在十月後，如月之誤，則十二月十日也。

●齊映——貞元二年正月二十二癸丑，詔宰相判六部。映判兵部。（舊紀、新表、通鑑〔壬寅〕、舊一三〇崔造傳。）十二月二日丁巳，罷判。（詳戶尚卷崔造條。）——舊一三六、新一五〇有傳。

○關播——約貞元五年，由刑尚遷兵尚。（詳刑尚卷。）辭疾，改太子少師致仕。（兩傳。）——舊一三〇、新一五一有傳。

○董晉——貞元十一年五月以後，由禮尚遷兵尚。（詳禮尚卷。）十二年三月十六戊申，以本官充東都留守・判東都尚書省事。（舊紀、碑、兩傳。）七月六日乙未，出爲檢校左僕・同中書門下平章事・宣武節度・汴宋觀察使。（舊紀、兩傳。）——舊一四五、新一五一有傳。

顧少連——貞元十八年六月八日癸巳，由吏尚換兵尚・充東都留守。（舊紀、神道碑、新傳。）十九年十月四日辛巳，卒官。（碑、新傳。）——新一六二有傳，全唐文四七八有杜黃裳撰東都留守顧公神道碑。

王紹（純）——永貞元年三月中旬，由戶尚・判度支遷兵尚，罷判使。（詳戶尚卷。）本名純，四月改。（舊一四八李藩傳、會要二三，參憲宗立爲太子月份。）十二月五日庚子，出爲檢校吏尚・東都留守。（舊紀、碑、兩傳。）——舊一二三、新一四九有傳，全唐文六四六有李絳撰兵部尚書王紹神道碑。

李巽——元和二年三月十五癸卯，由兵侍・度支・鹽鐵轉運等使遷兵尚，落判度支，仍充鹽鐵轉運等使。（詳度支卷。）三年正月十一癸巳，見在兵尚・兼御史大夫任。時階銀青光祿大夫。（全唐文五一二李吉甫睿聖文武皇帝冊文。）是年，遷吏尚，仍充使。（詳吏尚卷。）——舊一二三、新一四九有傳，全唐文五〇五有權德輿撰吏部尚書李公墓誌。

○高郢——元和四年四月二十九甲辰，由御史大夫遷兵尚。（舊紀、兩傳。）五年九月二十六癸亥，遷右僕致仕。（同上。）——舊一四七、新一六五有傳。

○裴垍——元和五年十一月二十三庚申，由中書侍郎・同中書門下平章事罷爲兵尚，進階銀青光祿大夫。

(舊紀、新表、通鑑、兩傳，全唐文六六五白居易答裴垍謝銀青光祿大夫兵部尚書表。)六年四月四日戊辰，轉太子賓客。(舊紀、會要六四史館雜錄條、兩傳。)——舊一四八、新一六九有傳。

○鄭餘慶——元和六年四月十五己卯，由檢校兵尚·東都留守正拜兵尚，仍充留守。(詳吏尚卷。)十月七日戊辰，遷吏尚。(同上。)——舊一五八、新一六五有傳。

王紹——元和六年冬，由檢校右僕·武寧節度使入遷兵尚。(詳戶侍卷。)七年正月十日庚午，判戶部事。(同上。)八年四月九日辛卯，見在任。時階銀青光祿大夫。(全唐文四七八鄭餘慶祭杜太保文。)九年十一月三十癸卯晦，卒官。時階如故。(詳戶侍卷。)——此再任。

○李絳——元和十一年二月十八甲寅，由檢校戶尚·華州刺史·潼關防禦使入遷兵尚。(舊紀、兩傳。)是年冬或明年春夏，丁母憂免。〔考證〕。——舊一六四、新一五二有傳。

〔考證〕 舊傳：「入爲兵部尚書，丁母憂。(元和)十四年，檢校吏部尚書，出爲河中觀察使。」舊紀，元和十四年六月「甲子，以前兵部尚書李絳檢校吏部尚書·(略)河中晉絳慈隰觀察使。」按：絳服闋出仕，則丁憂不能遲過十二年夏，與趙宗儒繼任時間亦合。又芒洛三編李崗墓誌：「元和十二年四月廿日，自永城縣啓奠護歸東洛……次孫前兵部尚書高邑縣子絳以其年六月二十有四日遂卜宅於洛陽。」此尤丁憂免官不能遲過十二年夏之强證。然全唐文六七五白居易答戶部崔侍郎書：「戶部牒中奉八月十七日書，……又知兵部李尚書同在南宮。」此書作於十一年冬或秋末，詳戶侍卷崔羣條，則此李尚書即絳無疑，是絳丁憂亦不能早過十一年冬也。

○趙宗儒——元和十二年〔考證〕七月，由檢校右僕·河中晉絳磁隰節度使入遷兵尚。(舊傳。)九月，徙太子少傅·權知吏尚銓事。(舊傳。)——舊一六七、新一五一有傳。

〔考證〕 「十二年」係據百衲本，而通本作「十一年」。按十一年七月李絳尚在兵部任。又與表四河中卷引冊府帝王部：「元和十二年三月，勅河中觀察使趙宗儒罰一月俸料。」則百衲本「十二年」是也。

不知何時又一任。

〔附考〕　唐語林四企羨類：「趙昭公……爲尙書惟不歷工部，其兵部、太常皆再任。」按此一任，

○李絳——元和十五年七月二日壬寅，由檢校吏尙·河中晉絳觀察使復入遷兵尙。（舊紀、兩傳。）九月二十八丁卯，換御史大夫。（舊紀、兩傳。）——此再任。

○李絳——長慶元年，由御史大夫遷檢校右僕·兼兵尙。時階中大夫。〔考證〕。蓋七月，遷兼吏尙。（詳吏尙卷。）——此三任。

〔考證〕　舊傳：「（元和）十五年……絳復爲兵部尙書。穆宗卽位，改御史大夫。穆宗亟於畋遊行幸，絳於延英切諫，帝不能用。絳以疾辭，復爲兵部尙書。長慶元年，轉吏部尙書。」新傳惟省吏部。按全唐文六四八元稹授李絳檢校右僕射兼兵部尙書制：「中大夫·守御史大夫·賜紫金魚袋李絳……可檢校尙書右僕射·兼兵部尙書，散官勳封如故。」檢翰學壁記，稹以長慶元年二月十六日始以祠部郎中知制誥充學士。則此制不能早過此時。

○蕭俛——長慶元年蓋七月，由吏尙換兵尙。（詳吏尙卷。）十月十日癸酉，見在任。時階正議大夫。（兩書吐蕃傳、八瓊七一吐蕃會盟碑側。）二年三月二日癸巳，徙太子少保。（舊紀、兩傳。）——舊一七二、新一〇一有傳。

○李逢吉——長慶二年三月二日癸巳，由山南東道節度使入遷兵尙。（舊紀、兩傳。）六月五日甲子，遷門下侍郎·同中書門下平章事。（兩紀、新表、通鑑、兩傳、全唐文六四穆宗李逢吉平章事制。）時階正議大夫。（舊紀、平章事制。）——舊一六七、新一七四有傳。

○鄭絪——長慶三年或四年春夏，蓋由太子少傅遷兵尙。〔考證〕。四年六月二十九丁未，遷吏尙。（舊紀。）——舊一五九、新一六五有傳。

〔考證〕舊紀：長慶四年六月丁未，「兵部尚書鄭絪爲吏部尚書。」按本紀前於二年閏十月書絪由吏尚徙太子少傅，故書之如此。

郭釗——長慶四年七月三日庚戌，由河中晉絳節度使入遷檢校左僕・兼兵尚。（舊紀〔原作庚辰誤看日序自明合鈔已正〕、兩傳。）寶曆元年三月一日乙巳朔，出爲劍南東川節度使。（舊紀、兩傳。）——舊一二〇、新一三七有傳。

○段文昌——寶曆元年閏七月二十七戊戌，由刑尚・判左丞事遷兵尚，仍判左丞事。（舊紀、舊傳。）大和元年正月八日庚午，換御史大夫。（同上。）——舊一六七、新八九有傳。

○崔羣——大和元年正月十六戊寅，由宣歙觀察使入遷兵尚。（舊紀、兩傳。）三年二月一日辛亥朔，出爲檢校吏尚・荊南節度使。（舊紀、兩傳、全唐文六八〇白居易祭崔相公文。）——舊一五九、新一六五有傳。

●牛僧孺——大和四年正月十六辛卯，由檢校吏尚・平章事・武昌節度・鄂岳觀察使入遷兵尚・同中書門下平章事。時階金紫光祿大夫。（兩紀、新表、通鑑、兩傳、墓誌、全唐文六九文宗授牛僧孺兵尚平章事制。）五年三月二十七乙丑，遷中書侍郎，仍平章事。（新表、墓誌、兩傳〔作門下侍郎〕。）——舊一七二、新一七四有傳，全唐文七五五有杜牧撰奇章公牛公墓誌銘。

柳公綽——大和六年三月八日辛丑，由檢校左僕・河東節度使入遷兵尚。（舊紀、兩傳。）四月三日乙丑，卒官。（同上。）——舊一六五、新一六三有傳。

●李德裕——大和六年十二月，由檢校兵尚・劍南西川節度使入遷兵尚。（舊紀〔作丁未按此月無丁未姑不書〕、通鑑〔同上〕、兩傳。）七年二月二十八丙戌，以本官同中書門下平章事。時階銀靑光祿大夫。（兩紀、新表、通鑑、兩傳、全唐文六九文宗授李德裕平章事制。）七月十二丁酉，遷中書侍郎，仍平章事。（新表、兩傳。）——舊一七四、新一八〇有傳。

王起——大和七年九月中下旬〔考證一〕，由檢校吏尙·河中晉絳節度使入遷兵尙。（舊紀、兩傳。）八年夏秋，出爲檢校右僕·山南東道節度使。〔考證二〕。——舊一六四、新一六七有傳。

〔考證一〕　舊紀大和七年九月書事云：「甲寅朔。丙寅，侍御史李款」云云。下又書「甲寅，以（略）河中晉絳慈隰節度使王起爲兵部尙書。」檢陳曆，「甲寅朔」不誤，則下一「甲寅」必誤。按校記八：「沈本作甲戌，張氏宗泰云……上承丙寅，下接十月癸未朔，非甲戌卽戊寅之誤。」故今姑書作中下旬。

〔考證二〕　舊傳：「八年，檢校右僕射·襄州刺史·充山南東道節度使。」新傳無年份。據舊紀，八年三月裴度始卸山南東道節度任，十月李德裕復爲兵尙；則起由兵尙出鎭山南必在八年夏秋。

○李德裕——大和八年十月二十九丙午，由新除檢校兵尙·平章事·山南西道節度使留拜兵尙。（舊紀、通鑑、兩傳。）時階銀青光祿大夫。（舊紀。）十一月二十九乙亥，出爲檢校右僕·鎭海節度·浙西觀察使。（舊紀、通鑑、兩傳。）——此再任。

王起——大和九年八月一日甲戌朔，由檢校右僕·山南東道節度使復入遷兵尙·判戶部事。〔考證一〕。時階銀青光祿大夫。（舊傳。）開成元年四月三日壬申，尙在兵尙·判戶部任。蓋同月二十七丙申或稍前，罷判戶部事，尙書如故。〔考證二〕。十一月十七壬午，兼判太常卿事。（舊紀、兩傳、參翰學壁記。）三年五月五日辛酉，兼充侍講學士。（翰學壁記、兩傳。）四年三月十二甲午，遷太子少師，仍兼兵尙·充學士。（翰學壁記、兩傳。）五年正月七日甲申，進階金紫光祿大夫，守本官出院。（翰學壁記。）八月十七庚申，以兵尙本官充文宗山陵鹵簿使。（舊紀、舊傳。）尋出爲檢校左僕·東都留守·判東都尙書省事。（兩傳。）——此再任。

〔考證一〕　起此任兵尙有三種不同說法。舊紀：太和九年「八月甲戌朔，……山南東道節度使（略）王起（略）爲兵部尙書·判戶部事。」開成元年十一月「壬午，以兵部尙書·皇太子侍讀王起兼判太常卿。」是自山南入朝卽爲兵尙。此一說也。舊傳：「(太和)八年，檢校右僕射・襄州刺史・充山南東道節度使。……九年，……李訓用事，……欲援起爲相。八月，詔拜兵部侍郎・判戶部事。其冬，訓敗(事在十一月)，起(略)但罷判戶部事，……轉兵部尙書。」是先爲兵侍，遷兵尙。此第二說也。又翰學壁記：「王起，開成三年五月五日，自工部尙書・判太常卿事充皇太子侍讀充侍講學士，依前判太常卿。四年三月十二日，授太子少師・兼兵部尙書。」是先爲工尙遷兵尙。此第三說也。按：新傳由山南東道入朝卽爲兵尙判戶部。與舊紀合。考會要一九諸太子廟條：「開成三年二月，兵部尙書・判太常卿事王起等奏」云云。舊一七五莊恪太子永傳，太子薨，「勅兵部尙書王起撰哀冊文曰：維大唐開成三年……十月乙酉朔十六日庚子皇太子薨。……十二月乙酉朔十二日丙申，葬。」則壁記四年三月始由工尙遷兵尙，誤也。復考冊府六九：「開成元年四月壬申，帝御紫宸殿……召(略)兵部尙書・判戶部王起，……問本司事。」同書一五八作開成元年四月庚午朔，王起銜同。同書七〇八：「王起爲兵部尙書・判戶部事。大和九年七月，以起及(略)陳夷行並充皇太子侍讀。」則舊傳先爲兵侍判戶部，罷判戶部始遷兵尙，亦誤也。惟舊紀新傳得之。

〔考證二〕　據兩傳，李訓事敗，卽罷判戶部事，是當在太和九年十一月下旬或十二月。然冊府六九：「開成元年四月壬申，帝御紫宸殿，……召兵部侍郎・知銓事崔戰(鄲)、尙書右丞・知銓事鄭肅、……御史中丞李翊、兵部尙書・判戶部王起、禮部侍郎高鍇、鴻臚卿李陸、司農卿李玘等各問本司事。」同書一五八作開成元年四月庚午朔，王起銜同。按此所召對者皆有職事，兵尙閑官，必不與召，則此「判戶部」必非衍文。然則此時起尙在判戶部任，蓋至同月二十七日李固言以宰相兼判戶部，起始卸任也。兩傳統後事言之耳。

〇李固言——會昌二年，蓋已在兵尙任。三年或四年初，換戶尙。(詳戶尙卷。)——舊一七三、新一八二有傳。

鄭肅——會昌三年或四年初，由戶尙遷兵尙。四年秋後，出爲山南東道節度使。（詳戶尙卷。）——舊一七六、新一八二有傳。

歸融——蓋會昌四年冬，始遷兵尙。五年正月，見在任。（舊紀、會要三八服紀下。）大中三年十二月，尙見在任。（會要一帝號。）——舊一四九、新一六四有傳。

〔附考〕據舊紀、會要一、會要三八，融自會昌五年正月至大中三年冬均在兵尙任。新傳：「徙東川，還，歷兵部尙書。」亦在會昌中。而舊紀，會昌六年「七月，以兵部尙書李讓夷爲劍南東川節度使。」與前考不合。檢新表，是年四月讓夷以宰相兼司空，七月出爲淮南節度使。新書李讓夷傳，同。舊紀此條誤也。

●令狐綯——大中九年二月二十五甲戌，由中書侍郎·兼戶尙·同中書門下平章事遷門下侍郎·兼兵尙，仍平章事。時階金紫光祿大夫。十年十月十八戊子，遷右僕，仍兼門下侍郎·平章事。——舊一七二、新一六六有傳。

〔考證〕兩書紀傳及新表均不書綯兼兵部。然觀新表書事實應書而失書耳。玆先就新表書當時諸相遞兼尙書之年月表列於次：

大中年月日		令狐綯	裴休	魏謩	鄭朗
五年	四月乙卯	爲中書侍郎兼禮部尙書			
	十月戊辰			以戶部侍郎同平章事	
六年	正月癸巳	兼戶部尙書			
	八月		以禮部尙書同平章事		
	十二月壬午			爲中書侍郎	

九年	二月甲戌	為門下侍郎	為中書侍郎兼戶部尚書	兼禮部尚書	
十年	正月丁巳				以工部尚書同平章事
	十月戊子	為右僕射	出為宣武節度使	為門下侍郎兼戶部尚書	為中書侍郎兼禮部尚書

按：此時以後，宰相之官中書侍郎或門下侍郎者，例兼左右僕射或六部尚書；即就此表而論，裴休、魏謩、鄭朗莫不皆然。綯於大中五年為中書侍郎兼禮部尚書，六年兼戶部尚書；惟九年二月甲戌遷門下侍郎，不云兼尚書，殊可疑。又觀上表，綯、休、謩、朗皆循六部尚書地位之高低步步遷升，步步遞補，次序不紊。九年二月甲戌，休為中書侍郎兼戶部，即代綯者；則綯為門下侍郎必不仍兼戶部，甚明。考全唐文七九宣宗授令狐綯太清宮使魏謩監修國史裴休集賢殿大學士制，謩原銜為「中書侍郎·兼禮部尚書·同中書門下平章事。」休原銜為「中書侍郎·兼戶部尚書·同中書門下平章事。」則此制當行於大中九年二月甲戌之後無疑。而綯銜則為「金紫光祿大夫·門下侍郎·兼兵部尚書·同中書門下平章事·監修國史·上柱國·彭陽縣開國男·食邑三百戶。」又授綯宏文館大學士制，原銜同，惟多「充太清宮使」五字，是又在前制之後。按此制云：「十載於茲，四方無侮。」是仍行於大中九年也。然則，九年二月甲戌，綯由中書侍郎兼戶部尚書遷門下侍郎，實兼兵部尚書；表失書兼兵部耳。舊傳云：「綯輔政十年，累官至吏部尚書、右僕射，……十三年罷相。」新傳不書吏尚。按：此時李景讓在吏部尚書任，舊傳「吏部」當作「兵部」。

蘇滌——大中十一年八月，由太常卿遷兵尚·權知吏尚銓事。（詳吏尚卷。）——兩書無傳。

●**蕭鄴**——大中十三年八月二十癸卯，由中書侍郎·兼禮尚·同中書門下平章事遷門下侍郎·兼兵尚，仍平章事。（詳禮尚卷。）九月二十七己卯，見在任。（全唐文七四六夏侯孜唐懿宗元昭皇太后謚冊文。）十一月七日戊午，出為檢校右僕·同平章事·荊南節度使。（新表。）——新一八二有傳。

蔣係——大中十三年十二月，由檢校戶尙·鳳翔節度使入遷兵尙。咸通元年春夏，出爲檢校右僕·山南東道節度使。——舊一四九、新一三二有傳。

〔考證〕 舊傳：「俄檢校戶部尙書·鳳翔尹·充鳳翔隴右節度使。入爲兵部尙書。以弟伸爲丞相，懇辭朝秩，檢校尙書左僕射·襄州刺史·山南東道節度使。」新傳同；惟入爲兵部上有「懿宗初」三字，又左僕作右僕。按吳表一鳳翔卷引舊紀，係以大中十一年十二月，檢校戶尙，出爲鳳翔隴右節度使。新盧簡求傳，大中十三年爲鳳翔節度使。則係卸鳳翔入朝不能遲過十三年。又吳表四山南東道卷引寶刻叢編唐延慶院記並碑陰敕牒，唐蔣係撰。又碑陰敕牒二，咸通二年趙韜正書。又引通鑑，二年十月鄭涯爲山南東道。則係卸山南不能遲過咸通二年。然則係爲兵部必在大中十三年至咸通元年間，其時蔣伸正在宰相任。又按懿宗以大中十三年八月立，其時至十一月七日宰相蕭鄴兼兵部，參之夏侯孜兼兵部年月，則係爲兵尙必在大中十三年十一、二月至咸通元年春夏也。

●夏侯孜——咸通元年九月二十六癸酉，由中書侍郎·兼刑尙·同中書門下平章事遷門下侍郎·兼兵尙，仍平章事。時階蓋銀青光祿大夫。（詳刑尙卷。）十月二十三己亥，出爲檢校右僕·同平章事·劍南西川節度使。（新表。）——舊一七七、新一八二有傳。

李訥——蓋咸通初，官至兵尙。——新一六二有傳。

〔考證〕 新傳：「建子訥……爲浙東觀察使，……貶朗州刺史，召爲河南尹。……凡三爲華州刺史，歷兵部尙書，以太子少傅卒。」按吳表五引舊紀、通鑑及嘉泰會稽志，訥以大中六七年由華州刺史爲浙東，九年九月貶。又咸通元年在轉運使任。則官兵尙可能在咸通初也。

●畢諴——咸通三年二月一日庚子朔，由禮尙·同中書門下平章事遷中書侍郎·兼兵尙，仍平章事。四年四月一日癸巳朔，罷守兵尙。十月，出爲檢校本官·同平章事·河中節度使。時階銀青光祿大夫。——舊一七七、新一八三有傳。

〔考證〕　新傳：「懿宗立，遷宣武節度使，召爲戶部尚書・判度支。未幾，以禮部尚書同中書門下平章事。再期，固稱疾，改兵部尚書，罷。旋兼平章事節度河中。卒。」舊傳：「大中末，……授(略)宣武軍節度宋亳汴觀察等使。其年，入爲戶部尚書領度支。月餘，改禮部尚書・同平章事，累遷中書侍郎・兵部尚書・集賢大學士。在相位三年，十月，以疾固辭位，詔守兵部尚書，以其本官同平章事，出鎮河中。十二月二十三日卒于鎮。」是兩傳略同。而新表、舊紀拜相罷相年月及兼官頗有異同，茲表列如次：

紀年	新表(新紀通鑑附)	舊紀
大中十三年		十月「畢諴爲汴州刺史・宣武軍節度(略)使。」
咸通元年	十月己亥「戶部尚書・判度支畢諴爲禮部尚書・同中書門下平章事。」(新紀通鑑同)	
二年		「九月，以前兵部侍郎・判度支畢諴爲工部尚書・同平章事。」
三年	二月庚子「畢諴爲中書侍郎・兼兵部尚書。」	五月「畢諴兼兵部尚書。」
四年	四月癸巳「諴罷爲兵部尚書。」(通鑑有月無日，新紀只云罷)	十一月「以中書侍郎・平章事畢諴檢校吏部尚書・河中尹・晉絳慈隰節度使。」

據上表，新表與兩傳多合。舊紀惟大中十三年條年份與兩傳相應，蓋不誤。拜相年月日官歷不惟與新書通鑑相戾，即與舊傳亦不合，當有誤。兼兵尚遲新表三個月，例從新表。

又舊紀罷相卽出鎭河中，似與舊傳合，年月亦相近；而與新表通鑑四月罷守兵尙十月始出鎭者，大異。考全唐文八三懿宗授畢諴節度使制：「銀青光祿大夫·守兵部尙書·平章事·（勳·封）畢諴……萬機所繫，微恙忽嬰，願辭傅說之舟，却曳鄭崇之履。今則復佩相印，載陟齋壇，用光推轂之勞，式示彝章之重。……可檢校兵部尙書·平章事·兼河中尹·河中節度觀察處置等使，散官勳封如故。」據原銜，似由宰相出鎭者；然觀傳說以下四句，實先罷相爲兵尙，其後再加平章事出鎭也。新傳：「改兵部尙書，罷。旋兼平章事節度河中。」屬辭最審正。然則罷爲兵尙仍當從新表通鑑在四月，其出鎭蓋在十月或十一月，舊紀舊傳誤以出鎭之月爲罷相之月耳。

關於遷戶尙判度支之年。按舊紀，以大中十三年十月爲宣武節度。新紀表及通鑑，以咸通元年十月由戶尙判度支遷禮尙同平章事。而舊傳云遷宣武節度，其年入爲戶尙，月餘改禮尙同平章事。似前後不相及，疑舊傳「其年」爲「期年」之譌；或大中十三年十月有宣武之命，到鎭實在咸通元年，故「其年」亦可通。要之，諴入爲戶尙必在咸通元年。

牛蘩——咸通五年二月，由兵尙出爲檢校本官·劍南西川節度使。（舊紀〔本作正體叢今據碑及舊傳作俗體詳吏尙卷〕。）——舊一七二、新一七四有傳。

〇蔣伸——咸通七年春，見在兵尙任。蓋卽是年，出爲華州刺史。——舊一四九、新一三二有傳。

〔考證〕摭言一二酒失條：「韓袞，咸通七年趙騭下狀元及第。……及杏園開宴，時河中蔣相以故相守兵部尙書，其年子泳及第，相國欣然來突，衆皆榮之。」據世表，泳，伸之子也。新傳：「以太子少保分司東都。七年用爲華州刺史。」失書兵尙。

蕭倣——咸通九年冬，由檢校兵尙·義成節度使入朝，正拜兵尙。〔考證〕。十年，判度支。〔考證〕。是年或十一年春，遷吏尙。（詳吏尙卷蕭鄴條。）——舊一七二、新一〇一有傳。

〔考證〕舊傳：「充義成軍節度·鄭滑潁觀察處置等使。在鎭四年，……就加刑部尙書。入爲兵部尚書・判度支。轉吏部尚書，選序平允。」新傳義成節度下亦云，「以兵部尚書再判度支。」按舊紀，倣出鎮鄭滑在咸通六年九月。七年十一月「義成軍節度蕭倣就加檢校兵部尚書。」在鎮四年，則入朝不能早過九年。又檢吳表二義成卷引通鑑，九年十一月癸卯康成訓爲義成節度使。則倣入朝正拜兵尚亦不能遲過九年十一月也。然度支使至十年始有闕，故書判度支於十年。

王鐸——咸通十一年十一月三日辛亥，由兵尚・諸道鹽鐵轉運使遷禮尚・同中書門下平章事。(通鑑，參看鹽運使卷。)——舊一六四、新一八五有傳。

盧耽——咸通十二年七月，由兵尚出爲山南東道節度使。(通鑑。)——兩書無傳。

●韋保衡——咸通十二年十月，由兵侍・同中書門下平章事遷門下侍郎・兼兵尚，仍平章事。十三年二月十七丁巳，遷右僕，仍平章事。(詳右僕卷。)——舊一七七、新一八四有傳。

●蕭倣——咸通十三年，復以兵尚判度支。十四年，遷左僕。是年十月四日乙未，遷中書侍郎，復兼兵尚・同中書門下平章事。乾符元年正月五日乙丑，遷門下侍郎・兼右僕，仍平章事。(詳左僕卷。)——此再任、三任。

李瓚——乾符三年九月，由兵尚・兼太常卿徙檢校右僕，仍兼太常卿。(舊紀。)——兩書無傳。〔可能卽李當。當事見左丞、吏侍、戶侍、刑尚諸卷。〕

●鄭畋——乾符四年正月，由門下侍郎・兼禮尚・同中書門下平章事遷兼兵尚，進階開府儀同三司，仍門下侍郎・平章事。(詳禮尚卷。)六年五月八日丁酉，貶太子賓客分司。(詳吏侍卷崔沆條。)——舊一七八、新一八五有傳。

○盧攜——乾符六年冬，由太子賓客分司遷兵尚。十二月，遷門下侍郎・同中書門下平章事，進階特進。——舊一七八、新一八四有傳。

〔考證〕新表：乾符五年五月「攜罷爲太子賓客分司東都。」六年「十二月，兵部尚書盧攜爲門下侍郎·同中書門下平章事。」廣明元年「六月丙午，攜兼兵部尚書。」十二月甲申「攜貶爲太子賓客分司。」再相條，新紀同，通鑑亦同。新傳云：「罷爲太子賓客分司東都。俄爲兵部尚書。會駢將張璘破賊，帝復召攜，以門下侍郎平章事。……賊已破潼關，明日，以太子賓客罷，分司東都。是夜仰藥死。」官歷與新表全同，惟省書復兼兵部。舊傳則書門下侍郎兼兵尚於前任宰相時。舊紀：六年十二月「以太子賓客分司盧攜爲兵部尚書·同平章事。」廣明元年十二月甲申「貶右僕射·門下侍郎·平章事盧攜爲太子賓客。」是時右僕爲于悰，此右僕誤。然再相條與新書異中有同。又唐闕史下盧相國指揮鎮州軍事條：「丞相范陽公攜……授賓翼儲闈，分秩洛汭。」後因鎮州事，「詔范陽公以兵部尚書入覲。到京旬日，拜特進·門下侍郎·兼戶部尚書·平章事。」戶部蓋兵部之譌。是書事與新書同，惟兼兵部統書於入相時耳。綜觀上引材料，參以鄭從讜兼兵尚年月，知新表書事最詳確；而入朝旬日卽再相又進階特進，則賴闕史以明。

●鄭從讜——乾符六年十二月，由中書侍郎·兼禮尚·同中書門下平章事遷門下侍郎·兼兵尚，仍平章事。（新表、〔參舊紀出鎮河東原銜〕。）廣明元年二月二十八壬子，出爲檢校司空·平章事·河東節度行營招討等使。（新表、舊紀、舊傳。）時階開府儀同三司。（舊紀、舊傳〔載制詔〕。）——舊一五八、新一六五有傳。

●盧攜——廣明元年六月二十四丙午，以門下侍郎·同中書門下平章事兼兵尚。十二月五日甲申，貶太子賓客分司。（詳第一任條。）——此再任。

○王徽——中和元年三月，由戶侍·同中書門下平章事罷爲兵尚。（新表、通鑑、兩傳。）同時，進階光祿大夫。（舊傳。）尋蓋檢校本官·充東面宣慰催陣使。〔考證〕。——舊一七八、新一八五有傳。

〔考證〕 舊傳，兵尚下云：「尋詔徽以本官充東面宣慰催陣使。」按四月十三日裴徹已以宰相兼兵部，此云本官，蓋檢校耳。

●裴徹——中和元年四月十三庚寅，由中書侍郎・兼禮尚・同中書門下平章事遷門下侍郎・兼兵尚，進階特進，仍平章事。（詳禮尚卷。）十一月，出爲檢校兵尚・鄂岳觀察使。（新表。）——兩書無傳。

〇王徽——蓋中和二年，復正拜兵尚。三年五月，遷右僕。（詳右僕卷。）——此再任。

●裴徹——中和三年七月，由檢校兵尚・判度支遷中書侍郎・兼兵尚・同中書門下平章事，仍判度支。〔考證〕。四年十月，遷門下侍郎・兼右僕，仍平章事。（新表。）——兩書無傳。

〔考證〕 新表，中和三年「七月，檢校兵部尚書・判度支裴徹爲中書侍郎・同中書門下平章事。」通鑑同，惟兵部上無「檢校」二字。皆不書仍「兼兵部尚書判度支。」考桂苑筆耕七度支裴澈相公別紙：「伏睹除書，伏承相公再履臺席，榮均賦輿……。」又云：「伏以相公……暫屈跡於外藩，（按元年十一月由宰相出爲鄂岳觀察。）尋秉權於大計。今者天將悔禍，日待昇車，果請英才，却歸舊位，躡周司馬統兵之秩，聘晉尚書較運之謀，四方所傳，一意相賀。……」據此則再相時仍兼兵尚判度支也。又全唐文八一四樂朋龜西川青羊宮碑銘云：「廣明元祀……月當大蠍，亘猾開釁於天邑，……祝天網以綏誅，布仁風而寬戮，遂偷生之五載，併除惡於一時。蚩尤之冢既成，……長狄之喉已斷，……立此神功，實資道力。」按舊紀，黃巢以中和四年七月十五日癸酉被殺，二十四日壬午捷書至行在。新紀通鑑卽書於壬午。則此碑必作於八月以後無疑。又碑後書當時宰相爲「左僕射・平章事蕭遘」，「吏部尚書・平章事韋昭度」，「兵部尚書・平章事裴徹」。據新表，四年十月，遘由左僕射遷司空，昭度遷左僕射，徹遷右僕射，並兼門下侍郎。是此碑必作於八月至十月間也。其時昭度兼吏部，徹亦兼兵部，與前引桂苑筆耕正合，則新表脫書「兼兵部尚書」必矣。

樂朋龜——中和四年十月，由兵侍・知制誥・翰林學士承旨遷兵尚，仍知制誥・充承旨。〔考證〕。光啓元年，卸。（參後條。）——兩書無傳。

〔考證〕 全唐文八一四有樂朋龜西川青羊宮碑銘，以中和四年八月至十月間撰。詳前條。復考同書九三三杜光庭歷代崇道記稱此碑爲翰林學士承旨·尚書兵部侍郎·知制誥樂朋龜所撰。按此記即以中和四年十二月十五日所上，書朋龜官銜必不誤，官作「尚書兵部侍郎」，非省作「兵部侍郎」，亦少爲「兵部尚書」之譌誤之可能。而益州名畫記卷上常重胤條，於中和院寫御容及隨駕臣寮。前考此畫作於中和四年九十月間，（詳右僕卷裴璩條。）其臣寮中有「翰林學士承旨·守兵部尚書樂朋龜。」朋龜後即「翰林學士·守禮部尚書杜讓能。」按讓能甫由戶部侍郎遷禮部尚書，此尚書必非侍郎之譌。學士且爲禮尚，承旨爲兵尚固宜，亦非兵侍之譌也。且此後數月，讓能即遷兵部尚書·學士承旨，官職皆與前畫朋龜同，蓋繼朋龜之職且繼其官者，是亦此兵部尚書非侍郎之譌之旁證。由此言之，據青羊宮銘，中和四年八月至十月間某日尚在兵侍任；據益州名畫錄，是年九十月間某日已見爲兵尚，是由兵侍遷兵尚即在八、九、十月間。然十月徹始卸兵部，則朋龜遷兵尚亦在十月必矣。

杜讓能——光啓元年，由禮尚·知制誥·翰林學士承旨遷兵尚，仍知制誥·充承旨。時階銀青光祿大夫。（詳禮尚卷。）二年三月十九戊戌，遷兵侍·同中書門下平章事，（舊紀〔作戊辰誤〕、新紀、通鑑、新表〔作二月誤〕、兩傳。）進階金紫光祿大夫。（舊傳。）——舊一七七、新九六有傳。

●杜讓能——光啓三年六月，以中書侍郎·同中書門下平章事兼兵尚。（新表。）〔考證〕。時階特進。（舊傳。）文德元年二月二十戊子，遷右僕，進階開府儀同三司，仍平章事。（詳左僕卷。）——此再任。

〔考證〕　新表：「光啓二年〔四月〕，讓能爲工部尚書。」三年三月癸未，「讓能爲中書侍郎。」六月，「讓能兼兵部尚書。」此所書甚詳。舊傳：「改兵部侍郎·同平章事。……京師平，拜特進·中書侍郎·兼兵部尚書·集賢殿大學士，進封襄陽郡開國公。」省工尚一遷。舊紀惟三年三月一條，云「以集賢殿大學士·中書侍郎·兵部尚書·平章事杜讓能進封襄陽郡公。」雖月份小誤，又無工部，然以中書侍郎平章事兼兵尚則同。又容齋三筆一五總持寺唐勅牒條引光啓三年十一月中書門下牒江西觀察使，讓能書銜「中書侍郎·兼兵部尚書·平章事」，與表、傳、紀均合。

●劉崇望——龍紀元年三月或稍後，以中書侍郎·同中書門下平章事兼兵尚。十一月二十一己酉，遷兼吏尚，仍中書侍郎·平章事。（詳吏尚卷。）——舊一七九、新九〇有傳。

●張濬——龍紀元年蓋十一月，由中書侍郎·兼吏尚·同中書門下平章事換兼兵尚，仍中書侍郎·平章事。大順元年冬，遷右僕，仍兼中書侍郎·平章事。（詳吏尚卷。）——舊一七九、新一八五有傳。

●徐彥若——大順二年十二月，以中書侍郎·同中書門下平章事兼兵尚。（新表。）景福二年正月，出爲檢校左僕·平章事·鳳翔隴右節度使。（新表）。——舊一七九、新一一三有傳。

張禕——蓋乾寧二年六月以前，曾官兵尚。——舊一六二有傳。

〔考證〕 舊傳：「從僖宗幸蜀，拜工部侍郎·判戶部事，奉使江淮還，爲當塗者不協，改太子賓客，左散騎常侍，轉吏部侍郎，歷刑部、兵部尚書。從昭宗在華，爲韓建所構，貶衡州司馬。」按：中和四年三月，禕在右丞判戶部任，奉使江淮在後。又昭宗幸華在乾寧三年，則禕爲兵尚當與濬相先後。然濬後已無闕，禕爲兵部蓋在濬前，是二年六月以前也。據此推求，吏侍當在大順景福中。

○張濬——乾寧二年六月七日癸巳，由太子賓客遷兵尚·充諸道租庸使，進階光祿大夫。三年二月，見在任。是年，卸兵尚，仍充使職。（詳右僕卷再任條）。——此再任。

○劉崇望——乾寧三年十月十一戊午，由吏尚換兵尚，（詳吏尚卷。）進階光祿大夫。（全唐文八三七薛廷珪授劉崇望兵部尚書制。）蓋四年，卸任。〔考證〕。——此再任。

〔考證〕 舊傳，改兵部尚書下云：「西川侵寇顧彥暉，欲併東川，以崇望檢校右僕射·（略）劍南東川節度使。未至鎭，召還，復爲兵部尚書。光化二年卒。」新傳同。舊紀，光化三年「七月丁亥朔，兵部尚書劉崇望卒。」較舊傳差後一年。考全唐文八三三錢珝冊贈劉崇望司空文：「咨爾故特進兵部尚書劉崇望……。」是卒時在兵部任，時階特進也。按同書八三六錢珝舟中錄序：「乙丑歲冬十一月，余以尚書郎得掌誥命，庚申歲夏六月，以舍人獲譴佐撫州，馳暑道病，八月自襄陽浮而下……。」

庚申卽光化三年，是年六月已由舍人外貶，且卽時赴任，不得稍留，倘如舊紀，崇望以七月卒。玚何能作册文？是證舊紀有誤。按紀文常誤後一年，此蓋其類，則舊傳「二年」是也。又通鑑，光化元年正月，「以兵部尚書劉崇望同平章事·充東川節度使。」五月，「朝廷聞王建已用王宗滌爲東川留後，乃召崇望還爲兵部尚書。」據此書事，似崇望第二任兵尚直至光化元年正月，五月還朝卽三爲兵部，視兩傳書事尤爲明顯。然崔遠於乾寧四年四月至六月在兵部任，見新表；陸扆自乾寧四年八月爲兵尚，至光化二年正月遷中書侍郎入相，見舊紀、新表及兩傳，記載詳明，且極相切合，絕不誤。然則崇望第二任兵尚必卸於乾寧四年四月以前，第三任當在光化二年正二月，兩傳省略其辭，通鑑因循書之耳，不可泥。又舊紀，光化二年六月「丁亥，制以前太常卿劉崇望爲吏部尚書。」此條雖誤，（詳吏尚卷。）然兩任兵部間曾官太常，或可信。

●崔遠——乾寧四年四月，由兵侍·同中書門下平章事遷兵尚，仍平章事。六月一日乙巳朔，遷中書侍郎，仍平章事。（新表。）——舊一七七、新一八二有傳。

○陸扆——乾寧四年八月一日甲辰朔，由工尚遷兵尚。（舊紀、舊傳、全唐文八三一錢玚授陸扆兵部尚書制。）光化二年正月十三丁未，遷中書侍郎·同中書門下平章事。（詳戶尚卷。）——舊一七九、新一八三有傳。

○劉崇望——光化二年春，復爲兵尚。是年，卒官。時階特進。（詳前再任條。）——此第三任。

孫儲——光化三年七月二十五庚戌，以兵尚守本官兼京兆尹。時階金紫光祿大夫。（舊紀，參新傳。）——新一八三附見弟偓傳。

樂仁規——蓋光化三年冬，遷兵尚。時階光祿大夫。——兩書無傳。

〔考證〕　全唐文九〇昭宗授樂仁規兵部尚書制，時階光祿大夫。按此制在貶王摶工部侍郎制、貶王摶溪州刺史制、再貶王摶崖州司戶制之後，在特勅新進士授官制、命皇太子（裕）監國制之前。摶之三貶皆在光化三年六月，太子監國制行於十一月昭宗爲劉季叔所幽時，新進士授官制則天復元年正二月也，則仁規授兵尚蓋在光化三年冬。

●陸扆——天復元年五月十九庚子，由門下侍郎·兼戶尚·同中書門下平章事遷兼兵尚，進階特進，仍門下侍郎·平章事。（舊紀、新表〔無日〕、舊傳，參戶尚卷。）三年二月三日甲戌，貶沂王傅分司東都。（舊紀、新表、新傳。）——此再任。

●崔遠——天祐元年正月十日丙午，由兵尚遷中書侍郎·同中書門下平章事。（通鑑、舊紀〔己亥〕、新表〔乙巳〕，參鹽運卷裴樞條。）閏四月十四戊申，復兼兵尚，仍中書侍郎·平章事。〔考證〕。二年三月五日甲子，罷爲右僕。時階光祿大夫。（詳右僕卷。）——此再任、三任。

〔考證〕　新表：天祐元年「閏四月己卯，……遠兼兵部尚書，（裴）樞爲尚書右僕射。」檢陳曆，此月無己卯；舊紀，樞爲右僕在閏四月戊申，故此書遠事姑亦作戊申。

唐僕尚丞郎表 卷十八

輯考六下 尚書兵部侍郎

趙慈景——武德元年六月一日甲戌朔，由相國府屬遷兵侍。（通鑑、新八三諸公主傳。）是年秋冬，出為華州刺史。〔考證〕。——兩書無傳。

〔考證〕 新八三諸公主傳：「長廣公主，下嫁趙慈景……為相國府文學，進兵部侍郎，為華州刺史，討堯君素，戰死。」按通鑑，武德元年十一月癸丑，「行軍總管趙慈景……為君素所擒，梟首城外。」則出為華州不能遲過十一月。

郭福善——蓋貞觀中，官至兵侍。——兩書無傳。

〔考證〕 新七四上世表，華陰郭氏「福善，兵部侍郎。」姓纂一〇，同。按父榮為隋大將軍，蒲城公。則福善官兵侍當在唐初，姑置貞觀中。

崔敦禮——貞觀十六年十月，見在兵侍任。（會要九四沙陀突厥條。）十七年，遷右屯衛將軍。〔考證〕。——舊八一、新一〇六有傳，全唐文一四五有于志寧撰崔敦禮碑。

〔考證〕 碑云：「（貞觀）七年守太常少卿……十年授□□少□□□□□□□□兵部侍郎。……延陀……失事大之節，懷凌長之心，公運婁敬之良籌，摛酈衆之雄辯（闕甚多），使還□授□部侍郎，加上護軍，隨班列也。其年又奉使往延陁論和親事，……其年授右屯衛將軍。」兩傳同而略。按會要九四沙陀突厥：「貞觀十六年十月，上謂侍臣曰，薛延陀强屈，……苟非發兵殄滅之，則與之婚姻以撫之。房元齡曰：兵凶戰危，臣以為和親便。卽命兵部侍郎崔敦禮持節使薛延陀，許以新興公主妻之。」此卽第一次出使也。碑「使還」下所缺蓋「復」「兵」二字。出使在十六年十月，使還當已十七年，下文兩「其年」皆十七年也，觀會要，十七年太宗悔婚事，蓋可信。

楊弘禮——貞觀十八年，由中書舍人擢兵侍。二十年，遷中書侍郎。（兩傳、冊府四五七。）——舊七七、新一〇六有傳。

盧承慶——貞觀二十二年二月，以民部侍郎兼檢校兵侍，仍知五品選事。（詳戶侍卷。）——舊八一、新一〇六有傳。

柳奭——貞觀末，由中書舍人擢兵侍。二十三年秋冬或永徽元年，遷中書侍郎。——舊七七、新一一二有傳。

〔考證〕舊傳：「貞觀中，累遷中書舍人。後以外生女爲皇太子妃，擢拜兵部侍郎。妃爲皇后，奭又遷中書侍郎。永徽三年……爲中書令。」新傳省。按奭外生女卽高宗皇后王氏，高宗以貞觀二十三年六月卽位，則奭遷中書侍郎不能早過是年秋。

韓瑗——永徽初始官兵侍。三年三月二十四辛巳，遷守黃門侍郎·同中書門下三品。——舊八〇、新一〇五有傳。

〔考證〕舊傳：「貞觀中，累至兵部侍郎，襲父潁川公。永徽三年，拜黃門侍郎。四年，……同中書門下三品。」新傳：「貞觀中，以兵部侍郎襲爵。」下略同。是爲兵侍在貞觀中，且其父死時已見在任也。按瑗父仲良以貞觀十二年卒，詳戶尚卷引韓仲良碑，則瑗官兵侍當在貞觀十二年。而新表，永徽三年三月辛巳，「兵部侍郎韓瑗守黃門侍郎·同中書門下三品。」通鑑同。新紀在四月。則任兵侍在永徽初，較兩傳差後十餘年。按瑗以顯慶四年卒，年五十四，則貞觀十二年瑗年三十三，似過少，故據新紀表通鑑書之。

任雅相——顯慶中，由兵侍遷兵尚。（冊府四五七。）——兩書無傳。

鄭欽泰——龍朔二年五月十五癸卯，見在司戎少常伯任。（大正藏經第二〇一八集沙門不應拜俗等事卷三聖朝議不拜篇。）——兩書無傳。

楊弘武——麟德二年冬，由荊州司馬擢司戎少常伯。乾封元年夏，兼知吏部五品選事。同年，遷西臺侍郎。（詳吏尚卷。）——舊七七、新一〇六有傳。

李虔繹——總章二年四月二日庚戌，兵侍（司戎少常伯）加一員，以虔繹爲之。——兩書無傳。

〔考證〕此見唐會要五九兵部侍郎條，名作「處繹」。考新七二世表，李氏武陽房有虔繹，兄名虔緒。又册府一六一：「乾封二年十月，遣（略）兼西臺舍人李虔澤等……巡問百姓。」在會要此條事前兩年，官位正相及。則名當作虔繹，會要之「處」，册府之「澤」，皆形誤也。

竇遜——高宗世，蓋中葉以前，官至兵侍。——兩書無傳。

〔考證〕新七一下世表，竇靜，民部尚書。靜子遜，兵部侍郎。遜從子希玠，禮部尚書。按靜爲民部在貞觀初，希玠爲禮部在景雲中，則遜官兵部當在高宗世，蓋中葉以前。

蕭德昭——儀鳳二年三月九日辛未，在兵侍任。（會要三九定格令條、册府六一二〔作吏部誤〕、舊五〇刑法志〔作二月九日誤觀宰相書銜可知〕、新五八藝文志〔無月日〕。）——兩書無傳。

裴炎——儀鳳二年三月九日辛未，在兵侍任。（與蕭德昭條同、舊傳。）——舊八七、新一一七有傳。

權玄福——高宗世，官至兵侍。（舊傳、新傳〔名作玄初〕。）——舊一八五上附見權懷恩傳，新一〇〇附見權萬紀傳。

馮元常——高宗末，曾官兵侍。（詳左丞卷。）——舊一八五上、新一一二有傳。

●岑長倩——永淳元年四月二十四丁亥，以兵侍與中書門下同承受進止平章事。（新表、兩紀、通鑑、兩傳。）弘道元年十二月二十五戊寅，遷兵尚・同中書門下三品。（詳兵尚卷。）——舊七〇、新一〇二有傳。

姚璹——光宅元年冬，由夏侍貶桂州都督府長史。——舊八九、新一〇二有傳。

〔考證〕　舊傳：「調露中，累遷至中書舍人。……則天臨朝，遷夏官侍郎。坐從父弟敬節同徐敬業之亂，貶桂州都督府長史。」新傳同。按敬業之亂在光宅元年秋，又改兵部爲夏官在是年九月六日，則貶官當在年冬。

張光輔——垂拱三年五月三日丙寅，由夏侍遷鳳閣侍郎·同鳳閣鸞臺平章事。（新表、新紀、通鑑、舊紀〔四月〕。）——舊九〇附豆盧欽望傳。

●王本立——垂拱四年九月十二丁卯，以夏侍同鳳閣鸞臺平章事。（新表、兩紀、通鑑。）永昌元年三月一日甲寅朔，遷守左肅政臺御史大夫，仍平章事。（新表、參舊紀八月書銜及通鑑罷相時書銜。）——兩書無傳。

崔詧——爲夏侍。永昌元年閏九月十五甲午，被殺。（新紀、通鑑。）——兩書無傳。

●李昭德——長壽元年八月十六戊寅，由夏侍遷鳳閣侍郎·同鳳閣鸞臺平章事。〔考證〕。二年春一月二十五乙卯，復換夏侍，仍平章事。〔考證〕。延載元年三月一日甲申朔，遷檢校內史。（新表、新紀、通鑑。）〔舊紀書銜鳳閣侍郎，是不知中間復爲夏侍，亦誤。〕——舊八七、新一一七有傳。

〔考證〕　新傳：「爲夏官侍郎。如意（卽長壽）元年，拜鳳閣侍郎·同鳳閣鸞臺平章事。」新紀，長壽元年八月戊寅，「夏官侍郎李昭德爲鳳閣侍郎……同鳳閣鸞臺平章事。」舊紀同，惟無日。通鑑亦同，惟譌八月爲七月。（七月無戊寅。）而新表同日「夏官侍郎李昭德……同鳳閣鸞臺平章事。」不云遷鳳閣侍郎，與兩紀、通鑑、新傳均不合，已足判其必有脫誤。且新表二年春一月（此據百衲本通本誤爲二月）乙卯又書云「昭德爲夏官侍郎。」檢舊傳：「累遷至鳳閣侍郎。長壽二年，增置夏官侍郎三員，時選昭德與婁師德侯知一爲之。是歲又遷鳳閣鸞臺平章事。」是省書前任夏侍，而由鳳侍復爲夏侍，則與新表合。又舊傳「長壽二年」至「爲之」一段，册府四五七全同。據會要五九，增夏侍爲三員是長壽二年「正月二十四日」事，觀新表春一月二十五乙卯書事，此「正月」爲「一月」之誤。（此時子正，寅月爲春一月，史書常誤爲「正月」。）然則新表二年春一月乙卯條，月日遷官均極正確，非衍文也。益足證元年八月戊申書事必脫「爲鳳閣侍郎」五字矣。

●婁師德——長壽元年，由左金吾將軍・檢校豐州都督入遷夏侍・判夏尙事。（兩傳。）二年春一月十日庚子，以本官同鳳閣鸞臺平章事。（新紀、通鑑、新表〔據百衲本而通本作二月誤〕、兩傳。）延載元年春一月十日甲午，遷秋尙，仍平章事・充河源積石等軍營田大使。〔考證〕。——舊九三、新一〇八有傳。

〔考證〕　新表，延載元年「二月甲午，師德爲秋官尙書・充河源積石懷遠等軍營田大使。」按二月無甲午。而新紀通鑑，是年一月甲午，師德爲河源積石等軍營田使，但不書遷秋尙。是新表「二月」爲「一月」之誤。又舊傳，爲河源等軍營田大使後，始書「稍遷秋官尙書」。新傳同，而「稍遷」作「入遷」。與表異。今姑從表書之。

侯知一——長壽二年春一月二十五乙卯，夏侍又加一員，以知一爲之。——兩書無傳。

〔考證〕　會要五九兵部侍郎條：「長壽二年正月二十四日，又加一員，以侯知一爲之。通前三員。」按「正月」爲「一月」之譌，詳前李昭德條。日亦從新表書李昭德事作二十五日乙卯。知一官至夏侍，又見姓纂五及朝野僉載四。

●韋巨源——延載元年三月，由文昌右丞・同鳳閣鸞臺平章事換夏侍，仍平章事。天册萬歲元年正月八日戊子，貶鄜州刺史。（詳右丞卷。）——舊九二、新一二三有傳。

●孫元亨——萬歲通天元年四月二日癸酉，以檢校夏侍同鳳閣鸞臺平章事。（新表、新紀、通鑑〔三月〕。）神功元年正月二十四壬戌，被殺。（新表、新紀、通鑑、舊紀、舊五七劉世龍傳、舊一八六上吉頊傳〔名作元通〕。）——兩書無傳。

唐奉一——神功元年稍前或即此年，由刺史入遷夏侍。——兩書無傳。

〔考證〕　全唐文二四二李嶠授唐奉一兵部侍郎制：「瑣闈內朝，致延譽之美，珪符出守，樹威恩之績，……可夏官侍郎。」按：舊九四李嶠傳，由潤州司馬入爲鳳閣舍人，尋知天官侍郎事。考嶠以舍人知天官在神功元年閏十月，則作此制當在前。又久視元年在夏尙任，見新紀。

●**宗楚客**——神功元年六月十五己卯，由前內史、尙方少監遷檢校夏侍·同鳳閣鸞臺平章事。（新表、兩傳。）〔考證〕。聖曆元年正月三日丙寅，罷爲文昌左丞。（詳左丞卷。）——舊九二、新一〇九有傳。

〔考證〕 新表，神功元年「六月己卯，尙方少監宗楚客檢校夏官侍郎·同鳳閣鸞臺平章事。」新紀，同年月日，「尙方少監宗楚客同鳳閣鸞臺平章事。」通鑑，神功元年六月丁卯，「以檢校夏官侍郎宗楚客同平章事。」三者不同。按新傳：「進爲內史，……流嶺外。歲餘，……還，俄檢校夏官侍郎·同鳳閣鸞臺平章事。」舊傳同，惟無檢校二字。則新表書事最正確，新紀脫檢校夏官侍郎數字，通鑑亦欠審。

●**姚元崇**——萬歲通天元年冬，或神功元年九月二十一甲寅以前，由夏官郎中擢夏侍。〔考證一〕。聖曆元年十月十七癸卯，以本官同鳳閣鸞臺平章事。（新表、兩紀、通鑑、新傳〔作三年誤〕。）久視元年五月十九丁卯以後，更名元之。〔考證二〕。長安元年三月六日己卯，遷鳳閣侍郎，仍平章事。（新表、舊紀、兩傳。）——舊九六、新一二四有傳。

〔考證一〕 舊傳：「五遷夏官郎中。時契丹寇陷河北數州，兵機塡委，元崇剖析若流，皆有條貫。則天甚奇之，超遷夏官侍郎。」新傳同。按契丹入寇，軍機塡委云云，通鑑書於萬歲通天元年十月。又通鑑，神功元年九月「甲寅，太后謂侍臣曰：頃者周興來俊臣按獄多連引朝臣。」云云。「夏官侍郎姚元崇對曰。」云云。則擢夏侍必在通天元年冬或神功元年九月甲寅以前。

〔考證二〕 舊傳：「時突厥叱利元崇構逆，則天不欲元崇與之同名，乃改爲元之。俄遷鳳閣侍郎，依舊知政事。」新傳同。考萃編六四夏日遊石淙詩碑，元崇有侍遊應制詩，「夏官侍郎臣姚元崇上。」時在久視元年五月十九丁卯，則更名元之在此後。

田歸道——聖曆元年九十月，擢夏侍。蓋二年，轉左金吾將軍。——舊一八五上、新一九七有傳。

〔考證〕　舊傳：「默啜果叛，挾閻知微入寇趙、定等州，擢拜歸道夏官侍郎，甚見親委。累遷左金吾將軍、司膳卿，兼押千騎。未幾，除尙方監，加銀青光祿大夫，轉殿中監。」新傳省殿中監一轉，餘略同。擢夏侍事又見朝野僉載三。按通鑑書擢夏侍事於聖曆元年十月。而二年正月甲子（八日）置控鶴監丞等官，田歸道爲內供奉，而銜殿中監。（此時子正，正月卽前年之十一月。）蓋以在內供奉最後官書之耳，觀下廻秀條益信。

張知泰——聖曆、久視中，由夏侍換地侍。（詳戶侍卷。）——舊一八五、新一〇〇有傳。

敬暉——約聖曆末、久視中，由衞州刺史再遷夏侍，出爲泰州刺史。（兩傳。）——舊九一、新一二〇有傳。

●李廻秀——長安元年，由鳳閣舍人遷檢校夏侍·兼知天侍選事。〔考證〕。六月十九庚申，以本官同鳳閣鸞臺平章事。（新表、新紀、舊紀、兩傳、通鑑〔作尙書譌文觀同書四年罷相時書銜可知又日作庚寅亦誤〕。）二年三月十九丙戌，充山東諸州安置軍馬使。（新表、新紀。）十月二十甲寅，進同鳳閣鸞臺三品。（新表、新紀，參通鑑四年書銜。）四年二月八日癸亥，貶廬州刺史。（新表、新紀、通鑑、兩傳。）——舊六二、新九九有傳。

〔考證〕　舊傳：「遷鳳閣舍人。……長安初，歷天官夏官二侍郎，俄同鳳閣鸞臺平章事。」新傳，遷舍人下云：「大足初，檢校夏官侍郎，仍領選銓，汰文武，號稱職。」下書平章事，與舊傳同。按長安元年卽大足元年，是兩傳書事實同。是年六月已以夏侍同平章事，則檢校夏侍兼知天侍卽在長安元年春夏。而通鑑，聖曆三年正月「甲子，置控鶴監，……以夏官侍郎李廻秀……爲控鶴監供奉。」年份與兩傳不合，蓋通鑑書後官，與田歸道同。

韋嗣立？——長安二年，由秋侍遷夏侍。三年，遷天侍。（詳吏侍卷。）——舊八八、新一一六有傳。

●宗楚客——長安四年三月十四己亥，以夏侍同鳳閣鸞臺平章事。（新表、新紀、舊紀〔無日〕、通鑑〔作丁丑然前已書己丑則丁丑誤」、兩傳。）七月十一甲午，貶原州都督。（新表、兩紀、通鑑〔丙午〕、新傳。）——此再任。

張知泰——蓋長安三年，由右丞換夏侍。神龍元年二月稍後，遷右御史大夫，進階銀青光祿大夫。（詳右丞卷。）——此再任。

任輝（照憐）——武后世，官至夏侍。（姓纂五陳留浚儀任氏條。）——兩書無傳。

崔貞愼——神龍元年，遷兵侍。三年春，卒官。——舊八一附見崔敦禮傳。

〔考證〕　舊崔敦禮傳：「孫貞愼，神龍初爲兵部侍郎。」新七二下世表，崔氏「貞愼，兵部侍郎。」按大唐新語四：「魏元忠張說爲二張所構，流放嶺南，夏官侍郎崔貞愼……並追送于郊外。」似長安末已在任者。然檢通鑑，此事在長安三年九十月，貞愼題銜爲太子僕，明新語書終官耳。復考全唐文二三三張說祭崔侍郎文：「維神龍三年月朔日，兵部郎中員外曹良史等……敬祭於故侍郎崔公之靈。」又云：「昔時寮列，今爲弔賓，凡二三子，夙承惠眷，聯務七兵，歲陽三變。」又云：「歲初置酒，春中酹觴。」審中間文意，乃兵部崔侍郎剛卒時祭文。則此崔某在兵侍前後三年，至神龍三年春卒官，年代與貞愼正合，文又爲貞愼至友張說代撰，是當卽祭貞愼者。

崔湜——景龍元年，由中書舍人遷兵侍。（兩傳〔皆作二年誤〕。）是年五月十八乙卯，見在任。（冊府五六〇〔無日〕、會要三六氏族條〔作神龍誤詳刑侍卷徐堅條〕。）二年春，遷吏侍。（詳吏侍卷。）——舊七四、新九九有傳。

趙彥昭——景龍二年十月四日壬辰，以兵侍充修文館學士。（會要六四宏文館條。）三年三月一日戊午朔，遷中書侍郎·同中書門下平章事。（新表、新紀、舊紀〔脫三月〕。）——舊九二、新一二三有傳。

崔日用——景龍中已官兵侍。（全唐文二二九張說河間丞崔瀚碑、兩傳，據員闕當在三年。）旋兼修文館學士。（兩傳）。景雲元年六月二十庚子夜，（誅韋氏時。）權知雍州長史。（兩傳。）七月四日癸丑，遷黃門侍郎・參知機務。（舊紀、通鑑、新表〔作兵尙〕、新紀〔同〕、兩傳、全唐文二五〇蘇頲授崔日用黃門侍郎制。）階由大中大夫進銀青光祿大夫。（授制、舊傳。）——舊九九、新一二一有傳。

張說——景雲元年春夏，由工侍遷兵侍。是年秋，遷中書侍郎。——舊九七、新一二五有傳。

〔考證〕　舊傳：「中宗卽位，召拜兵部員外郎，累轉工部侍郎。景龍中，丁母憂去職，起復授黃門侍郎，累表固辭，……優詔方許之。是時風敎頹紊，多以起復爲榮，而說固節懇辭，竟終其喪制，大爲識者所稱。服終，復爲工部侍郎，俄拜兵部侍郎，加弘文館學士。睿宗卽位，遷中書侍郎兼雍州長史。景雲元年秋，譙王重福於東都構逆而死，……睿宗令說往按其獄，……盡得其情狀。……明年，同中書門下平章事。」新傳：「累遷工部兵部二侍郎，以母喪免。旣朞，詔起爲黃門侍郎，固請終制。……除喪，復爲兵部兼修文館學士。睿宗卽位，擢中書侍郎兼雍州長史。」云云。前多兵侍一遷，後少工侍一遷，又有「旣朞」二字，與舊傳小異。按：全唐文二二二張說讓起復黃門侍郎第一表云：「臣……喪紀未終，……忽降制書，復臣工部侍郎，尋奉復命，授臣黃門侍郎。」會要三八奪情條：「景龍三年，以前工部侍郎張說起復爲黃門侍郎，說乞終喪制，上表，許之。」則舊傳喪免時官工侍，是也。服終，先工侍俄遷兵侍，亦從舊傳；蓋爲時不久，故新傳省之。然據新傳「旣朞」二字，則官工侍丁憂當在景龍二年。服闋復爲工侍不能早過景雲元年春。睿宗以是年六月二十五甲辰卽位，則由工侍遷兵侍當卽在春夏，年秋已遷中書侍郎矣。與按譙王重福獄事合，與當時員闕亦合，至二年正月以中書侍郎同平章事矣。全唐文二八〇崔湜吏部侍郎元希聲碑云：希聲，景龍元年某月卒，三年某月葬。又云「公執交兵部侍郎南陽張說……述銘。」蓋此碑作於景雲元年。

陸象先——景雲元年秋，遷兵侍。〔考證一〕。二年十月以前，遷中書侍郎。〔考證二〕。——舊八八、新一一六有傳。

〔考證一〕　新四五選擧志：「韋后旣敗，始以宋璟爲吏部尙書，李乂、盧從愿爲侍郎。姚元之爲兵部尚書，陸象先、盧懷愼爲侍郎。」通鑑書於景雲元年十二月。按韋后之敗在景雲元年六月，璟以六月爲吏尚，元之以七月爲兵尚，乂與從愿亦皆以元年六月尾爲吏侍；則象先懷愼遷兵侍亦當在元年秋。

〔考證二〕 舊紀，景雲二年十月甲辰，「中書侍郎陸象先同中書門下平章事。」新紀表通鑑並同，則卸兵侍必在二年十月以前。舊傳云：「歷中書侍郎。景雲元年冬，同中書門下平章事。」年份誤。

盧懷愼——景雲元年秋，遷兵侍。（詳前象先條考證一。）蓋二年或先天元年，遷黃門侍郎。〔考證〕。——舊九八、新一二六有傳。

〔考證〕 舊傳：「累遷黃門侍郎。……先天二年，與侍中魏知古於東都分掌選事。」則卸兵侍當在先天元年或稍前後。

韋抗——先天元年，由右御史中丞·兼禮侍遷兵侍。開元二年十月，見在任。三年，徙太子左庶子。時階銀青光祿大夫。——舊九二、新一二二有傳，全唐文二五八有蘇頲撰刑部尚書韋抗神道碑。

〔考證〕 舊傳：「景雲初爲永昌令，……遷右臺御史中丞。……開元三年，自左庶子出爲益州長史。四年入爲黃門侍郎。」新傳官歷年份均同，皆不書禮兵二侍郎。神道碑云：「拜洛陽令……遷御史中丞·兼禮部尚書。……遷兵部尚書。戎政孔殷，夏司多僻，……公凡易四歲，濯然一變，發其狙詐，成我鷹揚。別加銀青光祿大夫，除太子左庶子，……爲益州大都督府長史。」按抗此時官位不應遽至尚書。考全唐文二五二蘇頲授韋抗太子左庶子制：「銀青光祿大夫·行兵部侍郎·上柱國韋抗……可行太子左庶子。」則神道碑「尚書」並「侍郎」之譌。據兩傳，由兵侍遷庶子不能遲過三年。又冊府一二四：「開元二年……十月，……詔曰：戰兵別簡爲隊伍，專令教練，不得輒有使役。仍令兵部侍郎裴漼、太常少卿姜皎往軍州計會，便簡支配。有見集後軍兵，宜令兵部侍郎韋抗，紫微舍人王珽卽簡擇以聞。」是二年十月尚在兵侍任也。其換左庶子當卽在三年，同年出爲益州長史。又據神道碑，在兵侍四年，則由中丞兼禮侍遷兵侍不能遲過先天元年。又觀景雲元年尙爲永昌令，（是年六月復名洛陽。）則以御史中丞兼禮侍亦不能早過景雲二年。令姑書兼禮侍於景雲二年，先天元年遷兵侍，開元三年轉左庶子。

裴漼——開元初，由中書舍人遷兵侍。（兩傳、全唐文二五一蘇頲授裴漼兵部侍郎制。）時階通議大夫。（授制。）二年春夏，見在兵侍任。（會要二二龍池壇條、舊三〇音樂志〔作兵部郎中誤〕。）是年十月，仍在任。（冊府一一四〔見前條引〕。）五年，遷吏侍。（兩傳。）——舊一〇〇、新一三〇有傳。

姜晦——開元三年，由太常少卿遷兵侍。四年，遷吏侍。——新九一有傳。

〔考證〕 新傳：「開元初，擢御史中丞……轉太常少卿。時國乏馬，晦請以詔書市馬六胡州。……除黃門侍郎，辭不拜，改兵部。滿歲，爲吏部侍郎，主選。」據會要二二龍池壇條，開元二年春夏晦在少卿任。同書七二馬條，太常少卿姜晦請市馬事在二年九月。則遷兵侍當在後。按三年兵侍有闕，而吏侍卷推論晦爲吏侍不能遲過四年，則爲兵侍即在三年至四年也，正符「滿歲」之文。

盧弘愼——蓋開元初前後，官至兵侍。——兩書無傳。

〔考證〕 新七三上世表，盧氏「弘愼，兵部侍郎。」按同輩懷愼相玄宗，在開元初。今亦姑置此時。

楊滔——蓋開元五六年，官兵侍。——兩書無傳。

〔考證〕 新七一下世表，觀王房楊氏，執柔子「滔，兵戶吏三侍郎。」按開元六年至七年三月，滔在戶侍任，故兵侍可能在五六年。

李尙隱——開元十年稍前，蓋六、七、八年，由御史中丞遷兵侍。出爲蒲州刺史。——舊一八五下、新一三〇有傳。

〔考證〕 新傳：「以將作少監營橋陵，封高邑縣男。未幾，進御史中丞。……進兵部侍郎。俄出爲蒲州刺史。……再遷河南尹。……妖賊劉定高夜犯通洛門，尙隱坐不素覺，左遷桂州都督。」舊傳同而略。據舊紀、舊傳，貶桂州在十三年五六月。又據舊紀，睿宗葬橋陵在四年冬。據此推求，其官兵侍可能在七八年。

魏奉古——開元六年以後，卒於兵侍。——兩書無傳。

〔考證〕大唐新語八聰敏類：「魏奉古，……終兵部侍郞。」按開元六年奉古在吏侍任，旣云終兵侍，當在後。

王易從——開元十年前後，由中書舍人遷兵侍。約十一年遷吏侍。——兩書無傳，全唐文二五八有蘇頲撰揚州大都督府長史王公神道碑。

〔考證〕神道碑：「拜給事中，轉中書舍人，……遷兵部侍郞，……出爲揚州大都督府長史。」考易從以十二年六月二十五日由吏侍出爲揚州長史，碑失書吏侍，詳彼卷。則兵侍當在吏侍前，今姑書於十年前後。

李元紘——開元十一年或十年，蓋由工侍遷兵侍。（詳工侍卷。）十二年，遷吏侍。（詳吏侍卷。）——舊九八、新一二六有傳。

蕭嵩——開元十二年，由左丞轉兵侍。（詳左丞卷。）十四年，遷檢校兵尙‧領朔方節度使。（詳兵尙卷。）——舊九九、新一〇一有傳。

寇泚——開元十二年冬，由中書舍人遷兵侍。〔考證〕。十三年二月二十一乙亥，出爲宋州刺史。（通鑑、冊府六七一、舊一九〇許景先傳。）——兩書無傳。

〔考證〕十三年二月出爲宋州刺史，通鑑、冊府六七一及舊書許景先傳，皆云原官兵侍。而冊府一四四：「十二年七月，河東河北旱，命中書舍人寇泚宣慰河東道。」蓋由中舍遷兵侍也，時間當在是年冬。

李暠——開元十五年或前後一年，由兵侍遷黃門侍郎·兼太原尹·充太原以北諸軍節度使。——舊一一二、新七八有傳，全唐文三一三有孫逖撰李暠墓誌銘。

〔考證〕 墓誌：「太僕衞尉太常三少卿，汝汴二州刺史，兵部黃門二侍郎，太原尹。」舊傳：「遷黃門侍郎兼太原尹，仍充太原已北諸軍節度使。」按吳表四河東卷引冊府，開元十四年四月太原尹張孝嵩奏事及十七年正月太原尹李暠奏請入朝，因置暠出鎮於十五年，略可信；今從之。

裴光庭——開元十四年春，或上年十二月，由鴻臚少卿遷兵侍。〔考證〕。十七年六月十五甲戌，遷中書侍郎·同中書門下平章事。（兩紀、新表、通鑑、兩傳、碑。）——舊八四、新一〇八有傳，萃編八一有裴光庭碑。

〔考證〕 舊傳：「十三年將有事於岱岳，……轉鴻臚少卿。東封還，遷兵部侍郎。」碑及新傳同。按東封還在十三年十二月，其遷兵侍蓋十四年春。

李鎭——開元二十一年二月，以兵侍充山南道宣慰使。（冊府一六二。）——兩書無傳。

裴寬——開元中，由御史中丞遷兵侍。（舊傳。）二十一年十二月二十四丁巳至二十二年正月八日辛未間，換戶侍。（詳吏侍卷。）——舊一〇〇、新一三〇有傳。

韋虛心——開元二十二年，或前後一年，見在兵侍任。——舊一〇一、新一一六有傳，全唐文三一三有孫逖撰東都留守韋虛心神道碑。

〔考證〕 舊傳及神道碑皆云曾官兵侍。碑又云：「余爲郎時，南皮公（虛心）實掌小司馬之職。」檢舊一九〇孫逖傳：「二十一年入爲考功員外郎，二十四年拜中書舍人。」則虛心爲兵侍當在二十一至二十三年間。又考冊府一六二：「開元二十三（當作二）年二月辛亥，初置十道採訪使，以（略）揚州長史韋虛心爲淮南採訪使。」則爲兵侍與揚州長史相先後也。

陸景融——開元二十二三年，以某官知兵部選事。——舊八八、新一一六有傳。

〔考證〕舊傳，歷兵吏部侍郎。不云何時。舊九九嚴挺之傳：「挺之爲尚書左丞知吏部選，陸景融知兵部選，皆爲一時精選。」按：挺之以二十二年遷左丞，其知選蓋二十二年二十三年，今姑書於同時。

張均——開元二十三年正月十八乙亥，見在兵侍任。其始任蓋稍前。〔考證〕。二十六年，貶饒州刺史。(兩傳。)時階正議大夫。(詳再任條。)——舊九七、新一二五有傳。

〔考證〕會要一七祭器議，開元二十二年正月十八日制議籩豆數，「於是兵部侍郎張均……等建議曰……」云云。舊書禮儀志五同；惟百衲本作二十三年正月，與會要及他本舊志不同。按通鑑開元二十四年紀云：「初上因籍田赦，命有司議增宗廟籩豆之薦……兵部侍郎張均……議曰」云云。檢通鑑及兩紀，二十三年正月乙亥親耕籍田，赦天下，則「因籍田赦」即指此也。又二十三年正月乙亥正是十八日，則百衲本作二十三年，是也；作二十二年者，誤。

盧奐——開元二十五年稍後，由陝州刺史入遷兵侍。〔考證〕。天寶元年八月，貶臨淄太守。(詳右丞卷姚奕條。)——舊九八、新一二六有傳。

〔考證〕舊傳：「爲……御史中丞，陝州刺史。二十四年，玄宗幸京師，次陝城頓，審其能政，……尋除兵部侍郎。」新傳同。按玄宗於二十四年十月由東都回京，則奐入朝不能早過二十五年。

盧絢——蓋開元末，官兵侍，出爲華州刺史。——兩書無傳。

〔考證〕明皇雜錄下：「兵部侍郎盧絢……負文雅之稱，……帝亟稱其蘊藉。是時李林甫方持權忌能……出爲華州刺史。」通鑑天寶元年紀書此事，然非此年事，蓋開元末耳。又冊府一六二：「開元二十三(二之譌)年二月辛亥，初置十道採訪處置使，命御史中丞盧絢爲都畿採訪使。」此其以前任官之可考者。

李彭年——開元天寶之際，以太僕少卿權判兵侍事。時階朝議大夫。(全唐文三〇八孫逖授李彭年兵部侍郎制。）旋蓋正拜。（舊傳。）天寶二年，遷吏侍。（詳吏侍卷。）——舊九〇、新一一六有傳。

張均——約天寶二三載，由戶侍遷兵侍。時階正議大夫。四載六月及九月，皆見在任。階如故。九載，遷刑尚。——此再任。

〔考證〕舊傳：「服闋，均除戶部侍郎，轉兵部。（開元）二十六年，坐累貶饒州刺史。以太子左庶子徵。復爲戶部侍郎。九載遷刑部尚書。」新傳無前戶部侍郎，而後戶侍作兵侍。考全唐文三一〇孫逖張均襲封燕國公制：「正議大夫·行尚書兵部侍郎·上柱國張均……可襲封燕國公。」同書三〇八孫逖授張均兵部侍郎制：「正議大夫·行尚書戶部侍郎·上柱國·燕國公·賜紫金魚袋張均……芳蘭可久，垂棘重歸，宜允副於僉擇，俾增修於舊政，可行尚書兵部侍郎，散官勳封如故。」比觀二制，可知前制乃第一任兵侍時，後制乃再任兵侍也。然則，均前後兩任兵侍，後任由戶侍遷，前任是否由戶侍遷不可知，或者舊傳誤以後任爲前任歟？又萃編八七石臺孝經題名，均書銜「正議大夫·行兵部侍郎」。其遷當在前。今姑置於二三載。

宋鼎——天寶四載春夏或三載，由右丞換兵侍。（詳右丞卷。）四載秋，見在任。時階正議大夫。（石臺孝經、圓覺大疏鈔三下宗密神會略傳。）七載正月，仍見在任。時階銀青光祿大夫。〔考證〕。——兩書無傳。

〔考證〕姓纂八，廣平宋氏「鼎，兵部侍郎。」四校記云：「集古錄目，能大師碑，約天寶七載撰，亦稱兵部侍郎宋鼎。……宋僧傳八慧能傳，兵部侍郎宋鼎爲碑焉。宋遙誌，葬天寶七載正月，撰人題銀青光祿大夫·行兵部侍郎·上柱國宋鼎撰。」則七載仍在任。鼎於天寶十載稍前官至兵侍，又見全唐文三一九李華荆州南泉大雲寺蘭若和尚碑。

李麟——天寶九載，由刑侍遷兵侍。（詳刑侍卷。）冬以本官權知十載、十一載春貢擧。十一載秋冬，徙國子祭酒，進階銀青光祿大夫。（詳禮侍卷、刑侍卷。）——舊一一二、新一四二有傳。

李巖——天寶八載以後，官至兵侍。——新一九八附見李素立傳。

〔考證〕　新傳云：「終兵部侍郎。」新七二上世表同。按巖以禮侍知天寶六七八年春貢舉。又據傳，中宗時巖年十餘歲。則終兵侍可能在天寶末，今姑書八載以後。

楊釗（國忠）——天寶九載，由給事中・兼御史中丞・判度支遷兵侍，仍兼中丞・判度支。〔考證〕。十載十一月二十七丙午，遙領劍南節度使。（舊紀。）十一載五月十一丙辰，遷御史大夫，（通鑑、兩傳。）仍判度支。（詳度支卷。）——舊一〇六、新二〇六有傳。

〔考證〕　舊傳：「轉給事中兼御史中丞，專判度支事。……八載……兼權太府卿事。……尋兼兵部侍郎。……代（王）鉷爲御史大夫，權京兆尹，賜名國忠。」新傳略同。據舊一一二李麟傳及本書禮侍卷李麟條，釗遷兵侍當在九年冬稍前。又舊紀天寶十載十一月，書國忠領劍南節度事，原銜爲兵侍兼御史中丞。通鑑，天寶十一載五月，書國忠加御史大夫事，考異引實錄，國忠銜仍兵侍兼中丞。則遷兵侍仍兼中丞也。判度支，詳度支卷。

盧奕——天寶十一載，以御史中丞留臺東都分知東都武部選事。十四載，爲安祿山所害。（兩傳。）——舊一八七下、新一九一有傳。

吉溫——天寶十三載正月下旬，由御史中丞・京畿關內採訪使遷武侍・兼御史中丞・充閑廐羣牧等副使。（通鑑、舊紀、兩傳、舊二〇〇安祿山傳、舊一〇六楊國忠傳。）十二月十二壬寅，貶澧陽長史。〔考證〕。——舊一八六下、新二〇九有傳。

〔考證〕　舊傳：「其（十三載）冬，……貶……澧陽長史。」新傳同。通鑑書貶澧陽長史於閏十一月壬寅，覈下文又書「戊午上還宮」乃知爲十二月壬寅。舊紀書於十月壬寅，亦誤。

蕭華——天寶末，官至武侍。至德元載六月，玄宗西幸，華從駕不及。（兩傳，參通鑑乾元元年十一月紀。）——舊九九、新一〇一有傳。

李峘——至德元載秋，從駕在蜀，由前襄陽太守遷武侍·兼御史大夫。（兩傳〔原官睢陽〕、全唐文三六六賈至授李峘武部侍郎制。）十月，遷蜀郡太守·劍南節度使。（通鑑、兩傳。）——舊一一二、新八〇有傳。

杜鴻漸——至德元載秋冬，由兵部郎中·知中書舍人正拜中舍·判武侍。（兩傳、全唐文三六六賈至授杜鴻漸崔倚中書舍人制。）二載五月十日丁巳，兼御史大夫，出爲河西節度使。（舊紀、兩傳。）——舊一〇六、新一二六有傳。

●呂諲——至德二載夏秋，由御史中丞遷武侍。〔考證〕。乾元二年三月二十八甲午，以本官同中書門下平章事。（新表、兩紀、兩傳、全唐文四二有制。）七月二十七辛卯，以母喪罷。（新表、兩紀、兩傳。）十月二十九壬戌，起復。（新表、兩紀、兩傳。）十二月二日甲午，加判度支·充鹽鐵轉運等使。（詳度支卷。）同月十四丙午，遷黃門侍郎，仍平章事·判度支·充使職。（詳度支卷。）——舊一八五下、新一四〇有傳。

裴遵慶——乾元二年春夏以前，由右丞換兵侍。（詳右丞卷。）是年或明年，換戶侍。（詳吏侍卷。）——舊一一三、新一四〇有傳。

尙衡——上元元年十月二十七甲申，由兵侍出爲青州刺史·青登等州節度使。（舊紀。）——兩書無傳。

〔考證〕此事惟見舊紀。而舊紀上年（乾元二年）四月已書以徐州刺史尙衡爲青州刺史·充青淄密登萊沂海等節度使。蓋由青登節度爲兵侍，今又出任原官歟？

嚴武——寶應元年春，蓋由兵侍出爲劍南西川節度使。或六月由西川節度使入爲兵侍。——舊一一七、新一二九有傳。

〔考證〕通鑑：寶應元年六月「壬戌，以兵部侍郎嚴武爲西川節度使。」與表六西川卷云：「杜集錢箋引趙抃玉壘記：『東劍段子璋反，崔光遠平之，監軍按其罪，冬十月（上元二年）恚死，廷命嚴武。」草堂詩箋奉送嚴公入朝注：「寶應元年春，武開府成都。是年四月，代宗踐阼，召武以太子賓客。」通鑑「寶應元年六月六日以兵部侍郎嚴武爲西川節度。」以公詩考之，恐以侍郎召。」耕望按：吳說蓋是。否則，當在年春，通鑑紀月有誤。

王縉——寶應元年或上年，由工侍遷兵侍。廣德元年正月七日辛巳，見在兵侍・兼御史大夫任。時階銀青光祿大夫。三月十八辛酉以前，徙左(右?)散騎常侍。——舊一一八、新一四五有傳。

〔考證〕舊傳：「改鳳翔尹・秦隴州防禦使，歷工部侍郎，左散騎常侍。撰玄宗哀冊文。……改兵部侍郎。……廣德二年，拜黃門侍郎・同平章事。」新傳省書工侍及常侍。據舊傳，由左常侍遷兵侍，又遷黃門侍郎入相。而兩紀、新表、通鑑皆云廣德二年正月由右散騎常侍遷黃門侍郎・同平章事，與傳不同。考會要一帝號：元宗，「(寶應)元年建巳月五日崩。……廣德元年三月辛酉葬泰陵。……哀冊文，左散騎常侍王縉撰。」按：哀冊文，例以葬日撰。(如蘇頲撰睿宗哀冊文、和恩皇后哀冊文、惠文太子哀冊文，皆在葬日，見全唐文二五六。)則廣德元年三月十八辛酉在左常侍任。而全唐文三七〇王縉進王維集表：「寶應二年正月七日，銀青光祿大夫・尙書兵部侍郎・兼御史大夫臣縉表上。」即廣德元年正月七日。是其時在兵部侍郎任，則兵侍實在常侍之前，至三月十八日稍前已徙常侍矣。舊傳兵侍在後，誤。

裴士淹——廣德元年三月二十七庚午，見在兵侍任。(會要一帝號條。)——兩書無傳。

李進——約廣德元年，由工侍遷兵侍。(詳工侍卷。)——新七八附從父暠傳。

●杜鴻漸——廣德二年正月二十五癸亥，由太常卿・禮儀使遷兵侍・同中書門下平章事。(新表、兩紀、通鑑、兩傳。)時階光祿大夫。(舊傳。)同月二十九丁卯，加莊宅使。(新表。)四月二十七甲午，遷中書侍郎，仍平章事。(新表、兩傳。)——此再任。

敬括——蓋永泰中或稍前，由給事中遷兵侍，徙大理卿。——舊一一五、新一七七有傳。

〔考證〕　舊傳：「累遷給事中，兵部侍郞，大理卿。……大曆初，叛臣周智光伏誅，……以括爲同州刺史。」新傳惟云兵侍。按舊紀，大曆二年正月甲子以大理卿敬括爲同州刺史。則官兵侍當在永泰中或稍前。

張重光——廣德元年十月，見在兵侍任。（舊一二〇郭子儀傳。）大曆二年正月十三甲子，出爲華州刺史・潼關防禦使。〔考證〕。——兩書無傳。

〔考證〕　舊紀，大曆二年正月「甲子，以兵部侍郞張仲光爲華州刺史・潼關防禦使。」舊一一四周智光傳全同，惟有月無日。按舊紀，大曆三年九月「以前華州刺史張重光爲尙書左丞。」常袞有授制。則仲光卽重光，舊紀前後互歧耳。

李涵——大曆三年正月二十九甲戌，由左丞轉兵侍。（舊紀。）閏六月二十五丁卯，兼御史大夫，宣慰河北。時階銀靑光祿大夫。（舊紀、新傳、全唐文四一四常袞李涵再使河北制。）四年五月二十四辛卯，使回紇。（舊紀、通鑑〔壬辰〕。）七年二月三日甲寅，出爲蘇州刺史・浙西觀察使。〔考證〕。——舊一二六、新七八有傳。

〔考證〕　舊紀：大曆七年「二月甲寅，以兵部侍郞李涵爲蘇州刺史・兼御史中丞・充浙西觀察使。」而全唐文三九〇獨孤及睢陽太守李公神道碑：「元子曰涵，……大曆七年夏五月，由尙書兵部侍郞爲御史大夫・蘇州刺史，巡省江左。」與紀年同而月異。新傳：「遷兵部侍郞……復宣慰河北。還爲浙西觀察使。居五歲，入朝，拜御史大夫・京畿觀察使。」據舊紀，涵以十一年四月爲京畿觀察，則出鎭浙西亦在七年。舊傳失書兵侍，而云：「大曆六年正月，爲蘇州刺史（略）・充浙江西道都團練觀察使。」作「六年」，誤。今從舊紀作七年二月甲寅，蓋五月到官耳。

賈至——大曆三年正月二十九甲戌，由右丞換兵侍。（舊紀、兩傳〔無原官〕。）五年三月二十八辛卯，遷京兆尹・兼御史大夫。（舊紀〔脫三月合鈔已補〕、兩傳、全唐文四一二常袞授賈至京兆尹制。）時階正議大夫。(授制。)——舊一九〇中、新一一九有傳。

韓滉——大曆五年，以給事中知兵部選事。(詳右丞卷。)——舊一二九、新一二六有傳。

張孚——大曆五年十月十五癸卯或稍後，見在兵侍任。時階銀青光祿大夫。(萃編九五臧希晏神道碑。)——兩書無傳。

袁傪——大曆十二年三月二十八庚辰，見在兵侍任。(舊一一八元載傳、舊一二三劉晏傳。)至十四年七月，仍見在任。(舊紀、通鑑、會要二一。)——兩書無傳。

黎幹——大曆十三年，由京兆尹換兵侍。(舊傳。)十四年閏五月二十七丙申，賜死藍田。(舊紀、通鑑、舊傳。)——舊一一八、新一四五有傳。

劉迺——大曆十四年九月十九丙戌，由給事中遷權知兵侍。(舊紀、兩傳。)建中四年夏，正拜兵侍。(兩傳。)十月，駕幸奉天；迺臥病不及從。興元元年二三月，絕食卒。(兩傳。)——舊一五三、新一九三有傳。

蕭復——建中三年七月十三甲午，由前同州刺史遷兵侍。(舊紀、兩傳。)四年九月二十六庚子，遷戶尚・充荊襄等道行軍元帥府長史。(詳戶尚卷。)——舊一二五、新一〇一有傳。

●盧翰——興元元年正月十四丙戌，由吏侍遷兵侍・同中書門下平章事。(新表、兩紀、通鑑。)六月十四癸丑，遷門下侍郎，仍平章事。時階銀青光祿大夫。(新表、全唐文四六二陸贄授盧翰門下侍郎平章事制。)——兩書無傳。

韓洄——興元元年三月，由蜀州刺史遷兵侍。六月，遷京兆尹。——舊一二九、新一二六有傳，全唐文五〇七有權德輿撰太中大夫守國子祭酒韓公行狀。

〔考證〕舊傳：「轉洄戶部侍郎・判度支。……貶蜀州刺史。興元元年三月，入爲兵部侍郎。六月，爲京兆尹。七月，加御史大夫。」新傳同，亦云「興元元年，入爲兵部侍郎，轉京兆尹。」行狀云：

「戶部侍郎・專判度支，……出為蜀州刺史。……三歲在郡，……有詔徵還。既至，拜兵部侍郎。在職數月，遷京兆尹・兼御史大夫。三輔難理，轂下尤甚，賊泚之後，旱蝗相乘，連師十餘萬，屯於蒲坂，戎裝兵馬，仰給京師。」按：洄以建中二年十一月由戶侍判度支貶蜀州刺史。「三歲在郡」入為兵侍，正是興元元年，與兩傳合。且李晟以興元元年五月二十八戊戌（舊紀譌戌為辰）收復西京，六月五日甲辰，朱泚伏誅。舊傳云六月為京兆尹，行狀云賊泚之後云云，時事亦正合。則洄以興元元年三月入為兵侍，六月遷京兆尹，絕無可疑。而舊紀，貞元元年「三月丙申朔，以蜀州刺史韓洄為兵部侍郎。」「六月丙子，以兵部侍郎韓洄為京兆尹。」月份同，而恰誤後一年。

李紓——興元元年六月，由前同州刺史遷兵侍。〔考證〕。十月三日辛丑，以本官宣慰河東。（冊府一六二。）是年冬，兼知吏部選事。（舊傳，詳吏侍卷。）貞元三年正月，見在兵侍任。（會要三皇后條。）四年八月十三戊子，仍見在任。（會要二三武成王廟條、冊府五九〇。）是年冬，遷吏侍。（詳吏侍卷。）——舊一三七、新一六一有傳。

〔考證〕舊傳：「德宗居奉天，擇為同州刺史。尋棄州詣梁州行在，拜兵部侍郎。反正，兼知選事。」新傳略同。是拜兵侍在車駕反京前也。按車駕以六月戊午發興元，七月壬午至京，而兵侍兩員適於六月有闕，則紓任兵侍蓋即六月也。

●**柳渾**（原名載）——貞元元年七月二十四丁巳，由右散騎常侍遷兵侍。（舊紀〔作左常侍〕、舊傳〔作二年誤亦作左〕、新傳〔右〕、行狀〔右〕。）時階銀青光祿大夫。（行狀。）三年正月二十七壬子，以本官同中書門下平章事，（舊紀、新表、通鑑、舊傳〔作二年正月誤〕、新傳、行狀。）仍判門下省事。（兩傳。）八月九日己丑，罷為右散騎常侍。（舊紀〔無左右〕、新表〔同〕、通鑑〔作左〕、舊傳〔無左右〕、新傳〔右〕、行狀〔右〕。）——舊一二五、新一四二有傳，全唐文五九一有柳宗元撰右散騎常侍柳公行狀。

裴諝——貞元四年或五年，（參員闕。）由太子賓客遷兵侍。（兩傳。）五年十二月四日辛未，出爲河南尹・東都副留守。（舊紀、兩傳。）——舊一二六、新一三〇有傳。

韓洄——貞元五年，由秘書監遷兵侍。〔考證〕。七年，見在任。（陽歐詹唐天文述。）十一月，徙國子祭酒。（舊傳、行狀。）時階太中大夫。（行狀。）——此再任。

〔考證〕舊傳：「爲刑部侍郎，尋復兵部侍郎。」行狀：「轉刑部侍郎，……遷秘書監，……復除兵部侍郎。」則舊傳省秘書監一轉。新七三上世表，韓氏「洄，兵部尚書。」誤。考全唐文五九八歐陽詹唐天文述：「歲在辛未，實貞元七年。……是歲也，……昌黎韓公洄爲夏官之三年。」則由秘書監遷兵侍乃五年事。

陸贄——貞元六年二月十九丙戌，由前中書舍人・翰林學士遷權知兵侍，復充學士。（舊紀、翰學壁記、兩傳、全唐文四九三權德輿翰苑集序、順宗實錄四附贄傳、全唐文五九八歐陽詹唐天文述〔無原官〕。）七年八月八日丙申，罷學士，正拜兵侍。（舊紀、通鑑〔八月丙午〕、翰學壁記、兩傳、權德輿翰苑集序。）是年冬，以本官權知明年春貢舉。（詳禮侍卷。）八年四月十一乙未，遷中書侍郎・同中書門下平章事。（兩紀、新表、通鑑、兩傳、翰苑集序、順宗實錄四。）——舊一三九、新一五七有傳。

韓臯——貞元八年春夏或前一年冬，由右丞換兵侍。（詳右丞卷。）十一年四月二十六癸亥，遷京兆尹。（舊紀、兩傳。）——舊一二九、新一二六有傳。

馮伉——永貞元年二月二十二壬戌，由給事中遷兵侍。（順宗實錄一、兩傳。）是年或元和元年春，徙國子祭酒。〔考證〕。——舊一八九下、新一六一有傳。

〔考證〕舊傳：「順宗卽位，拜尚書兵部侍郎，改國子祭酒。爲同州刺史，入拜左散騎常侍，復領太學。元和四年卒。」新傳略同。按會要六六：「元和元年四月，國子祭酒馮伉奏」云云。則由兵侍徙國子祭酒必在永貞元年或元和元年春。

鄭雲逵——永貞元年夏秋，由刑侍遷兵侍。最遲元和元年春夏，換御史中丞。(詳刑侍卷。)——舊一三七、新一六一有傳。

韋武——元和元年春或上年冬，由晉慈隰等州觀察使入遷兵侍。時階銀青光祿大夫。(神道碑。)元和元年五月八日辛未，遷京兆尹·兼御史大夫，(舊紀、碑。)階如故。(碑。)——兩書無傳，唐文拾遺二七有呂溫撰銀青光祿大夫京兆尹韋氏神道碑。

李巽——永貞元年蓋八月以前，由檢校散騎常侍·江西觀察使入遷兵侍。(兩傳、神道碑。)在途，加充度支鹽鐵轉運副使。(神道碑、兩傳。)十一月十七壬午，見在兵侍任。(新一六五鄭珣瑜傳〔參舊紀珣瑜卒時〕。)十二月九日甲辰，亦見在任。〔考證〕。元和元年四月十四丁未，進判度支·兼諸道鹽鐵轉運等使。(詳度支卷。)二年三月十五癸卯，遷兵尚，專充鹽鐵轉運使，落判度支。(詳度支卷。)——舊一二三、新一四九有傳，全唐文五〇五有權德輿撰吏部尚書李公墓誌銘。

〔考證〕 全唐文五五〇韓愈上兵部李侍郎書云：「十二月九日，將仕郎·守江陵府法曹參軍韓愈謹上書侍郎閣下。」又云：「自江而西既化而行矣，今者入守內職，爲朝廷大臣。」是上巽無疑。按新書韓愈傳：「改江陵法曹參軍。元和初，權知國子博士。」朱校昌黎集附載本傳，注引洪譜：「貞元二十一年春遇赦，夏秋離陽山，竢命於郴者三月，至秋末始受法曹之命，見祭李郴州文。」又云：「永貞二年丙戌正月……改元元和，……其春夏猶在江陵。……六月自江陵召拜國子博士。」則此書「十二月九日」乃永貞元年無疑。是其時在任。

權德輿——元和元年五六月，由戶侍遷兵侍。時階朝散大夫。是年冬，遷吏侍，階如故。(詳吏侍卷。)——舊一四八、新一六五有傳。

權德輿——元和三年三月二十五丁未以前，由太子賓客復遷兵侍。時階朝議大夫。(詳吏侍卷。)是日，見在兵侍任。時階太中大夫。(全唐文五〇九權德輿祭楊校書夫人文。)是年冬十月，見在任。(全唐文四九四權德輿黔州觀察使新廳記。)四年四月二十九甲辰，徙太常卿。(舊紀、舊傳。) 時階通議大夫。(全唐文四八七權德輿太常卿擧人自代狀。)——此再任。

衞次公——元和三年夏，由中書舍人遷權知兵侍。〔考證〕。六月二十五丙子，仍權知本官·充翰林學士承旨。(元氏承旨學士壁記、丁氏學士壁記〔脫承旨〕、舊傳〔同上〕。)七月二十三癸卯，加知制誥。(兩壁記。)九月，見在兵侍任。(全唐文四九〇權德輿崔吏部衞兵部宿天長寺唱和詩序。) 四年三月，徙太子賓客，罷學士。(承旨壁記、學士壁記、兩傳。)——舊一五九、新一六四有傳。

〔考證〕 舊傳：「權知中書舍人，尋知禮部貢擧，……眞拜中書舍人，仍充史館修撰，遷兵部侍郎·知制誥，復兼翰林學士。」新傳同，惟不云爲學士。按：次公以中舍知三年春貢擧放榜；而據兩壁記，六月自權知兵侍復充學士，則由中舍遷權知兵侍當卽在三年夏。

王播——元和五年三月五日乙巳，由兵侍換御史中丞。(舊紀、舊傳〔作郎中〕。)——舊一六四、新一六七有傳，全唐文七一四有李宗閔撰王公神道碑。

許孟容——元和五年十月一日戊辰朔，由京兆尹換兵侍。(舊紀、舊傳。) 六年六月，見在任。(會要六九、同書五九、同書九一〔作七年誤〕、舊紀、通鑑、新書李吉甫傳。) 是年冬，以本官權知明年春貢擧。(詳禮侍卷。)七年二月十三壬寅，出爲河南尹。(舊紀、舊傳。) 時階蓋正議大夫。(萃編一〇六裴耀卿碑。)——舊一五四、新一六二有傳。

〔附考〕 舊紀、通鑑，元和十年六月書孟容具銜仍爲兵侍，乃吏侍之誤。舊書呂元膺傳書銜兵侍，時在元和四年，兵侍乃京兆尹之誤。檢通鑑正作京尹。

薛貽謀——蓋元和中，官至兵侍。——兩書無傳。

〔考證〕 新七三下世表，薛氏「貽謀，兵部侍郎。」嵩之子也。其兄「昌期，保信軍節度使。」按：嵩以廣德元年爲相衞節度使。而新書方鎭表，元和四年置保信軍節度使，五年廢。推其時次，貽謀官兵侍蓋亦在元和中。

楊於陵——元和九年三月或稍後，由吏侍轉兵侍·兼御史大夫·判度支。時階銀青光祿大夫。（詳吏侍卷。）十一年四月十五庚戌，貶郴州刺史。（詳度支卷。）——舊一六四、新一六三有傳，全唐文六三九有李翺撰贈司空楊公墓誌。

衛次公——蓋元和八年冬，由陝虢觀察使入遷兵侍。〔考證〕。十二年夏秋間，（看左丞卷。）遷左丞。（兩傳。）——此再任。

〔考證〕舊傳：「拜陝虢等州都防禦觀察處置等使。……徵爲兵部侍郎。」新傳同。按：舊紀，次公出鎮陝虢在六年，而八年九月戊辰以竇易直爲陝虢防禦使，則次公卸陝虢爲兵侍當在八年秋。

○王涯——元和十三年八月一日壬子朔，由中書侍郎·同中書門下平章事罷爲兵侍。（舊紀、新表、通鑑、舊傳、全唐文五八憲宗授王涯兵部侍郎制。）時階銀青光祿大夫。（授制。）年冬或十四年，遷吏侍。（舊傳，參吏兵兩侍郎員闕。）——舊一六九、新一七九有傳。

歸登——元和末，由左散騎常侍遷兵侍·兼判國子祭酒事。（舊傳。）十四年六月十四庚申，遷工尙。〔考證〕。——舊一四九、新一六四有傳。

〔考證〕舊傳：「轉兵部侍郎·兼判國子祭酒事，遷工部尙書。」而舊紀，元和十四年六月「庚申，以戶部侍郎歸登爲工部尙書。」與舊傳「戶」「兵」不同。按：十三四年間楊於陵皇甫鎛同在戶侍任，二員均不闕，則舊紀「戶」字誤。

柳公綽——元和十四年秋冬或十五年，由刑侍·鹽鐵轉運等使遷兵侍·兼御史大夫，仍充使職。（詳刑侍卷鹽運使卷。）長慶元年二月五日壬申，罷使職。（詳鹽運使卷。）三月二十二戊午，遷京兆尹·兼御史大夫。（舊紀、舊傳。）時階蓋正議大夫。〔考證〕。——舊一六五、新一六三有傳。

〔考證〕八瓊七一吐蕃會盟碑側，柳公綽書銜「正議大夫·京兆尹·兼御史大夫」。時在長慶元年十月十日，蓋始還京兆尹時原階。

韓愈——長慶元年七月二十六庚申，由國子祭酒遷兵侍。（舊紀、兩傳、行狀。）時階蓋朝散大夫或稍高。（全唐文五六八韓愈祭湘君夫人文。）二年二月，以本官宣諭鎭州。（通鑑、舊紀、兩傳、舊書王廷湊傳。）九月，遷吏侍。（詳吏侍卷。）——舊一六〇、新一七六有傳，全唐文六三九有李翺撰韓公行狀，同書六八七有皇甫湜撰韓文公墓誌銘、韓愈神道碑。

張賈——長慶元年四月，見在兵侍任。——兩書無傳。

〔考證〕全唐文七六一褚藏言竇牟傳：「府君貞元二年擧進士，與（略）故兵部侍郎張公賈（略）同年上第。」考朱校昌黎集一〇奉和兵部張侍郎酬鄆州馬尚書祇召途中見寄開緘之月馬帥已再領鄆州之作。注云張賈。按舊紀：元和十四年三月馬總爲鄆濮曹等州觀察使。長慶元年三月癸丑，以幽州節度使劉總爲鄆濮節度使，是月卒於幽州。四月「丙子，以前天平節度使馬總復爲天平節度使。」此卽張賈酬詩時也，則其時在兵侍任。

薛放——長慶元年十二月，或二年正二月，由刑侍遷兵侍。（詳刑侍卷。）二年六月稍後，見在兵侍任。〔考證〕。三年或二年十一二月遷禮尙·判集賢院事。（詳禮尙卷。）——舊一五五、新一六四有傳。

〔考證〕全唐文六五四元稹浙東觀察使薛戎神道碑，戎以長慶元年九月卒，十一月葬。有云：「予在中書時，公旣歿，浙東使上公所美」云云。則此碑作於二年六月元稹罷相以後。碑又云：「今尙書兵部侍郎·集賢殿學士放，於公爲季弟。」則作碑時，放在兵侍任也。

武儒衡——長慶三年，由前禮侍遷權知兵侍。月餘，丁母憂免。（詳禮侍卷。）——舊一五八、新一五二有傳。

王起——長慶三年，由禮侍遷兵侍。四年九月二十三己巳，出爲河南尹。（詳禮侍卷。）——舊一六四、新一六七有傳。

韓愈——長慶三年十月五日丙戌，由京兆尹換兵侍。同月十一壬辰，遷吏侍。（詳吏侍卷再任條。）——此再任。

韋處厚——長慶三年十月二十三甲辰，由中書舍人·翰林侍講遷權知兵侍·知制誥，仍充侍講。（翰學壁記、全唐文六〇五劉禹錫故中書侍郎平章事韋公集序、兩傳。）四年二月十三癸巳，進充承旨。（承旨學士壁記、翰學壁記〔原作十月二十三日岑注據承旨記謂十字爲衍文月二兩字當乙是也〕、集序。）十月十四己丑，正拜兵侍，仍充承旨。（翰學壁記、承旨壁記、集序、兩傳。）寶歷二年十二月十七庚戌，遷中書侍郎·同中書門下平章事。（兩紀、新表、通鑑〔銜無兵侍〕、翰學壁記、承旨壁記〔作元年字譌〕、集序、兩傳、全唐文六九有授制。）時階正議大夫。（舊紀、授制。）——舊一五九、新一四二有傳。

李宗閔——長慶四年十月二十七壬寅，由禮侍遷權知兵侍。（詳禮侍卷。）寶曆元年，正拜。（舊傳。）是年或明年，丁父憂免。（兩傳，參吏侍卷。）——舊一七六、新一七四有傳。

丁公著——寶曆二年五月十七甲申，由右丞換兵侍。（舊紀、舊傳。）六月，見在任。（舊一三〇李泌傳。）大和元年秋，換工侍·知吏部西銓選事。（詳吏侍卷。）——舊一八八、新一六四有傳。

王起——大和元年六月或稍後一兩月，由吏侍轉兵侍。（詳吏侍卷。）二年二月一日丁亥朔，出爲陝虢觀察使。（舊紀、兩傳。）——此再任。

盧元輔——大和二年二月十九乙巳，由刑侍遷兵侍。（舊紀、舊傳。）八月四日丁巳，出爲華州刺史·潼關防禦使。（舊紀、兩傳。）是年冬，復入爲兵侍。〔考證〕。三年七月十七乙未，卒官。（舊紀、舊傳〔八月卒〕。）——舊一三五、新一九一有傳。

〔考證〕 舊傳：「自兵部侍郎出爲華州刺史·潼關防禦鎮國軍等使，復爲兵部侍郎。」按舊紀，太和二年八月「丁巳，以兵部侍郎盧元輔爲華州鎮國軍使。」三年正月甲辰，「華州刺史·鎮國軍潼關防禦使崔植卒。」則至遲大和二年冬崔植已代盧元輔爲華州刺史。

路隨——大和元年正月八日庚午，由中書舍人·翰林學士遷兵侍·知制誥，(翰學壁記〔本作寶曆二年正月八日岑注據新樓記等改二爲三是也〕、兩傳、全唐文六三三韋表微翰林學士院新樓記。) 進充承旨。(新樓記、兩傳。) 二年十二月二十七戊寅，遷中書侍郎·同中書門下平章事。(兩紀、新表、通鑑、翰學壁記〔本作二月二十七日岑云二月上脫十字是也〕、兩傳、全唐文六九授路隨中書侍郎平章事制。)階由中散大夫進正議大夫。(授制。)——舊一五九、新一四二有傳。

崔鄲——大和二年蓋秋，由前禮侍遷兵侍。時階銀青光祿大夫。(詳禮侍卷。)四年正月十七壬辰，出爲陝虢觀察使，(舊紀、行狀。)階如故。(行狀。)——舊一五五、新一六三有傳，全唐文七五六有杜牧撰浙西觀察崔公行狀。

李德裕——大和三年八月十六癸亥，由檢校禮尚·浙西觀察使入遷兵侍。(本所藏西嶽華山廟碑額側題名、舊紀〔七月乙巳〕、舊傳〔八月〕、通鑑〔八月〕、全唐詩第六函第三冊劉禹錫送李尚書鎮滑州。)時階銀青光祿大夫。(華山廟碑額題名。)九月十五壬辰，出爲檢校戶尚·義成節度使。(舊紀、通鑑、舊傳〔檢校禮尚與紀碑不合〕、劉禹錫送李尚書鎮滑州、全唐文七三一賈餗李德裕德政碑。)——舊一七四、新一八〇有傳。

鄭澣(涵)——大和四年，由禮侍遷兵侍。(詳禮侍卷。)七年，遷吏侍。(詳吏侍卷。)——舊一五八、新一六五有傳。

徐晦——大和四年，由同州刺史入遷兵侍。五年，徙太子賓客分司。(舊傳。)——舊一六五、新一六〇有傳。

溫造——大和五年四月一日己巳朔，由檢校禮尚·山南西道節度使入遷兵侍。(舊紀、兩傳。)七月五日辛丑，出爲檢校戶尚·東都留守。(舊紀、兩傳。)——舊一六五、新九一有傳。

賈餗——大和七年五月，由禮侍遷兵侍。（舊傳。）八年十一月，遷京兆尹・兼御史大夫。（舊傳。）——舊一六九、新一七九有傳。

王源中——大和六年秋，由戶侍・知制誥・翰林學士承旨遷兵侍，仍知制誥・充承旨。（詳戶侍卷。）八年四月二十四乙巳，遷禮尙出院。（舊紀，參戶侍卷。）——新一六四有傳。

崔琯——大和八年，由荆南觀察使入遷兵侍。（舊傳〔原作節度據新書方鎭表改〕。）開成元年，遷吏侍。（詳吏侍卷。）——舊一七七、新一八二有傳。

馮宿——大和八年四月以後，（參刑侍卷員闕。）由刑侍遷兵侍。（舊傳、碑。）九年，出爲檢校禮尙・劍南東川節度使。（舊傳、碑。），時階銀青光祿大夫。（碑。）——舊一六八、新一七七有傳，萃編一一三、全唐文六四三有王起撰馮宿碑。

李虞仲——大和九年，由右丞換兵侍。（舊傳。）五月，遷吏侍。（詳吏侍卷。）——舊一六三、新一七七有傳。

許康佐——大和九年五月五日己酉，由戶侍・知制誥・翰林學士承旨遷兵侍，出院。（翰學壁記、舊傳、新傳〔無戶侍〕。）蓋卽此年，（員闕。）遷禮尙。（兩傳。）——舊一八九下、新二〇〇有傳。

崔鄲——大和九年，由禮侍遷兵侍。（詳禮侍卷。）其冬，以本官判吏部東銓事。開成元年，遷吏侍。（詳吏侍卷。）——舊一五五、新一六三有傳。

楊汝士——開成元年七月，由戶侍遷兵侍。（舊傳。）十二月十八癸丑，出爲檢校禮尙・劍南東川節度使。（舊紀、兩傳，摭言一五雜文條〔作戶侍誤〕。）——舊一七六、新一七五有傳。

裴潾——開成元年，由刑侍遷兵侍。（舊傳、新傳〔省再任刑侍〕。）二年，加集賢院學士判院事。（舊傳。）三月二十九壬辰，出爲河南尹。（舊紀、兩傳、全唐詩第八函第四冊裴潾平泉抒懷奉寄贊皇公詩注。）三年正月十八丁丑稍前，復入遷兵侍。〔考證〕。四月二十二己酉，卒官。（舊紀、兩傳。）——舊一七

一、新一一八有傳。

〔考證〕 舊傳：「開成……二年，……出爲河南尹，入爲兵部侍郎。三年四月卒。」新傳：「出爲河南尹，復還舊官，卒。」按舊紀，二年三月壬辰裴潾爲河南尹，三年正月丁丑韋長爲河南尹。則潾由河南復入爲兵侍不能遲過三年正月丁丑。

崔琯——開成二年，以左丞權判兵部西銓事。（舊傳。）蓋冬選也。——此再任。

歸融——開成三年，由秘書監遷權知兵侍。同年，遷吏侍。（詳吏侍卷。）——舊一四九、新一六四有傳。

高重——開成三年五月二十七癸未，由鄂岳觀察使入遷兵侍。（舊紀。）——兩書無傳。

狄兼謨——開成三年九十月間，由御史中丞換兵侍。〔考證〕。十二月十七辛丑，出爲檢校工尙・河東節度使。（舊紀、兩傳。）——舊八九、新一一五有傳。

〔考證〕 舊傳：「開成初……遷御史中丞，……轉兵部侍郎。明年，檢校工部尙書・太原尹・充河東節度使。」按：兼謨以三年十二月出鎭河東，據「明年」言之，遷兵侍當在二年。然通鑑開成三年九月七日壬戌，開延英殿議廢太子，御史中丞狄兼謨與給事中韋溫切諫。舊紀月日書銜並同。舊一七五文宗莊恪太子傳述此事書銜亦同。則三年九月初，兼謨尙在御史中丞任。據韋溫墓誌，不數日遷右丞，兼謨換兵侍蓋亦九十月間耳。

韋溫——開成四年五月以後，由右丞換兵侍。蓋五年，出爲陝虢觀察使。（詳右丞卷。）——舊一六八、新一六九有傳，全唐文七五五有杜牧撰韋公墓誌。

高元裕——會昌中，蓋二三年，由左散騎常侍遷兵侍。四年五月以前或三年，遷左丞。（詳左丞卷、右丞卷。）——舊一七一、新一七七有傳。

鄭涯——會昌三年七月，見在兵侍任。（舊紀。）——兩書無傳。

王彥威——會昌中，曾官兵侍。（舊傳。）——舊一五七、新一六四有傳。

●白敏中——會昌五年三月稍後，由戶侍·知制誥·翰林學士承旨·遷兵侍，仍知制誥·充承旨。（詳戶侍卷。）六年五月五日乙巳，以本官同中書門下平章事。（新表、新紀、通鑑、舊紀〔四月〕、兩傳。）九月，遷中書侍郎，仍平章事。（新表、新傳。）——舊一六六、新一一九有傳。

盧商——會昌六年五月，由劍南東川節度使入遷兵侍·判度支。九月，遷中書侍郎·兼工尙·同中書門下平章事。（詳度支卷再任條。）——舊一七六、新一八二有傳。

●周墀——大中元年六月，由義成節度使入遷兵侍·判度支·戶部事。〔考證〕。二年五月一日己未朔，以本官同中書門下平章事，（通鑑、新紀、墓誌〔五月〕、新表〔正月己卯誤〕、舊紀〔三月己酉誤〕 兩傳。）落判使。（各處皆不云仍判使，又參看度支等員闕。）六月二十二庚戌，遷中書侍郎，仍平章事。（新表、墓誌〔拜相後一月〕、兩傳。）時階銀青光祿大夫。（舊傳。）——舊一七六、新一八二有傳，全唐文七五五有杜牧撰東川節度使周公墓誌。

〔考證〕 舊紀，大中元年「六月，以義成軍節度使周墀爲兵部侍郎·判度支。」不云兼判戶部。兩傳皆同。二年入相時，新紀表原官銜亦僅判度支，無戶部之文。而通鑑入相條原銜度支下有「戶部」二字。考墓誌云，由義成節度使「入拜兵部侍郎，度支兼戶部吏曹事。」則兼戶部是也。

盧簡辭——大中初，由戶侍遷兵侍。旋出爲檢校工尙·忠武節度使。（舊傳。）——舊一六三、新一七七有傳。

崔璪——大中二年，由吏侍轉兵侍·充諸道鹽鐵轉運使。三年四月或稍後，出爲檢校兵尙·河中節度使。（詳鹽運使卷。）——舊一七七有傳。

●魏扶——大中二年十一月，見在兵侍·判戶部任。（舊紀、會要五八戶部侍郎條。）三年四月一日乙酉，以本官同中書門下平章事，蓋罷判戶部。（舊紀〔無日〕、通鑑〔同〕、新表、新紀、全唐文七六七沈詢崔鉉魏扶拜相制。）時階正議大夫。（舊紀。）四年六月二日戊申，薨。〔考證〕。——兩書無傳。

〔考證〕通鑑，大中四年「六月戊申，兵部侍郎・同平章事魏扶薨。」新表新紀同。而舊紀，四年「十月，中書侍郎・平章事魏扶罷知政事。」與通鑑及新紀表大異，蓋誤。

●令狐綯——大中四年，由戶侍・判本司事遷兵侍・充翰林學士承旨。（詳戶侍卷。）十月二十七辛未，以本官同中書門下平章事。（詳戶侍卷。）五年四月十三乙卯，遷中書侍郎・兼禮尚，仍平章事。（新表。）——舊一七二、新一六六有傳。

裴休——大中五年，由戶侍・諸道鹽鐵轉運使遷兵侍，仍充使職。六年正月二十六癸巳或稍後月日，遷禮尚，仍充使職。時階正議大夫。（詳戶尚卷。）——舊一七七、新一八二有傳。

裴諗——大中六年正月二十六癸巳或稍後月日，由檢校左散騎常侍・宣歙觀察使遷權知兵侍。時階太中大夫。——舊一七〇、新一七三附見父度傳。

〔考證〕舊紀：大中五年九月，以兵部侍郎裴休爲禮部尚書。「以前宣歙觀察使・大中大夫・檢校左散騎常侍裴諗權知兵部侍郎。」全唐文七四八杜牧裴休除禮部尚書裴諗除兵部侍郎等制：「前宣歙池等州都團練觀察處置等使・大中大夫・檢校左散騎常侍・兼御史大夫・（勳・封・賜）裴諗……可權知尚書兵部侍郎，散官勳封賜各如故。」按：休由兵侍遷禮尚在六年正月癸巳或稍後，已有詳考，諗卽同日，舊紀誤前四個月。不知何時卸。然九年春由吏侍貶官，蓋由兵侍遷吏侍歟？又舊傳：「諗，大中五年自大中大夫・檢校右散騎常侍・御史大夫・宣州刺史・宣歙觀察使（勳封賜）入朝，權知刑部侍郎。」翰學壁記裴諗條，岑注云「刑」爲「兵」之誤，「右」爲「左」之誤。新七一上世表，度子「諗，權知刑部侍郎。」蓋因舊傳而誤。又諗於大中八九年官吏侍，新傳云「後爲太子少師。」則兵侍非其終官，亦非最高官，世表亦失。又世表，諗兄「譔字宜業，翰林學士，工部侍郎。」岑云「蓋新表誤析諗之官歷爲譔之官歷也。」

蘇滌——大中五年六月五日丙午，由右丞・知制誥・翰林學士換兵侍，仍知制誥・充學士，（翰學壁記。）七年七月，遷左丞，出院。時階銀青光祿大夫。（舊紀、全唐文七四八杜牧蘇滌除左丞制。）——兩書無傳，晃之子也。

崔璵——大中七年七月，由前戶侍遷兵侍。（舊紀、舊傳、全唐文七四八杜牧崔璵除兵部侍郎制。）時階正議大夫。（除制。）——舊一七七、新一八二有傳。

韋有翼——大中八年十二月，或九年，以兵侍兼御史大夫充諸道鹽鐵轉運使。九年十一月，出爲檢校工尙·劍南東川節度使。時階朝散大夫。（詳鹽運使卷。）——兩書無傳。

柳仲郢——大中九年十一月，由劍南東川節度使新除吏侍轉兵侍·兼御史大夫·充諸道鹽鐵轉運使。時階正議大夫。十二年二月，遷刑尙，罷使職。（詳鹽運使卷。）——舊一六五、新一六三有傳。

●夏侯孜——大中十二年二月，由戶侍·判戶部事遷兵侍·充諸道鹽鐵轉運使。時階朝議大夫。（詳戶侍卷。）四月十七戊申，以本官同中書門下平章事，仍充使職，（詳鹽運使卷。）階如故。（全唐文八〇宣宗授夏侯孜平章事制。）十月五日癸巳，遷工尙，仍平章事。（新表。）——舊一七七、新一八二有傳。

●蕭鄴——大中十年秋，由戶侍·判戶部事遷兵侍·判度支。時階朝散大夫。（詳戶侍卷。）十一年七月五日庚子，以本官同中書門下平章事，仍判度支。（新表、通鑑、新紀〔不云仍判〕、舊紀〔六月〕、全唐文八〇宣宗授蕭鄴平章事制。）階如故。（授制、舊紀。）十一月二十五己未，遷工尙，仍平章事·判度支。（新表、舊紀〔無日〕。）——新一八二有傳。

●蔣伸——大中十一年十二月二十九壬辰，由戶侍·知制誥·翰林學士承旨遷兵侍，仍知制誥·充承旨。時階通議大夫。十二年五月十三癸酉，守本官·判戶部事，出院。十二月二十七甲寅，以本官同中書門下平章事，仍判戶部事，階如故。十三年三月十八甲戌，罷判戶部事，階如故。（以上詳戶侍卷。）八月二十癸卯，遷中書侍郎·兼工尙，仍平章事。（詳工尙卷。）——舊一四九、新一三二有傳。

鄭顥——大中十二年冬，由吏侍轉兵侍，知十三年春貢擧。十三年十月一日癸未朔，出爲河南尹。（詳吏侍卷。）——舊一五九、新一六五有傳。

●杜審權——大中十三年八月二十九壬子，由戶侍·知制誥·翰林學士承旨遷兵侍，進階通議大夫，仍知制誥·充承旨。十二月三日甲申，以本官同中書門下平章事，階如故。（以上詳戶侍卷。）咸通元年九月二十六癸酉，遷中書侍郎·兼工尚，仍平章事。（新表。）——舊一七七、新九六有傳。

高璩——咸通三年二月二十己未，由工侍·知制誥·翰林學士承旨遷兵侍，進階朝散大夫，仍知制誥·充承旨。（翰學壁記。）八月十九乙卯，出爲檢校禮尚·劍南東川節度使。（翰學壁記〔脫東字〕、岑注引授高璩劍南東川節度使制。）時階朝議大夫。（授制。）——舊一七一、新一七七附見父元裕傳。

劉汾——咸通三年，遷兵侍。（全唐文七九三劉汾大赦菴記。）——兩書無傳。

李福——咸通三年，由刑侍遷兵侍·判度支。是年末，出爲宣武節度使。（詳戶尚卷。）——舊一七二、新一三一有傳。

●曹確——咸通三年末，在兵侍·判度支任。四年閏六月，以本官同中書門下平章事。五年三月十三己亥，遷中書侍郎，仍平章事。（詳度支卷。）——舊一七七、新一八一有傳。

●楊收——咸通三年九月二十六壬辰，由中書舍人·翰林學士承旨遷兵侍·知制誥，仍充承旨。（翰學壁記、舊傳〔承旨在兵侍後〕、參入相時原銜。）四年五月七日己巳，以本官同中書門下平章事。（壁記、新表、新紀、通鑑〔戊辰〕、全唐文八三懿宗授楊收平章事制。）時階朝議大夫。（授制。）十月，遷中書侍郎，仍平章事。（新表、舊傳。）蓋同時進階銀青光祿大夫。（舊傳。）——舊一七七、新一八四有傳。

〔附考〕舊紀，咸通四年「三月，以兵部侍郎·判度支楊收本官同平章事。」月份判使並誤。

●蕭寘——咸通五年四月，由兵侍·判戶部事本官同中書門下平章事。八月一日乙卯朔，遷中書侍郎，仍平章事。（詳戶侍卷。）——兩書無傳。

●路巖——咸通五年九月二十六庚戌，由戶侍·知制誥·翰林學士承旨遷兵侍，仍知制誥·充承旨。（翰學壁記。）十一月十九壬寅，以本官同中書門下平章事。〔考證〕。六年六月，遷中書侍郎，仍平章事。（新表。）——舊一七七、新一八四有傳。

〔考證〕 翰學壁記：路巖，「咸通……五年九月二十六日，遷兵部侍郎·知制誥，充（承旨）。十一月十九日，以本官同中書門下平章事。」新表：咸通五年「十一月壬寅，翰林學士承旨·兵部侍郎路巖本官同中書門下平章事。」新紀、通鑑同，官歷年月日並與壁記合。新傳雖省戶侍，但以兵侍同平章事亦與壁記及表紀鑑同。而舊傳：「累遷中書舍人，戶部侍郎。咸通三年，以本官同平章事。」是三年以戶侍本官入相。舊紀：咸通七年「十一月十日，以翰林學士承旨·戶部侍郎路巖爲兵部侍郎·同平章事。」冊府七四同。是七年由戶侍遷兵侍，同時入相。紀傳既不相應，又與壁記、通鑑及新書紀表傳都不合。按：新書、通鑑，巖罷相在十二年四月，舊紀亦同。而兩傳皆云巖在相位八年，則五年入相，是也。舊傳「三年」蓋「五年」之形譌，舊紀七年則誤矣。官歷亦當以壁記通鑑新書爲準。

●高璩——咸通五年至六年二月間，蓋曾以兵侍同中書門下平章事。——此再任。

〔考證〕 新表：咸通六年「四月，劍南東川節度使高璩爲兵部侍郎·同中書門下平章事。」六月「庚戌，璩薨。」新紀、通鑑同；惟薨有月無日。而舊紀：咸通四年十一月，「以兵部侍郎高璩本官同平章事。」五年五月壬寅，「兵部侍郎·平章事高璩爲中書侍郎·知政事，餘並如故。」六年二月，「高璩罷知政事。」此與新紀、表、通鑑大異。檢舊傳：「大中朝，由內外制歷丞郎判度支。咸通中，守中書侍郎·平章事。」官至中書侍郎，與舊紀合。新傳亦云：「懿宗時，拜劍南東川節度使，召拜中書侍郎·同中書門下平章事。閱月卒。」由東川入相，在位月餘，與新表、紀合；而以中書侍郎爲相，又與舊紀合，與新表不合。按：自六年二月至六月，兵侍兩員皆無闕，則新紀、表、通鑑六年四月遷兵侍入相，六月薨，蓋誤；至少非兵部侍郎。然據新表，五年三月至六年三月間，中書侍郎亦不缺，則舊紀亦未必是。今姑書之如此。　又舊傳云判度支。按：壁記，璩以大中十三年由右拾遺充學士，累遷至兵部侍郎，以咸通三年八月出院爲東川節度使。若據新紀表及通鑑，則由東川入相月餘卽薨矣，未嘗判度支也。若舊紀爲是，則蓋由東川入遷兵侍·判度支，後始拜相。都無的證，姑省不書。

●徐商——咸通六年二月，由御史大夫遷兵侍·同中書門下平章事。四月，遷中書侍郎，仍平章事。——舊一七九、新一一三有傳。

〔考證〕兩傳、舊紀與新表、新紀、通鑑書事大異，玆表列於後：

新表（新紀通鑑附）	舊紀	兩傳
咸通六年六月庚戌，「御史大夫徐商爲兵部侍郎·同中書門下平章事。」（新紀通鑑同，惟無日。）	咸通六年「二月，制以御史中丞徐商爲兵部侍郎·同平章事。」四月，「徐商爲中書侍郎·知政事。」	舊傳：「咸通初，加刑部尙書充諸道鹽鐵轉運使，遷兵部尙書……。四年，以本官同平章事。六年，罷相，（略）荊南節度使。」
七年十一月，「商爲中書侍郎兼工部尙書。」	七年八月，「中書侍郎·平章事徐商兼工部尙書。」	新傳官歷年份同，惟無兵尙一遷，又無罷相之年。
……	……	
十年六月，出爲荊南節度使。	十年正月，出爲荊南節度使。	

據上表所列材料，兩傳皆以四年入相，而舊紀在六年二月，新表、新紀、通鑑在六年六月一日，此一異也。新紀、表、通鑑由御史大夫遷兵侍入相，而舊紀由御史中丞遷兵侍入相，舊傳以兵部尙書本官入相，此二異也。罷相年月亦不同，此三異也。罷相年月詳刑尙卷，玆不論；今惟論入相年月及本官之正誤。

考全唐文七二四李騭徐襄州碑云：「大中十年春，今丞相東海公自蒲移鎭於襄，四十年（當作十四年。）詔徵赴闕。今天子咸通五年，公爲御史大夫，自始去襄，於玆六年矣，而襄之卒校民吏……追思公之養育教訓，相與上言京師，……請於天子，刻之碑石。……詔可其奏。明年二月，襄之父老請詞於舊軍副使太常少卿宏文館學士李騭，……退而敍之。」咸通五年始爲御史大夫，則四年入相及原官中丞，必誤無疑。拜相底官自亦當從兩紀、新表、通鑑作兵侍；舊傳作尙書，誤也。又按碑云：「今丞相」，是入相後所作。「明年二月」卽六年二月，二月請詞，不應遲至六月後始作，則舊紀二月入相較爲可信；遷中書侍郎亦當從舊紀在六年四月。若從新表六月入相，至七年十一月始爲中書侍郎，則久在兵部侍郎任，與于悰、侯備年月抵觸，（悰備年月皆有確證。）足徵新表之誤。

侯備——咸通六年九月十七乙未，由戶侍·知制誥·翰林學士承旨遷兵侍，進階朝散大夫，仍知制誥·充承旨。七年三月九日乙酉，遷河南尹，出院。（翰學壁記。）——兩書無傳。

●于琮——咸通六年蓋四月，由刑侍遷兵侍·判戶部事。十月，改充諸道鹽鐵轉運使。（詳鹽運使卷。）八年七月二十七甲子，以本官同中書門下平章事。（新表、新紀、通鑑、舊紀〔月份不明〕、新傳、全唐文八三懿宗授于琮平章事制。），時階銀靑光祿大夫。（授制。）十月，遷中書侍郞，仍平章事。（舊紀、新傳。）——舊一四九、新一〇四有傳。

獨孤霖——咸通八年十一月四日己亥，由戶侍·知制誥·翰林學士承旨遷兵侍，仍知制誥·充承旨。（翰學壁記。）九年九月八日戊戌，守本官·判戶部，出院。（壁記〔今本作十年岑氏據劉瞻繼充月日斷十爲九之誤是也〕。）——兩書無傳。

●韋保衡——咸通十年十一月十日癸亥，由左諫議大夫·知制誥·翰林學士承旨遷兵侍，仍知制誥·充承旨。（翰學壁記、舊傳〔原官中舍〕。）十一年四月二十四丙午，以本官同中書門下平章事。（新表、新紀、通鑑、壁記〔二十五日〕、舊傳。）十二年十月，遷門下侍郞·兼兵尙，仍平章事。（詳右僕卷。）——

舊一七七有傳，新一八四附見路巖傳。

孔溫裕——咸通十年末，或十一年初，由天平節度使入遷兵侍。——新一六三附見孔巢父傳。

〔考證〕　全唐文八一二鄭仁表左拾遺孔紓墓誌：「父溫裕。」「僕射太常公（溫裕）節制天平軍。……罷鎭居洛中。……僕射徵拜司戎貳卿，拾遺由侍行乃赴職。越一月，今許昌太傅相國襄陽公爲河中，奏署觀察判官。」按：吳表三天平卷引金石粹編新修曲阜文宣王廟記，咸通十年九月二十八日，溫裕尙在天平。又引通鑑，十年十二月，高駢已代溫裕。則溫裕卸天平當在十年冬。又按：許昌太傅相國襄陽公係指杜審權而言，吳表四河中卷引舊紀，咸通十一年正月審權爲河中節度。則溫裕遷兵侍卽當在十年末至十一年初也。

劉鄴——咸通十二年，以兵侍充諸道鹽鐵轉運使。十月，遷禮尙·同中書門下平章事。（詳鹽運使卷。）——舊一七七、新一八三有傳。

張裼——咸通十二年十一月十八庚寅，由戶侍·知制誥·翰林學士承旨遷兵侍，仍知制誥·充承旨。（翰學壁記。）十三年五月十二辛巳，貶封州司馬。（壁記、舊紀、通鑑。）——舊一七八有傳。

高湜——約咸通十三年，以兵侍判度支。旋出爲昭義節度使。（詳度支卷。）——舊一六八、新一七七有傳。

鄭延休——咸通十三年十二月七日癸卯，或十四年正月七日壬申，由工侍·知制誥·翰林學士承旨遷兵侍，仍知制誥·充承旨。（翰學壁記〔有改字詳工侍卷〕。）十四年八月二十二甲寅，遷左丞，進階金紫光祿大夫，仍知制誥·充承旨。（壁記。）——兩書無傳，涯之子也。

韋保乂——咸通十四年，由戶侍·翰林學士遷兵侍，蓋卽此遷前後進充承旨。（詳戶侍卷。）十月四日乙未，貶賓州司戶。（通鑑、翰學壁記、新傳。）——舊一七七、新一八四附見兄保衡傳。

●崔彥昭——乾符元年二三月，由河東節度使入遷兵侍·充諸道鹽鐵轉運使。四月，以本官同中書門下平章事，改判度支。十月，遷中書侍郎，仍平章事·判度支。（詳右僕卷。）——舊一七八、新一八三有傳。

王凝——乾符元年蓋夏，以兵侍充諸道鹽鐵轉運使。二年二月，徙秘書監，罷使職。（詳鹽運使卷。）——舊一六五、新一四三有傳。

●鄭畋——乾符元年十月一日丙辰朔，由吏侍遷兵侍·同中書門下平章事。（詳吏侍卷。）十一月五日庚寅，遷中書侍郎·兼禮尙，仍平章事。（詳禮尙卷。）——舊一七八、新一八五有傳。

裴坦——乾符二年二月，由吏侍轉兵侍·充諸道鹽鐵轉運使。（詳鹽運使卷。）——新一八二有傳。

楊嚴——乾符四年，遷兵侍。（舊傳。）五年，以本官判度支。（兩傳。）四月，見在兵侍·判度支任。（通鑑。）是年，卒官。（舊傳。）——舊一七七、新一八四有傳。

孔緯——約乾符五年前後，由戶侍遷兵侍。（詳戶侍卷。）六年，遷吏侍。（詳吏侍卷。）——舊一七九、新一六三有傳。

王徽——約乾符六年秋冬，由戶侍·知制誥·翰林學士承旨遷兵侍，仍知制誥·充承旨。（詳戶侍卷。）廣明元年，遷左丞，仍知制誥·充承旨。（詳左丞卷。）——舊一七八、新一八五有傳。

●豆盧瑑——乾符六年五月八日丁酉，由戶侍·知制誥·翰林學士承旨遷兵侍·同中書門下平章事。（詳吏侍卷崔沆條。）十二月，遷中書侍郎·兼戶尙，仍平章事。（詳戶尙卷。）——舊一七七、新一八三有傳。

蕭遘——中和元年正月一日庚戌朔，由戶侍·知制誥·翰林學士承旨遷兵侍·判度支。時階朝散大夫。同月二十三壬申，遷工侍·同中書門下平章事，進階銀青光祿大夫。（詳戶侍卷。）——舊一七九、新一〇一有傳。

●韋昭度——中和元年，由戶侍·知制誥·翰林學士承旨遷兵侍，仍知制誥·充承旨。七月十四庚申，以本官同中書門下平章事。時階銀青光祿大夫。（以上詳戶侍卷。）十一月，遷中書侍郎·兼禮尙，仍平章事。（新表、全唐文八六僖宗授韋昭度集賢殿大學士制。）同時，進階光祿大夫。（授大學士制。）——舊一七九、新一八五有傳。

鄭紹業——中和二年八月，由兵侍·判度支出爲荊南節度使。（通鑑。）——兩書無傳。

鄭凝績——中和三年七月，由兵侍出爲檢校禮尚·壁州刺史。——舊一七八、新一八五附見父畋傳。

〔考證〕　通鑑：中和三年七月，鄭畋罷相。「以其子兵部侍郎凝績爲彭州刺史，使之就養。」按：新表，畋再相之罷亦在三年七月。新傳於再相罷後書云：「以凝績爲壁州刺史，留養。徙龍州。」作壁州，與鑑異。考桂苑筆耕七壁州鄭凝績尚書別紙：「伏承自小司馬假大宗伯出刺始寧。」又云：「今以聖主優賢，嚴君遜位，尚書固辭武部，峻陟儀曹，榮掛萊衣，俾歌廉袴……。」由兵侍出刺，與鑑合；然壁州始寧郡，與新傳合；則鑑之彭州誤也。據此而言，凝績由兵侍出爲檢校禮尚壁州刺史，徙龍州也。而舊傳云：「僖宗以畋子給事中凝績爲隴州刺史，詔侍畋就郡養病。」省書壁州，又誤龍爲隴耳。（據楊氏唐書地理志圖，壁州始寧郡，今通江縣；龍州今平武縣；彭州今彭縣；皆在四川省境。隴州則今隴縣，在陝西渭水以北。）又舊傳由給事中出刺固誤。然別紙云：「比者黃巾犯闕，翠輦省方，尚書暫別鯉庭，遠趍鳳扆，高提夢筆，仰贊宸猷，稟大聖之指歸，立中朝之張本。」則蓋曾官中書舍人給事中者，舊傳所書乃前銜耳。

樂朋龜——中和四年十月，由兵侍·知制誥·翰林學士承旨遷兵尚，仍知制誥·充承旨。（詳兵尚卷。）——兩書無傳。

鄭昌圖——中和四年，在兵侍·判度支任。光啓二年春，在兵侍·判戶部任。——兩書無傳。

〔考證〕　新七五上世表：鄭氏「昌圖字光業，戶部侍郎。」舊紀：中和四年四月庚申，「以兵部侍郎·判度支鄭昌凝以本官同平章事。」而光啓二年書事有宰相鄭昌圖。冊府七四：「中和四年四月，以兵部侍郎·判度支鄭昌圖守本官平章事。」沈本及張宗泰皆謂昌凝不他見，疑舊紀字誤，是也。通鑑：光啓二年四月，「（朱）玫逼鳳翔，百官奉襄王熅權監軍國事。……册文，……使兵部侍郎·判戶部鄭昌圖爲之。」新紀：光啓三年「三月癸未，蕭遘、裴徹、兵部侍郎鄭昌圖有罪，伏誅。」是書從逆前之官也。又按通鑑新表不書爲相，新紀且與宰相分別書之，世表只云戶侍，蓋謂判戶部事耳，皆不云爲相。今姑書兵侍判度支戶部事，不書平章事。

楊授——光啓元年，由秘書監遷兵侍，徙左散騎常侍。（詳戶侍卷。）——舊一七六、新一七四有傳。

●杜讓能——光啓二年三月十九戊戌，由兵尚·知制誥·翰林學士承旨遷兵侍·同中書門下平章事，進階金紫光祿大夫。（詳兵尚卷。）四月，遷工尚，仍平章事。（新表。）——舊一七七、新九六有傳。

●孔緯——光啓二年三月十九戊戌，由御史大夫遷兵侍·同中書門下平章事。（通鑑、新紀、新表〔二月戊戌誤〕、舊紀〔日作戊辰原官刑尚御史大夫又兵侍下有充鹽運使並誤〕、兩傳。）四月，遷中書侍郎，仍平章事。（新表、舊傳。）——此再任。

●張濬——光啓三年九月，由戶侍·判度支遷兵侍·同中書門下平章事，仍判度支。（詳戶侍卷。）文德元年二月，遷中書侍郎，仍平章事。（新表。）——舊一七九、新一八五有傳。

陸威——蓋僖宗世，官至兵侍。——兩書無傳。

〔考證〕 七三下世表，陸氏「威字岐，兵部侍郎。」按其父「耽，涇原節度使。」據舊紀，耽爲涇原節度在大中十一年八月，則威爲兵侍或當在僖宗世。

●劉崇望——約文德元年，由戶侍·知制誥·翰林學士承旨遷兵侍，仍知制誥·充承旨。（詳戶侍卷。）龍紀元年正月一日癸巳朔，以本官同中書門下平章事。（舊紀、新紀、新表〔無日〕、通鑑〔同〕。）三月，遷中書侍郎，仍平章事。（新表、兩傳。）——舊一七九、新九〇有傳。

●崔昭緯——大順二年正月九日庚申，由兵侍·翰林學士承旨本官同中書門下平章事，蓋判戶部事。（詳戶侍卷。）二月，遷中書侍郎，仍平章事。（新表。）——舊一七九、新二二三下有傳。

鄭延昌——大順中，以兵侍兼京兆尹。蓋二年，遷戶尚。（詳戶尚卷。）——新一八二有傳。

盧知猷——大順、景福中，由前右丞換兵侍。（詳右丞卷。）——舊一六三、新一七七有傳。

崔胤——大順、景福初，或曾官兵侍。（詳吏侍卷。）——舊一七七、新二二三下有傳。

趙光逢——乾寧元年，由戶侍·知制誥·翰林學士承旨遷兵侍，仍知制誥·充承旨。二年三月，遷左丞，仍知制誥·充承旨。（詳左丞卷、戶侍卷。）——舊一七八、新一八二有傳。

陸扆——乾寧二年五月，由戶侍·知制誥·翰林學士承旨遷兵侍，進階銀青光祿大夫，仍知制誥·充承旨。（詳戶侍卷。）三年正月稍後，遷左丞，仍知制誥·充承旨，階如故。（詳左丞卷。）——舊一七九、新一八三有傳。

●崔遠——乾寧三年，由戶侍·知制誥·翰林學士遷兵侍，仍知制誥，進充承旨。九月十七乙未，守本官同中書門下平章事·兼判戶部。時階銀青光祿大夫。不數日，卸判戶部事。四年三月，復判戶部事。四月，遷兵尚，仍平章事·判戶部事。（詳戶侍卷。）——舊一七七、新一八二有傳。

司空圖——乾寧四年或三年冬，由前戶侍徵爲兵侍。辭不拜。（舊傳，參舊紀天祐二年書銜。）——舊一九〇下、新一九四有傳。

裴樞——光化二年六月二十五丁亥，由兵侍遷吏侍。（詳吏侍卷。）——舊一一三、新一四〇有傳。

薛昭緯——光化二年六月二十五丁亥，由戶侍遷兵侍。（舊紀。）後爲御史中丞。（全唐文八三一錢珝授前兵部侍郎薛昭緯御史中丞制。）——舊一五三附見祖廷老傳。

盧說——光化中，在兵侍·知制誥·翰林學士任。——兩書無傳。

〔考證〕英華四五八有盧說授馬殷湖南節度使制，同書四一九有錢珝翰林學士兵部侍郎盧說妻博陵郡君崔氏封博陵郡夫人制。岑氏補僖昭哀三朝學士記據此二制，斷云：「盧說約乾寧末充，歷兵部侍郎。」是也。按：錢珝以光化三年六月由中書舍人貶出，則博陵夫人制不能遲過此時，是必光化中也。

●盧光啓——天復元年十一月十三辛酉，以兵侍權勾當中書事·兼判三司。時在鳳翔。同月十九丁卯，遷右諫議大夫·參知機務。(詳度支卷。)——新一八二有傳。

韓偓——天復元年十一月，由中書舍人(?)·翰林學士遷兵侍·知制誥，進充承旨。二年，換戶侍，仍知制誥·充承旨。(詳戶侍卷。)——新一八三有傳。

薛貽矩——天復中，由戶侍·知制誥·翰林學士遷兵侍，仍知制誥，進充承旨。蓋天復三年二月，貶濮州司戶。——舊五代史一八、新五代史三五有傳。

〔考證〕 舊傳：「除中書舍人，再踐內署，歷戶部兵部侍郎，學士承旨。及昭宗自鳳翔還京，大翦閹寺，貽矩尙爲韓全誨等作畫贊，悉紀於內侍省屋壁間，坐是謫官。天祐初，除吏部侍郎。」新傳省戶侍。按自鳳翔還京在天復三年正月，岑氏補三朝學士記云：「舊一七七崔胤傳，昭宗初幸鳳翔，……及還京，……又貶……學士薛貽矩夔州司戶，韓偓濮州司戶。……是貽矩約於天復三年二月與韓偓同時貶也。」

王贊——天復三年二月，見在兵侍任。(通鑑、摭言六公薦條。)天祐二年五月二十二庚辰，由兵侍貶濮州司戶。時階銀青光祿大夫。(舊紀、通鑑。)——兩書無傳。

吳融——蓋天復三年，在兵侍·知制誥·翰林學士任。(詳戶侍卷。)——新二〇三有傳。

●獨孤損——天復三年十二月十五辛巳，由禮尙遷兵侍·同中書門下平章事。(兩紀、新表、通鑑。)天祐元年正月十四丙午，兼判度支及右三軍事。(通鑑、新表〔乙巳〕。)閏四月十四戊申，遷門下侍郎·兼戶尙，仍平章事·判度支。(詳戶尙卷。)——兩書無傳。

張文蔚——天復三年，由戶侍·知制誥·翰林學士遷兵侍，仍知制誥。此時前後進充承旨。(詳戶侍卷。)天祐元年末，換禮侍，出院。(詳禮侍卷。)——舊一七八有傳。

李燕——天祐元年九月八日己巳，見在兵侍任。（舊紀。）——兩書無傳。

韓偓——天祐二年秋，復徵爲兵侍・知制誥・翰林學士承旨。辭不拜。——此再任。

〔考證〕新傳：「天祐二年，復召爲學士，復故官。偓不敢入朝，挈其族南依王審知而卒。」岑氏補三朝學士記：「全文八二五黃滔丈六金身碑：『粤天祐三年丙寅秋七月乙丑，……其明年正月十有八日乙未，……落之。是日也，……座客有（略）翰林承旨・知制誥・兵部侍郎昌黎韓公偓。』又偓荔枝三首詩注：『丙寅年秋到福州。』是偓抵閩在天祐三年。偓詩題云：『乙丑歲九月在蕭灘鎭駐泊兩月，忽得商馬楊迢員外書，賀余復戎曹，依舊承旨，還緘後因書四十字。』戎曹兵侍也，九月得書，則其復召應在是歲之秋。」

于兢——約天祐三年，見在兵侍任。（北夢瑣言六顏給事墓誌條，詳吏尚卷薛貽矩條。）——兩書無傳。

王鉅——昭哀之世，官至兵侍。——舊一六五附見伯父凝傳。

〔考證〕舊傳，凝以乾符五年卒，年五十八。弟之子「鉅，位終兵部侍郎。」推其時次，當在昭哀之世。

唐僕尚丞郎表 卷十九

輯考七上　刑部尚書

蕭造——武德元年五月二十甲子，高祖受禪，造以隋刑尚留任。時階光祿大夫。七月三日丙午，徙太子太保。（舊紀，參新紀、通鑑。）——兩書無傳。

皇甫無逸——武德元年七月二十六己巳，由隋右武衞將軍遷刑尚。（通鑑、兩傳。）是年或二年，出爲陝東道行臺民尚。（兩傳。）——舊六二、新九一有傳。

竇誕——武德初，約二三年，由元帥府司馬遷刑尚，轉太常卿。——舊六一、新九五有傳。

〔考證〕舊傳：「從太宗征薛舉，爲元帥府司馬。遷刑部尚書，轉太常卿。」誕爲刑尚又見舊一八三竇懷貞傳。按薛氏之亡在武德元年冬，則誕遷刑尚或當在二三年。

劉政會——武德中，遷刑尚，轉光祿卿。蓋與沈叔安相先後。——舊五八、新九〇有傳。

〔考證〕舊傳：「武德初，授衞尉少卿，留守太原。……劉武周進逼幷州，……政會爲賊所擒。……賊平，復其官爵。歷刑部尚書、光祿卿，封邢國公。」按武周以三年四月平，則政會遷刑尚當在四年以後。

沈叔安——武德七年以前，官刑尚。——兩書無傳。

〔考證〕姓纂七：吳興沈氏，「叔安，唐刑部尚書。」舊一九九上高麗傳：「高祖大喜。（武德）七年，遣前刑部尚書沈叔安往冊建武爲(略)高麗王。」南部新書甲：「武德七年，遣刑部尚書沈叔安攜天尊像賜高麗。」又會要二二陪陵名位條，獻陵有「刑部尚書沈叔安。」

屈突通——約武德七八年，由陝東道大行臺右僕徵爲刑尚；固辭，換工尚。——舊五九、新八九有傳。

〔考證〕舊傳：「拜陝東大行臺右僕射，鎮于洛陽。數歲，徵拜刑部尚書。通自以不習文法，固辭之，轉工部尚書。隱太子之誅也，通復檢校行臺僕射，馳鎮洛陽。」新傳同。按通爲陝東行臺僕射在四年七月，詳兵尚卷。則徵爲刑尚當在七八年。

鄭善果——武德末，由禮尚換刑尚。（舊傳。）貞觀元年，出爲岐州刺史。（兩傳。）——舊六二、新一〇〇有傳。

●李靖——貞觀元年，遷刑尚。（兩傳。）二年正月二十二庚午，兼檢校中書令。（新表、新紀、兩傳。）〔考證〕。三月十五壬戌，爲關內道行軍大總管。（新表、新紀。）三年二月六日戊寅，遷兵尚，仍兼中書令。（詳兵尚卷。）——舊六七、新九三有傳。

〔考證〕文館詞林六九一太宗授杜如晦別檢校官勅：「勅：兵部尚書蔡國公杜如晦、刑部尚書永康縣公李藥師……宜參掌樞秘，如晦可檢校侍中，藥師可檢校中書令。」二人同勅，事宜同時。而新表、新紀，如晦檢校侍中在正月三日辛亥，藥師檢校中書令在正月二十二庚午，前後差距似不應如此之久，今姑據紀表書之。

韓仲良（良）——貞觀三年春夏，由民尚換刑尚。（詳戶尚卷。）六月，見在任。（册府一四四。）不知何時進階右光祿大夫，出爲秦州都督府長史。（碑、新傳。）——舊八〇、新一〇五附見子瑗傳，萃編五〇有韓仲良碑。

李道宗——貞觀四年或稍後，由靈州都督入遷刑尚。（兩傳。）八年十二月三日辛丑，以本官爲鄯善道行軍總管，從李靖伐吐谷渾。（通鑑、舊紀。）十一年，見在任。（舊六五長孫無忌傳。）十三年蓋春，遷禮尚。（詳禮尚卷。）——舊六〇、新七八有傳。

劉德威——約貞觀十三四年，由大理卿遷刑尚・兼檢校雍州別駕。時階蓋金紫光祿大夫。（兩傳。）十七年三月，見在任。（舊紀、通鑑、兩傳、舊七六庶人祐傳。）是年，丁母憂免。（兩傳。）——舊七七、新一〇六有傳。

●張亮——貞觀十七年八月三日庚戌，由工尙遷刑尙・參預朝政。〔考證〕。時階金紫光祿大夫。（舊傳。）十八年十一月二十四甲午，以本官爲平壤道行軍大總管。（通鑑、舊紀〔庚子〕、兩傳、高麗傳〔十九年〕。）二十年正月二十六己丑，見在任。時階光祿大夫。（晉祠銘碑陰，參吏尙卷馬周條。）三月二十七己丑，伏誅。（舊紀、新紀、通鑑、新表〔二月丁丑〕、兩傳。）——舊六九、新九四有傳。

〔考證〕　新表：貞觀十七年「八月庚戌，工部尙書張亮爲刑部尙書・參預朝政。」新紀同。舊紀及冊府七〇亦同，惟無日。而通鑑月日刑尙參政並與新紀表同，惟原官爲「洛州都督」，非「工部尙書」。又舊傳：「進亮金紫光祿大夫・行相州大都督長史。……十四年，又爲工部尙書。明年，遷太子詹事，出爲洛州都督。及侯君集誅，以亮先奏其將反，優詔褒美。遷刑部尙書・參預朝政。」新傳略同。是亦由洛州入遷，與鑑合。考舊六五長孫無忌傳，貞觀十七年圖畫凌煙閣二十四人，張亮銜爲「洛州都督」，事在是年二月二十八日，則似當從通鑑兩傳，由洛州入遷。然觀工尙卷，十四五年，段綸正在工尙任；舊傳，亮以十四年爲工尙，蓋誤。檢杜楚客以十七年四月由工尙廢于家，而侯君集之誅正是此月，或者太宗褒亮先見之明，由洛州入遷工尙，至八月又遷刑尙歟？

韋挺——貞觀十八年九月，以太常卿攝刑尙。（會要三九議刑輕重條、新九四張亮傳。）——舊七七、新九八有傳。

●張行成——貞觀二十三年五月二十七庚午，以太子少詹事兼侍中・檢校刑尙。〔考證〕。時階銀青光祿大夫。（舊傳。）永徽元年正月六日丙午，正拜侍中・兼刑尙。〔考證〕。二年八月八日己巳，遷右僕・同中書門下三品。（詳右僕卷。）——舊七八、新一〇四有傳。

〔考證〕　舊紀：貞觀二十三年「五月己巳，太宗崩。庚午，……太子少詹事・兼尙書左丞張行成爲兼侍中・檢校刑部尙書。」新表同。表又云永徽元年「正月丙午，行成爲侍中。」二年「八月己巳，張行成爲尚書右僕射·同中書門下三品。」舊紀無永徽元年正月一條，而二年八月己巳條原銜作「侍中兼刑部尚書」。則元年正月丙午正拜侍中，同時進兼刑尚，非檢校矣。舊傳：「轉刑部侍郎，太子少詹事，……以本官兼檢校尚書左丞。……二十三年，遷侍中兼刑部尚書。……(永徽)二年八月，拜尚書左僕射。」新傳略同。均與舊紀新表合。而通鑑貞觀二十三年五月書事，因誤句舊紀致誤。茲詳證之如次。

舊紀貞觀二十三年五月庚午書事云：

「以(衛略)于志寧爲侍中。太子少詹事·尚書左丞張行成爲兼侍中·檢校刑部尚書。太子右庶子·兼吏部侍郎·攝戶部尚書高季輔爲兼中書令·檢校吏部尚書。太子左庶子(封)許敬宗兼禮部尚書。」

新表同年月日亦書云：

「行成兼侍中·檢校刑部尚書。季輔兼中書令。」

按：此兩段句讀皆當如上所斷，卽「檢校刑部尚書」當屬上讀爲行成之新官，不能屬下讀爲季輔之舊銜。同樣，「檢校吏部尚書」當屬上讀爲季輔之新官，不能屬下讀爲敬宗之舊銜。蓋此時書事體例，檢校官當書於正官兼官之後，不能書於正官之前；又新表體例，季輔於十九年已入相，此時書名不書姓，名上絕不書官銜也。復考兩唐書行成傳，皆遷侍中兼刑部尚書；兩唐書季輔傳，皆遷中書令兼檢校吏部尚書，此前且未曾檢校刑部事；是尤足爲前段句讀之强證。而通鑑是年五月辛未書云：

「以太子左庶子于志寧爲侍中。少詹事張行成兼侍中。以檢校刑部尚書·右庶子·兼吏部侍郎高季輔兼中書令。」

按：「檢校刑部尚書」上有「以」字，勢必句讀如上；則「檢校刑部尚書」爲高季輔之舊官矣。是必溫公誤讀舊紀之文；否則，「以」字原在「尚書」之下，誤乙「檢校」之前耳。

唐臨——永徽二年秋冬，由御史大夫換刑尚。〔考證一〕。時階銀青光祿大夫。(舊傳。)三年五月及四年十一月十九丁卯，均見在任。階如故。〔考證二〕。十二月至五年春間，遷兵尚，階如故。（詳兵尚卷。）——舊八五、新一一三有傳。

〔考證一〕 舊傳：「永徽元年，爲御史大夫。明年，華州刺史蕭齡之以前任廣州都督贓事發，制付羣臣集議。……臨奏曰（略）……。高宗從其奏。……尋遷刑部尚書。」新七四下世表亦云臨歷刑部。據會要三九議刑輕重條，臨議齡之事在二年七月二十五日。而同年八月刑部闕官，蓋臨以議齡之事得刑罰之中，而遷補歟？

〔考證二〕 舊五〇刑法志：「（永徽）三年，詔（略）無忌、（略）勣、（略）志寧、銀青光祿大夫·刑部尚書唐臨（下略）等參撰律疏，成三十卷。四年十月奏之。」會要三九定格令條，詔在三年五月，奏上在四年十月九日，而譌「臨」爲「紹」。全唐文一三六長孫無忌進律疏議表，臨銜亦爲「銀青光祿大夫·守刑部尚書·上輕車都尉。」而云以永徽四年十一月十九日上。蓋舊志會要日有脫文。

長孫祥——永徽六年或五年，始遷刑尚。顯慶元年正月，見在任。（冊府一六一。）蓋二年，出爲荊州大都督府長史。〔考證〕。——舊六五、新一〇五附見從父無忌傳。

〔考證〕 舊傳：「安世子祥，……累除刑部尚書。坐與無忌通書見殺。」新七二上世表亦云：「祥，刑部尚書。」考通鑑顯慶四年載無忌之獄，許敬宗誣證云：「（韋）秀方答云：韓瑗嘗語無忌云：……公立梁王爲太子，今梁王既廢，上亦疑公，故出高履行於外。自此無忌憂恐，漸爲自安之計。後見長孫祥又出，韓瑗得罪，日夜與秀方等謀反。」此段後，溫公綴云：「祥，無忌從兄子也。前此自工（刑之譌）部尚書出爲荊州長史，故敬宗以此誣之。」按梁王之廢在顯慶元年正月，（紀。）高履行出爲益州長史在顯慶元年，（傳。）韓瑗得罪在二年八月，（紀、表。）則祥之出蓋亦在二年。

長孫沖——顯慶三年十一月十七丙申，見在攝刑尚任。（會要一四獻俘條，日參兩紀。）——舊六五、新一〇五附見父無忌傳。

劉祥道——顯慶四年，由黃門侍郎•知吏侍選事遷刑尙，（兩傳。）蓋檢校或兼任。（觀下正授條可知）。龍朔元年，權檢校蒲州刺史。（舊傳。）二年五月八日丙申，正授司刑太常伯。（冊府六九。）同月十五癸卯，見在任。（大正藏經第二一〇八集沙門不應拜俗等事卷三聖朝議不拜篇。）三年四月二日乙酉，見在任。（通鑑〔原作乙丑誤也據本月書事日次推知〕、舊八二李義府傳。）八月二十七戊申，以本官充關內道巡察大使。（舊紀、新傳。）是年，嘗兼檢校雍州長史。（舊傳。）是年冬，或麟德元年八月以前，遷司列太常伯。〔考證〕。——舊八一、新一〇六有傳。

〔考證〕　舊傳：「遷刑部尙書。……龍朔……三年，兼檢校雍州長史，俄遷右相。」新傳：「麟德元年拜右相。」均省書吏尙一遷。然據舊紀、新紀、新表、通鑑，麟德元年八月，祥道以司列太常伯兼右相，非以司刑太常伯，則祥道先遷司列，然後入相；兩傳皆省司列一遷。

源直心——麟德二年，在司刑太常伯任。後流嶺南。——舊九八、新一二七附見子乾曜傳。

〔考證〕　舊傳：「父直心，高宗時爲司刑太常伯，坐事流配嶺南，卒。」新傳同。姓纂四：「源直心，尙書左丞，司刑太常伯。」而新七五上世表云：「悳，司刑太常丞。」誤。考舊五〇刑法志：「龍朔二年，改易官號，因勅司刑太常伯源直心……等重定格式。……麟德二年奏上。」會要三九定格令條，同。新藝文志省奏上年。按：龍朔二年，劉祥道在司刑任，其卸任不能早過三年九月，蓋麟德二年奏上時，直心在司刑任耳。

李乾祐——總章元年或前一年，遷司刑太常伯。二年正二月，免。——舊八七、新一一七有傳。

〔考證〕　舊傳：「乾封中，起爲桂州都督，歷拜司刑太常伯，……泄禁中語，……免官。」新傳：「召拜滄州刺史，入爲司刑太常伯。」考舊八一盧承慶傳：「總章二年，代李乾祐爲刑部尙書。」則乾祐免官當即在是年正二月也。

○盧承慶——總章二年二月十四癸亥，由雍州長史遷司刑太常伯。（通鑑、兩傳。）時階銀青光祿大夫。

（舊傳。）咸亨元年閏九月二十一辛酉，見在任。（八瓊四五引續古文苑唐孝明皇后碑，碑又見全唐文二三九武三思集。）是年，進階金紫光祿大夫，致仕。（舊傳。）——舊八一、新一〇六有傳

●裴居道——垂拱元年二月二十九乙巳，以秋尚同鳳閣鸞臺三品。（新表、新紀、通鑑。）五月一日丙午朔，遷內史。（新表、舊紀、新紀、通鑑。）——舊八六、新八一附孝敬皇帝弘傳。

李晦（崇晦〔考證〕）——垂拱末，由檢校右金吾大將軍遷秋尚。（兩傳、碑。）時階金紫光祿大夫。（碑。）永昌元年二月二十七庚戌，卒官。（碑、兩傳。）——舊六〇、新七八附父河間王孝恭傳，萃編六一有李晦碑。

〔考證〕舊傳：孝恭薨，「子崇義嗣。」「孝恭次子晦」云云。新傳亦云：「子崇義、晦。」名皆作晦。而新七〇上世表，孝恭長子崇義；次子崇晦，秋官尚書。與兩傳異。按碑云：「公諱晦，字□□。」蓋闕「崇晦」二字。或亦以字行，故世表卽以爲名。

張楚金——永昌元年，（參前條。）遷秋尚。八月十五乙未，流嶺南。（通鑑、兩傳、大唐新語六舉賢類。）——舊一八七上、新一九一附張道源傳。

●袁智弘——長壽元年二月二十二戊午，以秋尚同鳳閣鸞臺平章事。（新表、新紀、通鑑、姓纂四〔同三品〕。）九月二十二癸丑，流嶺南。（新表、新紀、通鑑、舊一八六上來俊臣傳。）——兩書無傳。

●婁師德——延載元年春一月十日甲午，由夏侍·同鳳閣鸞臺平章事遷秋尚·充河源等軍營田大使，仍平章事。（詳兵侍卷。）萬歲通天元年春一月二十六己巳，遷左肅政臺御史大夫，仍平章事。（通鑑〔考異云日從實錄〕、新紀〔甲寅〕、新表〔甲寅據百衲本〕、兩傳。）——舊九三、新一〇八有傳。

〔附考〕舊八九姚璹傳：「延載初，擢拜納言。……證聖初，璹加秋官尚書·同平章事。……神功初，左授益州大都督府長史。」新一〇二姚璹傳全同，惟無「神功初」三字。是證聖元年璹曾以納言兼秋尚也。然新表，延載元年八月己巳璹爲納言，神功元年八月丙戌罷爲益州長史，中間無加秋尚

一歷。表傳不同如此。按：兩唐書婁師德傳，爲秋尚在充河源等軍營田大使以後，已引詳兵侍卷，則婁師德兩傳與姚璹兩傳並不衝突。惟師德事據新表書之，若又據璹傳書秋尚，則年份與師德衝突，故亦從新表不書璹事。

○豆盧欽望——萬歲通天元年或明年，由新除司府卿遷秋尚。時階銀青光祿大夫。〔考證一〕。聖曆元年，卸。九月爲太子宮尹。〔考證二〕。——舊九〇、新一一四有傳。

〔考證一〕　舊傳：「證聖元年，……左遷欽望爲趙州刺史。……其年，欽望入爲司禮卿，遷秋官尚書，封芮國公。」新傳無年份，而「司禮」作「司府」。考全唐文二四二李嶠授豆盧欽望太府卿制：「銀青光祿大夫·檢校司禮卿·上柱國·芮國公豆盧欽望……可太府卿。」又授欽望秋官尚書制：「新除司府卿·(勳·封)豆盧欽望……可銀青光祿大夫·守秋官尚書。」則司禮、司府均不爲誤。按：欽望貶趙州在證聖元年正月，據舊傳，其年入爲司禮卿，制作檢校司禮卿，則在司禮任必不太久，其遷秋尚當卽在萬歲通天元年也。

〔考證二〕　舊傳續云：「出爲河北道宣勞使。俄而廬陵王復爲皇太子，以欽望爲皇太子宮尹。」新傳略同。按：廬陵王復爲皇太子在聖曆元年九月，遷宮尹蓋其時。然杜景佺於是年七月已任秋尚，蓋欽望先卸秋尚，稍遲始爲宮尹歟？

○杜景儉(佺？)——聖曆元年七月十三辛未，由鳳閣侍郎·同鳳閣鸞臺平章事罷爲秋尚。(新表〔景佺〕、通鑑〔景儉無日〕、新傳〔景佺〕、舊傳〔名景儉失書罷〕〔舊紀神功元年亦作景儉〕。)不知何時，貶司刑少卿。(兩傳、全唐文二四二李嶠授杜景佺司刑少卿制。)，時階銀青光祿大夫。(授制。)——舊九〇、新一一六有傳。

鄧□(惲)——武后世，曾官秋尚·檢校懷州刺史。——兩書無傳。

〔考證〕　全唐文二五九路敬淳懷州河內木澗魏夫人祠碑銘：「秋官尚書·檢校懷州刺史南陽鄧府君

。」姓纂九：南陽鄧氏，「暠，唐魏州刺史。……孫惲，刑部尚書。」岑校：「宋本辨證作暠孫惲尚書左丞。勞氏讀書雜識七亦云惲疑惲。……廣記二四二引朝野僉載稱和州刺史鄧惲。」又謂當即全文之鄧府君。按：時代略合，蓋可信。

○李懷遠——長安元年七月十三甲申，由鸞臺侍郎·同鳳閣鸞臺平章事罷為秋尚，（新表、通鑑、舊傳。）進階銀青光祿大夫。（舊傳。）同時或稍後，兼檢校太子左庶子。（舊傳。）四年，正除左庶子。（舊傳。）——舊九〇、新一一六有傳。

●韋安石——長安三年閏四月十七丁丑，以鸞臺侍郎·同鳳閣鸞臺平章事·充神都留守兼判天官秋官二尚書事。（詳吏尚卷。）——舊九二、新一二二有傳。

○韋安石——神龍元年二月二十四甲戌，由黃門侍郎·知侍中事罷為刑尚。（舊紀、新表、舊傳。）四月二十五甲戌，遷吏尚·同中書門下三品。（詳吏尚卷。）——此再任。

●祝欽明——神龍元年四月二十五甲戌，由太子少詹事·兼國子祭酒·同中書門下三品遷刑尚，仍同三品。（舊紀、新表、通鑑、舊傳。）時階銀青光祿大夫。（舊傳。）蓋二年二月，換禮尚，仍同三品。（詳禮尚卷。）——舊一八九下、新一〇九有傳。

●韋巨源——神龍二年二月二十一乙未，由禮尚遷刑尚·同中書門下三品。七月二十五丙寅，遷吏尚，仍同三品。（詳吏尚卷。）——舊九二、新一二三有傳。

●裴談——神龍二年秋冬或景龍元年，由大理卿遷刑尚。〔考證一〕。景雲元年六月三日癸未，以本官同中書門下三品。（舊紀、通鑑、新表〔壬午〕、新紀〔壬午〕、舊五一后妃傳、舊八五張錫傳。）蓋七月八日丁巳，卸。〔考證二〕。——兩無書傳。

〔考證一〕 舊九一桓彥範傳：「神龍二年秋，武三思誣告彥範等，大理卿裴談曲斷成獄。」「擢拜裴談為刑部尚書。」大唐新語二剛正類同。通鑑神龍二年七月紀作大理丞，字誤。據此事書時當在神龍二年秋或稍後不久。

〔考證二〕 通鑑：景雲元年八月癸巳，「刑部尙書．同中書門下三品裴談貶蒲州刺史。」新表同。然七月八日丁巳，岑羲已兼刑尙，且黨韋后諸相或罷或貶或誅皆在七月上中旬，惟誤在八月，亦可疑。蓋七月八日丁巳卸刑尙，至八月始貶耳。

○岑羲——景雲元年七月八日丁巳，由中書侍郎．同中書門下平章事罷爲右散騎常侍．兼刑尙。時階銀靑光祿大夫。同月十五甲子，見在任。後出爲陝州刺史。——舊七〇、新一〇二有傳。

〔考證〕 通鑑：景雲元年「六月壬午，中宗崩。……癸未，……以（略）中書侍郎岑羲（略）同平章事。」七月丁巳，「岑羲罷爲右散騎常侍．兼刑部尙書。」新表同，惟無兼刑尙五字。舊紀六月條同。七月丁巳，書「中書侍郎岑羲爲右散騎常侍。」亦不書兼刑尙。然下文又書：「甲子，（略）吏部尙書宋璟、右常侍．判刑部尙書岑羲並充使冊定陵。」是通鑑罷爲右常侍兼刑尙是也；原官爲中書侍郎．同平章事亦不歧。而舊傳：「加銀靑光祿大夫，右散騎常侍．同中書門下三品。睿宗卽位，出爲陝州刺史。」新傳同。無中書侍郎，又以右常侍爲入相底官及同三品，並誤；惟據傳知其散官及後出任之官耳。

楊元琰——蓋景雲二年，或前後一年，遷刑尙。（兩傳、新一九一忠義傳附列功臣。）——舊一八五下、新一二〇有傳。

○岑羲——約景雲二年，由陝州刺史入遷刑尙。（舊傳，參新傳。）是年冬或明年正月，遷戶尙。（舊傳、新傳〔無原官〕，參戶尙卷。）——此再任。

○蕭至忠——先天元年二月二十二辛酉，由蒲州刺史入遷刑尙。（通鑑〔考異云原官從睿宗錄〕、兩傳〔原官晉刺〕。）六月二十三辛酉稍前，（參員闕。）換御史大夫。（兩傳。）——舊九二、新一二三有傳。

○郭元振（震）——先天元年六月二十三辛酉，由吏尙換刑尙．充朔方道行軍大總管。時階銀靑光祿大夫。

(詳吏尚卷。)是年秋，或十月、十一月，遷兵尚。時階金紫光祿大夫。(詳兵尚卷。)——舊九七、新一二三有傳。

○李日知——先天元年，遷刑尚。開元元年，致仕。——舊一八八、新一一六有傳。

〔考證〕 舊傳：「拜侍中。先天元年，轉刑部尚書，罷知政事。……請致仕，許之。……開元三年卒。」新傳全同。按：日知於前一年已罷爲戶尚，此誤。詳戶尚卷。然觀員闕，先天元年始官刑尚，甚可信。通鑑：先天元年「十二月，刑部尚書李日知請致仕。」似即此時致仕。然朝野僉載一：「開元二年，……道士李若虛……云：此人(鷟)今年身在天牢……。果被御史李全交致其罪，勑令處盡。而刑部尚書李知白、左丞張廷珪、崔玄昇、侍郎程行謀咸請之，乃免死。」又舊一四九張薦傳：「祖鷟，……開元初，……爲御史李全交所糾，……貶嶺南。刑部尚書李日知奏論……移近處。」則僉載「知白」爲「日知」之倒誤，是開元初尚在刑尚任也。僉載云在二年。按張玄珪，元年至二年春夏均在左丞任；崔玄昇蓋爲右丞，元年二年皆有闕；故據此二人，不能明「二年」爲「元年」之誤。惟程行謀自刑侍出爲蒲州刺史不能遲過開元元年八月，則僉載「二年」實「元年」之譌。然則日知請致仕得許當在開元元年也。又舊紀，三年「七月，刑部尚書李日知卒。」蓋失書「致仕」耳。

○趙彥昭——開元元年秋，由御史大夫遷刑尚。(兩傳。)十月十九己酉，以本官爲朔方道大總管。(通鑑。)二年三月十七甲辰，貶袁州別駕。(通鑑、會要六一彈劾條、舊九二韋安石傳、全唐文二六元宗貶韋安石等詔。)——舊九二、新一二三有傳。

薛謙光——蓋開元二年，由太子賓客遷刑尚，進階金紫光祿大夫，出爲東都留守。或在四年李乂後。——舊一〇一、新一一二有傳。

〔考證〕 舊傳：「景雲中，擢拜御史大夫。時僧惠範恃太平公主權勢，逼奪百姓店肆，……謙光……奏彈之，反爲太平公主所構，出爲岐州刺史。惠範既誅，遷太子賓客，轉刑部尚書，加金紫光祿大夫，昭文館學士。開元初，爲東都留守，又轉太子賓客，……放歸田里。……七年卒。」新傳省刑尙。據通鑑，謙光以景雲二年五月忤惠範出爲岐州刺史，惠範以開元元年七月與太平公主同時誅死，則謙光爲刑部不能早過開元元年秋冬。又通鑑：開元二年八月「乙酉，太子賓客薛謙光獻豫州鼎銘……。」此銜不知前任抑後任，今姑書刑尙於此前。

李乂——開元二年冬，以紫微侍郎兼檢校刑尙。時階銀青光祿大夫。〔考證〕。三年三月，見在紫微侍郎・兼刑尙任。（舊五〇刑法志、新五八藝文志、冊府六一二。）是年，由紫微侍郎・兼檢校刑尙・知制誥・昭文館學士正拜刑尙，（碑、全唐文二五〇蘇頲授李乂刑部尙書制。）階如故。（授制）。四年二月二十六癸酉，卒官。（碑、全唐文二五六蘇頲故刑部尙書中山李公詩法記、舊紀〔作正月丁亥誤〕、兩傳。）階如故。（李公詩法記。）——舊一〇一、新一一九有傳，全唐文二五八有蘇頲撰李乂神道碑。

〔考證〕 神道碑：「遷黃門侍郎，加銀青光祿大夫。……四歲，轉紫微侍郎，掌制數月，兼刑部尙書。明年，正除檢校尙書，校郡國考績凡二歲。……開元丙辰歲仲春癸酉，薨於京師。」兩傳略同。按：遷黃門侍郎事在景雲二年，詳吏侍卷。則轉紫微侍郎當在開元二年。據會要五四門下侍郎條，其爲紫微侍郎實開元二年八月也。觀碑文「數月」「明年」「凡二歲」云云，則兼檢校刑尙當即在二年冬，三年正拜也。

〇宋璟——開元四年十二月或此前，由廣州都督遷刑尙。是月，充西京留守。（通鑑、碑、傳。）閏十二月二十七己亥，遷吏尙・兼黃門監。時階銀青光祿大夫。（詳吏尙卷。）——舊九六、新一二四有傳，萃編九七、全唐文三四三有顏眞卿撰宋璟碑。

王志愔——開元五年七月以前，由揚州大都督府長史入遷刑尙。〔考證一〕。時階銀青光祿大夫。（舊傳。）九年冬末，以本官充西京留守。〔考證二〕。十年，見在任。（舊一九二白履忠傳〔百衲本作十七年涉下文衍〕。）九月十一己卯，驚怖卒。〔考證三〕。——舊一〇〇、新一二八有傳。

〔考證一〕　舊傳：「轉揚州大都督府長史。……久之，召拜刑部尚書。」考會要一一明堂制度條：「開元五年正月，幸東都，將行大享之禮，……以則天所造明堂有乖典制，……詔令所司詳議奏聞。刑部尚書王志愔等奏議……依舊造乾元殿。乃下詔改明堂爲乾元殿。」舊二二禮儀志年月書銜同。檢舊紀，五年七月甲子改明堂爲乾元殿。則志愔遷刑尚必在七月以前。

〔考證二〕　舊傳：「開元九年，上幸東都，令充京師留守。」而通鑑，開元十年「正月丁巳（十五日），上行幸東都，以刑部尚書王志愔爲西京留守。」與傳作九年小異。按，五年正月幸東都，而宋璟以四年十二月爲留守，蓋預先任命也。今志愔亦書於前一年冬末。

〔考證三〕　舊傳：「（開元）十年，有京兆人權梁山……謀反，……斬關入宮城，……志愔以駭卒。」舊一八五上權懷恩傳：「姪楚璧，……開元十年，……舉兵反，……入宮城，求留守刑部尚書王志愔，不獲。」按：權梁山之反，新紀在十年九月己卯。舊紀作乙卯，字譌；合鈔已正。通鑑八月己卯，權梁山反，留守王志愔驚怖卒，脫書「九月」。

○陸象先——開元十一年，由戶尚換刑尚。是年，丁母憂免。（詳戶尚卷。）——舊八八、新一一六有傳。

韋抗——開元十一年，由大理卿遷刑尚。（兩傳、神道碑。）十三年，爲東都留守。（碑。）十二月二十五甲戌，分掌吏部銓事。（詳吏侍卷。）十四年四月四日壬子，見在刑尚任。（通鑑、張說傳。）八月，卒官。（碑、兩傳。）——舊九二、新一二二有傳，全唐文二五八有蘇頲撰刑部尚書韋抗神道碑。

盧從愿——開元十四年八九月，由工尚代韋抗爲刑尚。時階金紫光祿大夫。（兩傳。）頻年充校京外官考使。（兩傳、會要八一考上。）十八年，左遷絳州刺史。（新傳、舊傳〔十六年〕。）——舊一〇〇、新一二九有傳。

崔隱甫——開元十八年，由御史大夫換刑尚。蓋十九年，丁母憂免。（詳再任條。）——舊一八五下、新一三〇有傳。

崔隱甫——蓋開元二十二三年，由太原尹・河東採訪處置使入遷刑尙・兼河南尹。二十四年九十月，兼充東都留守。尋致仕。——此再任。

〔考證〕 舊傳：「十四年，代程行諶（「謀」之譌，全文二五八有碑。）爲御史大夫。……免官。……歲餘，復授御史大夫，遷刑部尙書。母憂去官。二十一年，起復太原尹，仍爲河東採訪處置使。復爲刑部尙書・兼河南尹。二十四年，車駕還京，以隱甫爲東都留守。……尋卒。」新傳殊略。新七二下世表亦官刑尙。據員闕及丁憂服闋，其第一任刑尙當不出十八九年。又冊府一六二：「開元二十三（二之譌）年二月辛亥，初置十道採訪處置使，命……太原尹崔隱甫爲河東道採訪使。」則後任刑尙當在二十二三年。又按車駕發東都在二十四年十月戊申，隱甫充留守當在九十月。又舊紀，二十七年九月，「前刑部尙書致仕崔德甫卒。」「德」必「隱」之譌，（合鈔已正。）與舊傳「尋卒」正合。則先致仕，非卒官也。

崔琳——開元末，蓋二十六年前後，由刑尙徙太子少保。時階銀青光祿大夫。——舊一八七上附高叡傳、新一〇九附崔義玄傳。

〔考證〕 全唐文三〇九孫逖授崔琳太子少保制：「銀青光祿大夫・守刑部尙書・（勳・封）崔琳……可守太子少保。」按：新傳云，「累遷太子少保，天寶二年卒。」舊紀，卒於二年九月。參以員闕，此制當行於開元末。又舊書孫逖傳，開元二十四年爲中舍，中丁父憂，服闋，二十九年復爲中舍。則丁憂不能遲過二十七年；是此制似當在二十六年前後。二十九年雖有可能，但與李適之略嫌抵觸。

李適之——開元二十八九年，由御史大夫・兼幽州大都督府長史・知節度事入遷刑尙。〔考證〕。天寶元年八月五日丁丑，遷左相。（舊紀、新紀、新表〔原官刑侍誤〕、通鑑、冊府七〇、兩傳。）——舊九九、新一三一有傳。

〔考證〕 舊傳：「拜御史大夫。開元二十七年，兼幽州大都督府長史・知節度事。……俄拜刑部尙書。」新傳同。按舊紀，開元二十七年六月，幽州節度使張守珪貶括州刺史。適之蓋繼其任，其入遷必不在二十七年，故置於二十八九年。

裴敦復——天寶三載四月以後，由河南尹·江南東道宣撫招討等使入遷刑尙。〔考證一〕。階由朝議大夫進銀青光祿大夫。(授制。)十二月，見在任。(通鑑。)四載四月十八乙巳，以本官充嶺南五府經略等使。(通鑑〔脫四月〕。)五月十五壬申，坐逗留，貶淄川太守。(通鑑。)〔考證二〕。——兩書無傳。

〔考證一〕 全唐文三〇八孫逖授裴敦復刑部尙書制：「朝議大夫·守河南尹·(略)江南東道宣撫招討處置使·(勳·賜)裴敦復，……頃者巡撫江徼，肅清姦宄，……可銀青光祿大夫·守刑部尙書。」按：通鑑，天寶三載二月辛卯，「海賊吳令光等抄掠台明，命河南尹裴敦復將兵討之。」四月，「裴敦復破吳令光，擒之。」十二月五日甲午，貶戶部尙書裴寬，李林甫使刑部尙書裴敦復告發其罪也。舊一〇〇裴寬傳亦同。則敦復遷刑尙必在四月至十一月間。

〔考證二〕 通鑑，敦復以六載正月被殺。舊紀亦同。而舊紀三載二月又書云：「是月，河南尹裴敦復卒。」誤也。或者，此月率兵討吳令光，此處譌「率」爲「卒」，又脫下文耳。

韋堅——天寶四載九月二十九癸未，由陝郡太守·江淮租庸轉運使遷刑尙。(通鑑、舊傳〔作三年九月誤〕、新傳。)五載正月二十一癸酉，貶縉雲太守。(通鑑、舊紀、兩傳、舊九五惠宣太子業傳。)——舊一〇五、新一三四有傳。

蕭炅(隱之)〔考證一〕——蓋天寶五載春已遷任。〔考證二〕。六年十一月，見在刑尙任。(舊一〇五楊愼矜傳〔隱之〕、新一三四楊愼矜傳〔炅〕。)七載七月，見在刑尙·兼京兆尹任。(冊府二〔炤〕、會要二九節條〔炤〕〔作二年七月誤〕。)八載六月十八辛亥，貶汝陰太守。(通鑑。)——兩書無傳。

〔考證一〕 舊一〇五楊愼矜傳：「天寶六載十一月，……玄宗震怒，繫之於尙書省，詔刑部尙書蕭隱之、大理卿李道邃……鞫之，……賜自盡。」新一三四楊愼矜傳作「刑部尙書蕭炅」。姓同而名異。考新五六刑法志：「天寶四載，又詔刑部尙書蕭炅稍復增損之。」通鑑，天寶八載六月「辛亥，刑部尙書·京兆尹蕭炅坐贓左遷汝陰太守。」似當以「炅」爲正，「隱之」誤也。然新七一下蕭氏，無炅，而有「隱之，刑部侍郎。」爲瑀之從玄孫。推其時次，亦正相及。按：炅，見也，光也。蓋名炅，字隱之，王引之春秋名字解詁所謂「對文」是也。蓋亦以字行，故舊傳作隱之，世表亦作隱之，又誤尙書爲侍郎耳。又册府二：「天寶七載七月，文武百官刑部尙書兼京兆尹蕭炤等……上表請改千秋節爲天長節。從之。」會要二九節日條：「天寶二年八月一日，刑部尙書兼京兆尹蕭炤及百寮請改千秋節爲天長節。」據舊紀，改節名實在七載八月；會要「二年」，誤。是炤卽炅也。

〔考證二〕　新五六刑法志：「天寶四載，又詔刑部尙書蕭炅稍復增省之。」按四載冬，韋堅尙在刑尙任，或者冬末堅已坐事停官歟，今姑書炅於五載春。

張均——天寶九載，由兵侍遷刑尙。〔考證〕。十月，見在任。（通鑑。）十二載十二月二十四庚寅，見在憲尙任。（舊紀。）十三載三月，貶建安太守。（通鑑、舊紀〔三月丁酉〕。）——舊九七、新一二五有傳。

〔考證〕　舊傳：「復爲戶部侍郎。九載，遷刑部尙書。」新傳「戶部」作「兵部」；實由戶部遷兵部也，詳兵侍卷。又新傳書遷刑尙於陳希烈罷後，誤。九載在刑尙任，又見全唐文九三三杜光庭歷代崇道記。

苗晉卿——天寶十四載或上年，由工尙·東都留守遷憲尙·兼左丞。十四載十二月，致仕。（詳左丞卷。）——舊一一三、新一四〇有傳。

李巨——至德元載十月，由陳留太守·河南節度使遷憲尙。——舊一一二、新七九有傳。

〔考證〕　全唐文三六六賈至授李巨憲部尙書制：「陳留太守嗣虢王巨，杖劍分閫，專征東夏，俾鎭遏寇之職，以龍維城之固，可守憲部尙書。」觀憲部之名，知必在至德二年冬以前，卽在李麟之前也。考通鑑，至德元載「五月丁巳……以(李)巨爲陳留譙郡太守·河南節度使。」七月「丁卯，上皇制，……其諸路本節度使虢王巨等並依前充使。」十月「以賀蘭進明爲河南節度使。」兩傳略同。則巨卸節度爲憲尙蓋卽十月前後也。

李麟——至德元載冬，（詳左丞卷。）由戶侍·兼左丞遷憲尙。時階銀青光祿大夫。（舊傳。）二載正月五日甲寅，以本官同中書門下平章事，（舊紀、通鑑、新表〔元載十一月甲寅〕、新紀〔同〕、兩傳。）總上皇行在百司。（通鑑。）十二月，從上皇還京。同月十五戊午，進同三品，進階金紫光祿大夫。（新表、新紀、兩傳、全唐文四四肅宗收復兩京大赦文〔參戶尙卷李光弼條〕。）乾元元年五月二十四乙未，罷爲太子少傅。（新表、新紀、通鑑、舊紀〔作己未誤合鈔已正〕、兩傳。）——舊一一二、新一四二有傳。

顏眞卿——至德二載四月，由工尙·河北採訪使遷憲尙。六七月，兼御史大夫。〔考證一〕。十一月，左遷馮翊太守。〔考證二〕。——舊一二八、新一五三有傳，全唐文二九四有令狐峘撰顏眞卿墓誌銘，同書五一四有殷亮撰顏魯公行狀。

〔考證一〕 舊傳：「肅宗幸靈武，授工部尙書·兼御史大夫·河北採訪招討使。……至德元年十月，棄郡，渡河，歷江淮荆襄。二年四月，朝於鳳翔。授憲部尙書。尋加御史大夫。」墓誌官歷同，棄郡渡河亦在元年十月，而無遷憲尙年月，又「尋加」作「尋兼」。新傳全取墓誌，惟誤「尋兼」爲「遷」耳。行狀官歷亦同，惟云：「爲憲部尙書。……至二年正月，又除御史大夫。」則遷憲尙似在元載冬，與舊傳異。按通鑑，至德二載「四月，顏眞卿自荆襄北詣鳳翔，上以爲憲部尙書。」與舊傳同。考全唐文三三六顏眞卿謝兼御史大夫表云：「孟夏之中，始操刑柄，數旬之內，兼總憲司。」則舊傳、通鑑以二年四月遷憲尙，是也；其兼御史大夫當在六七月。行狀誤，或者「正月」爲「五月」之譌歟？又據同卷眞卿讓憲部尙書表，行至武當郡，已被任爲憲尙，不待抵鳳翔也。又舊九二韋陟傳，爲御史大夫，坐論杜甫事罷官，以憲部尙書顏眞卿代之。

〔考證二〕　舊傳：「鸞輿將復宮闕，遣左司郎中李巽先行陳告宗廟之禮，有司署祝文稱嗣皇帝。眞卿謂禮儀使崔器曰，上皇在蜀，可乎？器遽奏改之。……爲宰相所忌，出爲同州刺史，轉蒲州刺史。」墓誌、新傳、行狀同，惟「同州刺史」作「馮翊太守」，蓋始任時爲馮翊太守，後因官名改易爲同州刺史也。據此書事，其貶出皆肅宗還京以後。按：收復京師在至德二年九月。十月二十三丁卯，車駕還京。則其貶出不能早過十月下旬。而十二月十五日戊午大赦文，（全唐文四四、會要四五功臣條。）朝廷達官皆進階加爵，有憲部尚書李麟，而無顏眞卿，同日又改郡太守爲州刺史，則眞卿貶馮翊太守不能遲過十二月上旬。今書於十一月。

李齊物——乾元元年十月二十己未（？），由鳳翔尹遷刑尙。（舊紀〔作乙未此月無〕、舊傳〔由太子賓客遷而鳳翔尹在刑尙後〕。）——舊一一二、新七八有傳。

○王璵——乾元二年三月二十九乙未，由中書侍郎·同中書門下平章事罷爲刑尙。（舊紀、通鑑、新表〔名嶼〕。）七月十七辛巳，出爲蒲州刺史·蒲同絳三州節度使。（舊紀。）——舊一三〇、新一〇九有傳。

〔考證〕　舊傳：「累遷太常卿。……乾元三年七月，兼蒲州刺史·充蒲同絳等州節度使。中書令崔圓罷相，乃以璵爲中書侍郎·同中書門下平章事。……歲餘，罷知政事，爲刑部尙書。上元二年，兼揚州長史……充淮南節度使。」新傳官歷年份全同。皆與兩紀、新表、通鑑不合，誤也。沈炳震已言之。又舊紀，乾元二年七月已書：「刑部尙書王璵爲蒲州刺史·充蒲同絳三州節度使。」而上元元年閏四月又書：「壬午，以刑部尙書王璵爲太常卿。」蓋誤。或者璵爲蒲州刺史果如舊傳所謂「兼」任，是年二月崔寓爲蒲州代璵，璵還原官耶？存疑。

○房琯——廣德元年四月，由漢州刺史遷刑尙，進階特進。（兩傳、全唐文三六六賈至授房琯刑部尙書制。）八月四日甲戌，卒於道。（兩傳。）——舊一一一、新一三九有傳。

*__顏眞卿__——廣德二年正月五日癸卯，由右丞遷檢校刑尙·充朔方行營宣慰使；未行，留知省事。時階金

紫光祿大夫。（詳右丞卷。）十一月，仍在金紫光祿大夫·檢校刑尙任。（郭氏家廟碑、與郭僕射書。）永泰元年，蓋正拜刑尙。〔考證〕。大曆元年二月九日乙未，貶峽州別駕。（舊紀、通鑑、行狀、墓誌、兩傳、全唐文三三八顏眞卿乞御書題額恩敕批答碑陰記。）——此再任。

〔考證〕 萃編九二郭氏家廟碑，廣德二年十一月建，顏眞卿撰並書，書銜「金紫光祿大夫·檢校刑部尙書。」 全唐文三三七顏眞卿與郭僕射書：「十一月，金紫光祿大夫·檢校刑部尙書·（勳·封）顏眞卿謹奉書於右僕射定襄郡王郭公閤下。」 此英乂也。檢右僕卷，此亦廣德二年十一月。則終廣德二年未正拜。而同卷與太保帖八首，五稱「刑部尙書顏眞卿」，一稱「陝州別駕」。書銜刑尙者有「冬閏初寒」「閏月十四日」。按：永泰元年有閏十月，其時所上無疑，似已正拜矣。眞卿，永泰元年書銜刑尙，又見舊九二韋陟傳及封氏聞見記四定謚條。

*路嗣恭——大曆元年，由朔方節度留後遷檢校刑尙·知省事。（新傳〔作永泰三年按永泰無三年蓋二年之譌〕、舊傳〔同又原官知朔方節度〕。）不知何時卸。——舊一二二、新一三六有傳。

*蔣渙——大曆五年，或前後一年，在檢校刑尙·知省事任。 時階銀青光祿大夫。 後以檢校本官兼鴻臚卿，階如故。——舊一八五、新一〇六有傳。

〔考證〕 全唐文四一二常袞授蔣渙鴻臚卿制：「銀青光祿大夫·檢校刑部尙書·知省事·（勳·封）蔣渙……可檢校刑部尙書·兼鴻臚卿，散官勳封如故。」 按：渙以大曆三年九月由左丞出爲華州刺史·潼關防禦使。此制云：「東雍居部，近郊移風，……司秋會府，訓夏議刑。」則刑尙在華刺之後。又舊紀，大曆七年五月「以檢校禮部尙書蔣渙充東都留守。」 據禮侍卷考證，渙以留守連知九年十年兩春東都貢擧，而常袞卽以九年十二月由中舍遷禮侍，則此制必行於七年五月以前無疑。是任刑尙必在四五六年中。

*王昻——大曆十二年五月十一辛酉，由檢校刑尙·知省事貶連州刺史。——舊一一八有傳。

〔考證〕　舊傳：「復檢校刑部尚書・知省事。……在刑部，雖公務有程，昂耽御私宴，連日不視曹事。……元載誅，貶連州刺史。」舊紀：大曆十二年五月「辛酉，貶刑部尚書王昂，連州刺史。」此爲一事。而舊傳此前云：「遷河中尹・充河中節度使。……永泰元年正月，檢校刑部尚書・知省事，改殿中少監。」按：此時顏眞卿正在刑部任。又考舊紀：永泰元年三月壬辰朔，「詔左僕射裴冕、右僕射郭英乂、……檢校刑部尚書王昂、高昇、檢校工部尙書崔渙……等十三人並集賢院待詔。」通鑑胡注引宋白語，「檢校工部尙書」下有「知省事」三字，刑尙下則無；蓋有據。是永泰元年昂檢校刑尙不知省事也。舊傳蓋因後任知省事而衍誤耳。

顏眞卿——大曆十二年八月二十五甲辰，由湖州刺史入遷刑尙。（舊紀、通鑑、行狀、墓誌、兩傳、唐文拾遺五代宗授顏眞卿刑部尙書制。）時階金紫光祿大夫。（授制。）十一月，見在任。（會要三六修撰條、封氏聞見記二〔作二年奪十字〕。）十三年二三月，遷吏尙，階如故。（詳吏尙卷。）——此三任。

○關播——興元元年正月一日癸酉朔〔考證〕，由中書侍郎・同中書門下平章事罷爲刑尙。（兩紀、新表、通鑑、兩傳。）時階銀青光祿大夫。（舊傳。）貞元二年二月，見在刑尙・知刪定禮儀使任。（會要二三武成王廟條、新一五禮樂志。）四年十一月，加檢校右僕，使吐蕃。（通鑑、舊紀〔書於十月戊子回紇至長安下〕、兩傳。）五年，遷兵尙。（兩傳。）——舊一三〇、新一五一有傳。

〔考證〕　新表：興元元年「正月癸酉，播罷爲刑部尙書。」新紀月日同。舊紀書於建中四年十二月癸酉。通鑑書於建中四年十二月，無日。據陳曆，建中四年十二月壬申除夕，次日癸酉即興元元年元旦。則新紀表不誤。舊紀日亦不誤，惟以下年元旦誤繫上年之末耳。

●李勉——貞元二年正月二十二癸丑，詔宰相判六部。勉判刑部。（舊紀、新表、通鑑〔壬寅〕、舊一三〇崔造傳。）十二月二日丁巳，罷判。（詳戶尙卷崔造條。）——舊一三一、新一三一有傳。

○劉滋——貞元八年正月二十二丁丑，由吏尚換刑尚。（詳吏尚卷。）時階金紫光祿大夫。（舊傳。）十月，以本官爲校外官考使。（會要八一考上。）九年正月，削金紫階。（會要七四掌選善惡條。）十年十月二十二壬戌，卒官。（舊紀、舊傳。）——舊一三六、新一三二有傳。

王鍔——貞元十七年蓋夏，由嶺南節度使入遷刑尚。〔考證〕。十八年十月四日丁亥，出爲檢校兵尚·淮南節度副使·兼行軍司馬。（舊紀、通鑑、兩傳。）——舊一五一、新一七〇有傳。

〔考證〕舊傳：「遷廣州刺史·御史大夫·嶺南節度使，……凡八年，……拜刑部尚書。」新傳略同。按舊紀：貞元十一年正月，王鍔爲嶺南節度使。十七年五月丙戌，以趙植爲嶺南節度使。則鍔在嶺南首尾七年，未八年也，其入遷刑尚當卽十七年夏。

●高郢——永貞元年三月二十一庚寅，由中書侍郎·同中書門下平章事遷刑尚，仍平章事。（順宗實錄二、新表、舊紀〔戊子〕、兩傳。）時階銀青光祿大夫。（舊傳。）七月二十八乙未，罷守本官，（順宗實錄、舊紀、新表、通鑑、兩傳、全唐文五五順宗罷鄭珣瑜高郢平章事制。）階如故。（罷相制。）同時或稍後，判吏尚事。（舊傳。）十月十九甲寅，出爲華州刺史·潼關防禦使。（舊紀、兩傳。）——舊一四七、新一六五有傳。

鄭元——元和三年春，由戶侍·兼御史大夫·判度支遷刑尚·兼京兆尹。（舊傳。）九月，復兼御史大夫·判度支。（舊傳。）四年四月，罷判使。（詳度支卷。）五月十六辛酉，卒官。（舊紀、舊傳。）——舊一四六有傳。

李鄘——元和四年六月三日丁丑，由河東節度使入遷刑尚。（舊紀、兩傳。）兼御史大夫。（舊傳。）充諸道鹽鐵轉運使。（舊紀、兩傳，詳鹽運使卷。）七月，見在刑尚任。（會要六〇御史中丞條、舊一四六楊憑傳。）五年十二月七日癸酉，出爲檢校吏尚·淮南節度使。（舊紀、兩傳。）——舊一五七、新一四六有傳。

○趙宗儒——元和六年四月十五己卯，由檢校吏尙·荊南節度使入遷刑尙。(舊紀、舊傳。) 七年正月九日己巳，出爲檢校吏尙·山南西道節度使。(舊紀、舊傳〔八年〕。)——舊一六七、新一五一有傳。

●張弘靖——元和九年六月二十七壬寅，由檢校禮尙·河中節度使入遷刑尙·同中書門下平章事。(兩紀、新表、通鑑、兩傳、全唐文五七憲宗授張宏靖刑部尙書平章事制。) 時階正議大夫。(授制。) 十二月七日庚戌，遷中書侍郎，仍平章事。(新表、兩傳。) 〔平章事制後又有加張宏靖中書門下平章事制，「門下」蓋「侍郎」之譌。〕——舊一二九、新一二七有傳。

○權德輿——元和十年，(據員闕。) 由太常卿遷刑尙。(兩傳、墓碑。) 十年十月三日庚子，見在任。(舊紀、會要三九〔有月無日〕、通鑑〔作刑侍誤又作辛丑〕。) 十一月二十七甲午，亦見在任。(全唐文五〇六權德輿殤孫進馬墓誌。) 十一年十月二十五丁巳，出爲檢校吏尙·山南西道節度使。(舊紀、兩傳、墓碑。)——舊一四八、新一六五有傳，全唐文五六二有韓愈撰故相權公墓碑。

王播——元和十二年十一月，以禮尙攝刑尙。(會要一四獻俘條。) 〔此時播官禮尙詳禮尙卷〕。——舊一六四、新一六七有傳。

李愿——元和十三年七月，由武寧節度使入遷刑尙。(兩傳，年月據舊紀書李愬事。) 十四年四月十一戊午，出爲檢校左僕·鳳翔隴右節度使。(舊紀、兩傳。)——舊一三三、新一五四有傳。

郭釗——元和十五年三月二十三乙丑，由司農卿遷刑尙，仍兼司農卿。(舊紀、舊傳〔兼上脫爲刑部尙書五字〕、舊五二后妃傳下、新七七皇后傳。) 長慶元年正月六日癸卯，出爲檢校戶尙·河陽三城節度使。(舊紀、舊傳。)——舊一二〇、新一三七有傳。

王播——長慶元年二月五日壬申，由檢校戶尙·劍南西川節度使入遷刑尙·充諸道鹽鐵轉運使。(舊紀、通鑑、會要八七轉運使條、又八八鹽鐵使條、舊四八食貨志〔三月奏事銜〕、舊傳〔作七月誤〕、新傳、神道碑、全唐文六四八元稹授王播刑尙鹽鐵轉運使制。) 時階中散大夫。(授制。) 十月三日丙寅，遷中書侍郎・同中書門下平章事，仍充使職。（舊紀、通鑑、新紀〔無充使如故〕、新表〔同〕、兩傳、碑、全唐文六四九元稹授王播中書侍郎平章事使職如故制。）時階太中大夫。（舊紀、授制。）——舊一六四、新一六七有傳、全唐文七一四有李宗閔撰丞相左僕射太原王公神道碑。

李遜——長慶二年正月二十三乙卯，由前鳳翔節度使遷刑尚。同月二十七己未，卒官。（舊紀、舊傳〔三年正月誤〕、新傳〔無年月〕。）〔考證〕。——舊一五五、新一六二有傳。

〔考證〕　舊紀，長慶二年正月乙卯遷任，己未卒官。舊傳作三年正月。覩下崔植事，已知舊傳「三年」爲「二年」之譌。又全唐文五六四韓愈太學博士李君墓誌，君以長慶三年正月五日卒，二十六日葬。歷述因丹藥致死者，已有「刑部尚書李遜。」亦足爲舊紀書年之旁證。

○崔植——長慶二年二月十九辛巳，由中書侍郎・同中書門下平章事罷爲刑尚。（兩紀、新表、通鑑、兩傳、全唐文六四穆宗崔植刑部尚書制。）時階正議大夫。（舊紀、授制。）三年正月，見在任。（會要三九定格令條。）是年，出爲鄂岳觀察使。（新傳、與表六引因話錄。）——舊一一九、新一四二有傳。

○段文昌——長慶三年冬，由劍南西川節度使入遷刑尚。〔考證〕。四年正月二十三癸酉，見在任。（冊府一一。）三月十八丁卯，兼判左丞事。（舊紀。）寶曆元年閏七月二十七戊戌，遷兵尚，仍判左丞事。（舊紀、舊傳。）——舊一六七、新八九有傳。

〔考證〕　舊傳：「授西川節度使。……敬宗即位，徵拜刑部尚書。」考冊府一一：「長慶四年正月癸酉，（敬宗）即帝位，……刑部尚書段文昌率百寮奉誠辭……。」癸酉爲三日，是其入朝爲刑尚當在長慶三年。又舊紀，三年十月，杜元穎已爲西川節度使，則文昌由西川入爲刑尚當即在三年冬也。

柳公綽——寶曆二年十二月二十三丙辰，由檢校左僕・山南東道節度使入遷刑尚。（舊紀、舊傳〔元年〕、新傳〔無年〕。）大和元年八月十三壬寅，復檢校左僕，出爲邠寧節度使。（舊紀、舊傳〔寶曆二年〕、新傳〔無年〕。）——舊一六五、新一六三有傳。

柳公綽——大和二年七月一日乙酉朔，由檢校左僕·邠寧節度使入朝，仍以檢校左僕兼刑尚。（舊紀〔作六月乙酉實已七月合鈔已補〕、舊傳〔寶曆三年卽大和元〕、新傳〔無年〕。）四年三月一日乙亥朔，復檢校左僕，出爲河東節度使。（舊紀、通鑑、兩傳〔均四年〕。）——此再任。

〔考證〕公綽兩任刑尚，遷卸年份，除大和四年出爲河東節度使外，舊傳皆先舊紀一年。按：舊紀於憲穆敬文之世書事最詳確。此處書山南東道邠寧兩節度年月日甚詳，且與他人任卸年月銜接，當不誤；是傳誤也。又南部新書壬：「寶應(曆)三年，京兆府有姑鞭婦致死，請斷以償死。刑部尚書柳公綽曰……」云云。會要三九，同。按：寶曆三年二月改元大和，則此事必在正二月，是第一任時。若依舊傳繫年，三年正二月未必已入朝也。

崔弘禮——大和四年四月二十七辛未，由檢校左僕·東都留守遷刑尚。（舊紀、兩傳。）以疾未至。（兩傳。）十月九日庚戌，復爲東都留守。（舊紀、兩傳。）——舊一六三、新一六四有傳。

韋弘景——大和四年十二月二十八戊辰，由河南尹遷刑尚·充東都留守。（舊紀。）五年五月二十四辛酉，卒官。（舊紀。）——舊一五七、新一一六有傳。

殷侑——大和六年正月，由檢校吏尚·義昌節度·滄德觀察使入遷刑尚。二月一日甲子朔，出爲檢校吏尚·天平節度使。——舊一六五、新一六四有傳。

〔考證〕舊傳：「大和四年，加檢校工部尚書·滄齊德觀察使，以功加檢校吏部尚書。……六年，入爲刑部尚書。尋復檢校吏部尚書·(略)充天平軍節度·鄆曹濮觀察使。」而舊紀：大和六年「二月甲子朔，以前義昌軍節度使殷侑檢校吏部尚書·充天平軍節度·鄆曹濮等州觀察使。」新傳亦云：「拜義昌軍節度使，……加檢校吏部尚書。六年，徙天平節度。」皆無刑尚一遷，與舊傳異。蓋有刑尚之命，旋卽徙天平，未到尚書任也。又據舊紀及新方鎭表，五年正月，滄德節度賜號義昌軍，紀傳書事皆不誤。

高瑀——大和七年正月二十八丙辰，由武寧節度使入遷刑尚。（舊紀、兩傳。）六月十八甲戌，徙太子少傅分司。（舊紀〔少保〕、兩傳。）——舊一六二、新一七一有傳。

殷侑——大和九年正月九日乙卯，由檢校右僕・天平節度使入遷刑尚。（舊紀〔作己卯據書日次序知己爲乙之譌合鈔已正〕、兩傳。）七月二十五戊辰，復檢校右僕，出爲天平節度使。（舊紀、舊傳〔八月〕、新傳。）——此再任。

鄭覃——大和九年八月五日戊寅，由秘書監遷刑尚。（舊紀、兩傳。）十月三日乙亥，遷右僕。（同上。）——舊一七三、新一六五有傳。

王源中——大和九年十月二十八庚子，由山南西道節度使入遷刑尚。（舊紀、新傳〔刑侍〕。）〔考證〕。十二月五日丙子，出爲天平軍節度使。（舊紀、新傳。）——新一六四有傳。

〔考證〕　舊紀作刑尚，新傳作刑侍。按：源中於大和初歷戶侍、兵侍，八年遷禮尚，檢校戶尚出鎮興元，詳戶侍卷、禮尚卷，則作「尚書」是也。又新一七九李訓傳，大和九年十一月二十一日甘露之變，明日「召僕射令狐楚、鄭覃、兵部尚書王源中……等至，帝對之悲憤。」按：其時王起在兵尚任，此「兵」字誤。然作「尚書」則是也。亦證源中傳「侍郎」之誤。

殷侑——大和九年十二月五日丙子或稍後，由檢校右僕・天平軍節度使入遷刑尚。〔考證〕。開成元年七月二十四辛卯，出爲檢校左僕・山南東道節度使。（舊紀、兩傳。）——此三任。

〔考證〕　舊傳：「檢校右僕射，復爲天平軍節度使。……開成元年，復召爲刑部尚書。」新傳同。舊紀有第三任卸任年月日，但失書遷任。然大和九年十二月書：「丙子，以刑部尚書王源中爲天平節度使。」實與侑互換其官，則侑第三次遷任刑尚蓋即其時。兩傳皆云開成元年，蓋明年始回朝耳。

鄭澣——開成二年正月十一乙亥，由左丞遷刑尚，仍判左丞事。（舊紀、舊傳。）十一月二十七丁亥，出爲檢校戶尚・山南西道節度使。（舊紀、兩傳。）——舊一五八、新一六五有傳。

●崔珙——開成四年夏，在刑尙·充諸道鹽鐵轉運使任。（詳鹽運使卷。）五年五月四日己卯，以本官同中書門下平章事，仍充使職。（同上。）時階銀青光祿大夫。（舊傳、全唐文七六武宗授崔珙平章事制。）九月七日庚辰，遷中書侍郎，仍平章事·充使職。（新表、新傳。）——舊一七七、新一八二有傳。

楊汝士——會昌四年春，似在刑尙任。——舊一七六、新一七五有傳。

〔考證〕　舊傳：「（大和）九年九月，入爲戶部侍郎。開成元年七月，轉兵部侍郎。……四年九月，……爲吏部侍郎。位至尙書，卒。」新傳：「終刑部尙書。」新七二下世表：楊氏，汝士亦官至刑尙。觀舊傳，其爲刑尙當在會昌中，或稍後。考唐詩紀事五九楊知至條：「會昌四年，王起奏五人。」謂貴遊子弟也。其一爲知至。本注：「刑部尙書汝士之子。」則會昌四年春王起知貢擧時汝士似在刑尙任也。又摭言三慈因寺遊賞雜記條敍寶曆中事，題汝士銜爲刑部侍郎。按：其時汝士位尙極低，乃書終官耳，「侍郎」爲「尙書」之誤。

●崔元式——會昌六年，由檢校禮尙·河東節度使入遷刑尙·判度支。（舊傳、新傳〔由義成〕。）十二月，見在刑尙·判度支任。（舊紀、會要五九〔十一月〕、冊府五〇四〔同〕。）大中元年三月，遷門下侍郎·兼刑尙·同中書門下平章事。（新表、新紀〔不兼刑尙〕、通鑑〔同〕、新傳〔同〕、舊傳〔本官〕。）〔考證一〕。二年正月五日丙寅，遷兼戶尙，仍門下侍郎·平章事。（新表、舊傳。）〔考證二〕。——舊一六三、新一六〇有傳。

〔考證一〕　舊紀：會昌五年四月，「宰相杜悰罷知政事，以戶部侍郎·判戶部崔元式同平章事。」此條與新書、通鑑既歧，與舊傳及舊紀會昌六年書事亦抵牾，必誤無疑。是蓋李回入相事誤爲元式耳，詳戶侍卷李回條。

〔考證二〕　全唐文七五〇杜牧上刑部崔尙書狀，蓋上元式者，而云：「某……刺史七年……今者欲求爲贊於大君子門下……。」據上宰相求湖州第二啓，牧以會昌二年出爲刺史，（詳吏尙卷高元裕第二任條。)七年乃大中十一年，與此年份小歧。

●白敏中——大中十一年正月五日丙寅，以中書侍郎·同中書門下平章事兼刑尙。(新表、兩傳、全唐文七七六李商隱爲滎陽公賀白相公加刑部尙書啓。)三年三月，遷右僕，進階金紫光祿大夫，仍兼中書侍郎·平章事。(詳右僕卷。)——舊一六六、新一一九有傳。

●周墀——大中三年三月，以中書侍郎·同中書門下平章事兼刑尙。(新表、舊傳、墓誌。)時階銀青光祿大夫。(舊傳。)四月一日乙酉朔，出爲檢校刑尙·劍南東川節度使。(新表、通鑑、舊紀〔三月乙卯〕、舊傳、墓誌。)——舊一七六、新一八二有傳，全唐文七五五有杜牧撰東川節度使周公墓誌。

李玭——大中三年夏，遷刑尙·兼宗正卿。即五六月，檢校本官，出爲鳳翔節度使。——兩書無傳，晟之孫也。

〔考證〕　全唐文七六三沈珣授李玭鳳翔節度使制："刑部尙書·兼宗正卿李玭……洎擢處月卿，掌我天旅，不忝維城之寄，副予同姓之求。今以昆夷來朝，願納故壤，將復河湟之境，必資整訓之方，遂結疆埸，付爾汧隴。……光膺分閫，兼尹正察廉之重，帖文昌憲府之崇……"云云。按通鑑：大中三年七月"甲戌(二十三日)，鳳翔節度使李玭取秦州。"舊紀書於八月。則由刑尙出鎭必在七月以前。又按：通鑑是年二月復書云"吐蕃秦、原、安樂三州及石門等七關來降。"舊紀書於正月。此即制云："今以昆夷來朝，願納故壤。"也。則此制當在二月以後。參之員闕，其遷刑尙出鎭皆不出大中三年夏。又制云"生王侯之大家，傳帶礪之盛業。"則玭必大勳之後。又云："惟昔乃祖，曾顯是邦，勿隳貽謀，……勉副家聲。"按：李晟以鳳翔節度使平朱泚李懷光之亂，玭即其後無疑。新七二上世表，李晟孫輩名皆從玉旁，則玭卽晟之孫也，世表失書。

韋損——大中六年，或五年秋冬，蓋由檢校戶尙·武昌節度使入遷刑尙。是年或七年春夏，出爲檢校兵尙·天平節度使。時階銀青光祿大夫。——兩書無傳。

〔考證〕　全唐文七六三沈珣授韋損鄆州節度使制：「銀青光祿大夫·守刑部尙書韋損……善政克著於蕃方，雅量見推於朝右。朕以天平巨鎭，愼擇帥臣，……以爾才周物務，……斷自余懷，……昇崇班於五兵，啓元戎之十乘……。」在授天平節度使李景讓爲襄州節度使制之後。按：景讓以大中五年五月稍後由左丞出鎭天平，（詳左丞卷。）損鎭天平在其後，決不能早過六年，是當與崔璪相先後。如在璪前，則損卸刑尙出鎭天平卽不能遲過七年春夏。又考會要一九百官家廟條：「大中五年四月，武昌軍節度使·檢校戶部尙書韋損奏……。」是在刑尙前，前制云：「善政克著於蕃方」蓋謂此歟？其由武昌入爲刑尙當在五年秋冬或六年。

崔璪——大中七年七月，由左丞遷刑尙。時階正議大夫。（詳左丞卷。）——舊一七七、新一八二有傳。

蔣係——大中十一年十月，由檢校禮尙·山南西道節度使入遷權知刑尙。時階中散大夫。（舊紀、舊傳。）十二月，出爲檢校戶尙·鳳翔節度使，階如故。（同上。）——舊一四七、新一三二有傳。

柳仲郢——大中十二年二月，由兵侍·諸道鹽鐵轉運使遷刑尙，罷使職。（詳鹽運使卷。）十三年，蓋遷戶尙。〔考證〕。——舊一六五、新一六三有傳。

〔考證〕　舊傳：「大中十二年，罷使守刑部尙書。咸通初，轉兵部，加金紫光祿大夫。……俄出爲興元尹·山南西道節度使。」新傳「兵部」作「戶部」，又無「咸通初」三字，餘並同。按：大中十三年八月，刑部已爲宰相夏侯孜兼領，仲郢爲刑尙不能至咸通初始轉官。又大中咸通之際兵尙不闕，而戶尙有闕，當從新傳作戶部。又唐語林六：「柳珪擢爲右拾遺……。給事中蕭倣鄭裔綽駁還制曰……柳珪居家不稟義方……。刑部尙書柳仲郢……進表稱子珪才器庸劣，……若誣以不孝，卽非其實。」按倣爲給事中正在大中末。

●夏侯孜——大中十三年八月二十癸卯，由工尙·同中書門下平章事遷中書侍郎·兼刑尙，仍平章事。（新表。）咸通元年九月二十六癸酉，遷門下侍郎·兼兵尙，仍平章事。（新表。）時階蓋銀青光祿大夫。

（授白敏中等大學士制。）——舊一七七、新一八二有傳。

〔考證〕 以上年月日及官歷皆見新表。而舊紀：大中十三年十月癸未，「中書侍郎・禮部尙書・平章事夏侯孜兼兵部尙書。」與新表不合。考全唐文八三懿宗授白敏中等宏文館大學士等制，敏中原銜爲「特進・守司徒・兼門下侍郎・同中書門下平章事・（勳・封）」，孜原銜爲「銀青光祿大夫・守中書侍郎・兼刑部尙書・同中書門下平章事・充集賢殿大學士・（勳・封）」。據新表，敏中以大中十三年十二月進司徒・兼門下侍郎・同平章事。咸通元年九月戊申遷中書令。舊一六六敏中傳亦云懿宗卽位，拜司徒・門下侍郎・平章事。則此制必行於咸通元年正月至八九月間，孜官銜與新表合，與舊紀不合，知舊紀誤。

●蔣伸——咸通元年九月二十六癸酉，由中書侍郎・兼工尙・同中書門下平章事遷兼刑尙，仍中書侍郎・平章事，時階金紫光祿大夫。（詳工尙卷。）三年正月十六乙酉，出爲檢校兵尙・平章事・河中節度使。〔考證〕。——舊一四九、新一三二有傳。

〔考證〕 此見新表。日原作「正月己酉」。按：是年正月無己酉，非月誤，卽日誤。檢後一條書「二月庚子」，乃二月一日朔，是前條「正月」不誤，惟「己酉」爲「乙酉」之譌耳。新傳亦云，咸通二年由中書侍郎兼刑尙平章事出爲河中節度使。「二」蓋「三」之譌。舊紀：咸通十年正月，「中書侍郎・兼戶部尙書・平章事蔣伸爲太子太保，罷知政事。」蓋誤。

徐商——咸通初，蓋三年，在刑尙・充諸道鹽鐵轉運使任。（詳鹽運使卷。）——舊一七九、新一一三有傳。

李福——咸通四年冬，由戶尙換刑尙・充諸道鹽鐵轉運使。五年二月十二己巳，加同平章事，出爲劍南西川節度使。（詳戶尙卷。）——舊一七二、新一三一有傳。

●楊收——咸通五年八月一日乙卯朔，由中書侍郎・同中書門下平章事遷門下侍郎・兼刑尙，仍平章事。（新表、舊紀〔五月壬寅〕、舊傳。）時階銀青光祿大夫。（舊傳。）六年六月，遷右僕，仍兼門下侍郎・

平章事。(新表、舊傳。)——舊一七七、新一八四有傳。

●路巖——咸通七年十一月二十七戊辰，以中書侍郎‧同中書門下平章事兼刑尚。(新表、參戶尚卷。)八年十月，遷門下侍郎‧兼戶尚，仍平章事。(同上。)——舊一七七、新一八四有傳。

●徐商——咸通八年十月，由中書侍郎‧兼工尚‧同中書門下平章事遷兼刑尚，仍中書侍郎‧平章事。(舊紀、新表。)十年六月十七癸卯，出為檢校右僕‧平章事‧荊南節度使。〔考證〕。——舊一七九、新一一三有傳。

〔考證〕　新表：咸通十年六月癸卯，「商檢校尚書右僕射‧平章事‧荊南節度使。」而舊紀：同年正月，「以門下侍郎‧兼刑部尚書‧同平章事徐商檢校兵部尚書‧江陵尹‧荊南節度使。」紀表互異。按：劉瞻由戶部侍郎‧翰林學士承旨入相，舊紀及新表皆與徐商罷相同時。檢翰學壁記，瞻正以十年六月十七日癸卯入相，則新表是，舊紀誤也。徐商罷相既與劉瞻入相同時，自當從新表作六月癸卯。又舊傳：「四年，以本官同平章事。六年罷相，檢校右僕射‧江陵尹‧荊南節度觀察使。」六年罷相亦誤。惟據傳足徵檢校官亦當從表作右僕。

●劉瞻——咸通十一年正月五日戊午，以中書侍郎‧同中書門下平章事兼刑尚。(新表、舊傳、參戶侍卷。)九月七日丙辰，出為檢校刑尚‧平章事‧荊南節度使。(舊紀、新表、舊傳。)時階正議大夫。(舊紀。)——舊一七七、新一八一有傳。

●王鐸——咸通十二年四月二十七癸卯，由禮尚‧同中書門下平章事遷中書侍郎‧兼刑尚，仍平章事。(新表、舊傳。)十月，遷門下侍郎‧兼吏尚，仍平章事。(新表、舊傳〔無門下侍郎〕。)——舊一六四、新一八五有傳。

○劉瞻——乾符元年二月，由虢州刺史入遷刑尚。(通鑑、新傳。)五月八日乙未，遷中書侍郎‧同中書門下平章事。(通鑑、新紀、新表、新傳。)——此再任。

鄭從讜——乾符元年五月，由檢校刑尙·嶺南東道節度使入遷刑尙。(舊紀、兩傳。)蓋二年，卸。(參吏尙卷。)——舊一五八、新一六五有傳。

●崔彥昭——乾符二年，由中書侍郎·同中書門下平章事·判度支遷門下侍郎·兼刑尙，仍平章事·判度支。(詳右僕卷。)三年六月，遷右僕，仍兼門下侍郎·平章事·判度支。(同上。)——舊一七八、新一八三有傳。

●盧攜——乾符四年正月，由中書侍郎·兼工尙·同中書門下平章事遷兼刑尙，仍中書侍郎·平章事。(新表、新傳〔無兼工尙〕。)九月，遷兼戶尙，仍中書侍郎·平章事。(新表。)——舊一七八、新一八四有傳。

牛蔚——乾符中，曾官刑尙。(詳工尙卷。)——舊一七二、新一七四有傳。

李當——蓋乾符中或稍後，官至刑尙。——兩書無傳。

〔考證〕新七二上世表：姑臧大房李氏「當，刑部尙書。」據八瓊六〇朝陽洞李當等詩並魏深書事，當由中舍觀察湖南，入爲戶侍，出尹河南，歷宣歙、襃斜、吏侍、左丞，咸通十四年十一月在散騎常侍任。則官刑尙必在乾符中或稍後。又按：舊紀乾符三年九月書事有兵部尙書李璫，蓋即一人。

孔緯——中和元年，以刑尙判戶部事。是年，徙太子少保。(詳戶侍卷。)——舊一七九、新一六三有傳。

裴瓚——僖昭世或中和前後，官至刑尙。——兩書無傳。

〔考證〕新七一上世表：南來吳裴氏「瓚字公器，刑部尙書。」按：兄「璩字廷秀，檢校司空。」據余考證，璩於中和四年在右僕任，詳右僕卷。則瓚官達蓋亦中和前後。

孔緯——光啓二年正月十日庚寅，以刑尙兼御史大夫。(舊紀。)三月十九戊戌，遷兵侍·同中書門下平章事。〔考證〕。——此再任。

〔考證〕舊紀：光啓二年三月戊辰，「以刑部尙書·御史大夫孔緯爲兵部侍郎·充諸道鹽鐵轉運等使・(略)同中書門下平章事。」新紀、通鑑作三月戊戌，由御史大夫爲兵侍・同平章事，無刑尚及充使。新表又作二月戊戌。按：三月無戊辰，二月無戊戌，舊紀新表皆誤。充使亦後職，此處舊紀亦誤，詳諸使卷。惟舊紀前有以刑尚兼御史大夫一條，今姑據紀文書之。

●鄭延昌——景福二年六月二十二戊午，以中書侍郎・同中書門下平章事兼刑尚。(舊紀、新表、新傳。)乾寧元年二月，遷左僕・兼門下侍郎，仍平章事。(詳左僕卷。)——新一八二有傳。

崔凝——以刑尚權知乾寧二年春貢擧。二月十九丁未，貶合州刺史。(詳禮侍卷。)——兩書無傳。

張禕——乾寧四年四月，由刑尚貶衡州司馬。(通鑑〔參考異〕、舊傳。)——舊一六二有傳。

楊授——乾寧末，官刑尚，徙太子少保。(舊傳。)時與張禕相先後。——舊一七六、新一七四傳。

●裴贄——光化三年正月一日庚寅朔，或十一庚子，由禮尚遷刑尚。(舊紀，參禮尚卷。)九月二十三戊申，遷中書侍郎・同中書門下平章事，(舊紀、新表、通鑑〔丙午〕、新傳。)仍兼刑尚。(舊紀、新表、新傳。)時階正議大夫。(舊紀。)天復元年五月，遷兼戶尚，仍中書侍郎・平章事。(新表、新傳。)——新一八二有傳。

鄭元規——天祐元年正月九日乙巳，由刑尚・兼京兆尹・六軍諸衞副使貶循州司戶。(通鑑、舊紀〔天復三年十二月丙申除夕〕。)——兩書無傳。

張禕——天祐元年八月二十七戊午、十月六日丙申及二年四月七日乙未，皆尚見在刑尚任。(舊紀。)——此再任。

裴迪——天祐二年二月二十三壬子，由汝州刺史遷刑尚。(舊紀。)十一月，見在任。(通鑑、舊紀。)——兩書無傳。

張禕——天祐四年四月十八甲子，見在刑尚任。終唐世。(通鑑。)——此三任。

〔考證〕　舊傳：「歷刑部兵部尚書，從昭宗在華，爲韓建所構，貶衡州司馬。」此第一任刑尚也。

續云：「昭宗還京，徵拜禮部尚書，太常卿，充禮儀使，遷兵部尚書。」禮尚卷已據昭宗末年員闕置
禕於光化末至天復中。若兵尚不誤，則當在天復末至天祐中。禕於天祐中旣兩任刑尚，且在任甚久，
參之兵尚員闕，則禕任兵尚之可能惟天復三年夏秋數月及天祐二年夏後至三年中耳。且無他的證，疑
舊傳「兵部」可能爲「刑部」之譌，故兵尚卷不書。

長孫凝——唐末葉，官至刑尚。（新七二上世表。）——兩書無傳。

唐僕尚丞郎表 卷二十

輯考七下 尚書刑部侍郎

李瑗——武德元年六月一日甲戌朔，遷刑侍。（通鑑。）七月二十五戊辰，安撫江南。（通鑑。）——兩書無傳，見新七〇上世表。

李叔良——武德元年，遷刑侍。四年卒。（舊傳。）——舊六〇、新七八有傳。

劉德威——武德中，四年稍後，由檢校大理少卿遷刑侍。（兩傳。）——舊七七、新一〇六有傳。

張允濟——貞觀初，遷刑侍，出爲幽州刺史。（兩傳。）——舊一八五上、新一九七有傳。

韋義節——蓋貞觀初，官至刑侍。——兩書無傳。

〔考證〕 新七四上世表：韋氏郎公房「義節，刑部侍郎、襄城公。」姓纂同。岑校二：「武德初，義節官虞州刺史，見元龜四五〇。」按：父壽仕隋，則義節官刑侍蓋貞觀初。

張行成——貞觀中，由給事中遷刑侍。（兩傳。）十七年四月十日己丑，轉太子少詹事。（通鑑、兩傳。）——舊七八、新一〇四有傳。

崔仁師——貞觀二十年，以中書舍人兼檢校刑侍。〔考證〕。二十二年正月十八己亥，遷中書侍郎・參知機務。（舊紀、新表〔原官中舍〕、新紀〔同〕、兩傳。）——舊七四、新九九有傳。

〔考證〕 舊傳：「征遼之役，……太宗還至中山，起爲中書舍人，尋兼檢校刑部侍郎。太宗幸翠微宮，仁師上清暑賦以諷……。」新傳同。按太宗征遼之役以十九年九月班師，十月入楡關，十二月至幷州，二十年三月至京師；則仁師起爲中舍必在十九年十二月至二十年春。又幸翠微宮在二十一年五月，其檢校刑侍當始於二十年。

李道裕——貞觀二十二年，由將作少匠遷刑侍。——舊六二、新九九附叔大亮傳。

〔考證〕舊六九張亮傳：亮坐罪當誅。「將作少匠李道裕言亮反形未具，明其無罪。太宗既盛怒，竟斬於市。……歲餘，刑部侍郎有闕，……遂授道裕刑部侍郎。」新書在李大亮傳。按：張亮誅在二十年三月，參之崔仁師任期，則道裕遷刑侍當在二十二年。

采宣明——貞觀末，或高宗初，官至刑侍。——兩書無傳。

〔考證〕姓纂六：北平采氏，「隋漁陽郡主簿采強……生宣明，……給事中、刑部侍郎。生懷敬，吏部郎中、宗正少卿。」按：郎官柱，懷敬官吏中在王方慶後，李志遠前。又按：方慶，永淳元年見在吏中任；（舊紀。）志遠，如意元年見在吏中任。（會要七四。）則懷敬官吏中當在垂拱中，上推宣明官達當在貞觀末或高宗初。時間與父官隋亦合。

段寶元（乾）——永徽元年，或前一年，（據員闕。）由給事中遷刑侍。（萃編八一北嶽神廟碑王氏引授堂金石跋。）永徽元年，或二年初，遷右丞。（詳右丞卷。）——兩書無傳。

宋行質——永徽二年五月，卒於刑侍。（大正藏經第二〇八二冥報記下。）——兩書無傳。

劉燕客——永徽二年六月，見在刑侍任。（大正藏經第二〇八二冥報記下。）閏九月十四甲戌，仍在任。（詳右丞卷。）是年或三年五月以前，遷右丞。（同上。）——兩書無傳。

魏滿行——蓋高宗初葉，曾官刑侍。（詳戶侍卷。）——兩書無傳。

侯善業——龍朔二年五月八日丙申，由司刑少常伯徙詳刑正卿。（冊府六九、參姓纂五。）——兩書無傳。

李敬玄——麟德二年，見在司刑少常伯任。（舊五〇刑法志、新五八藝文志。）——舊八一、新一〇六有傳。

〔附考〕舊刑法志：「龍朔二年，改易官號，因勅司刑太常伯源直心、少常伯李敬玄……等重定格式，……麟德二年奏上。」新五八藝文志同，惟無奏上之年。按：源直心於龍朔二年尚未任司刑，而麟德二年奏上時在任。敬玄之任少常縱不始於龍朔，然麟德二年奏上時必已在任也。而舊傳：「乾封初，歷遷西臺舍人，弘文館學士。」新傳無年號，而云由西舍遷右肅機。按：舍人似不應在刑侍之後，又此時多由刑侍遷右丞者，蓋由西舍遷刑侍，又遷右丞耳。舊傳乾封初爲西舍，誤。

袁公瑜——龍朔、總章間，曾官司刑少常伯。蓋由西臺舍人遷。——兩書無傳。

〔考證〕姓纂四：京兆袁氏，「公瑜，刑部侍郎。」岑校：「龍朔中，公瑜爲西臺舍人，見元龜三三七。……顯慶初官大理，見舊書八四。顯慶四年中書舍人，見同書二〇〇。承嘉誌，父公瑜，唐中書舍人，刑部侍郎，安西副都護。千唐袁公瑜誌，歷官都官兵部員外，兵部郎中，中書舍人，司刑少常伯，庭州刺史，安西副都護。永隆歲，流振州，又徙白州，垂拱元年卒。」是其官司刑少常伯當在龍朔、總章間。

李叔眘——約高宗世，官至刑侍。——兩書無傳。

〔考證〕新七二上世表：趙郡李氏「叔眘，刑部侍郎。」按：其子遊道相武后，則叔眘官刑侍當約在高宗世。

崔守業——高宗世，官至刑侍。——兩書無傳。

〔考證〕新七二下世表：崔安上子「守業，刑部侍郎。」守業從弟「紹業，秋官侍郎。」按：安上卽斆禮，卒於高宗初，年六十餘，參以「刑部」「秋官」之名，則守業官刑侍必在高宗世。

張楚金——儀鳳二年三月九日辛未，見在刑侍任。——舊一八七上、新一九一附張道源傳。

〔考證〕舊傳：「族子楚金，……高宗時累遷刑部侍郎。儀鳳年，有妖星見，楚金上疏，極言得失。」新傳同，惟作「從孫」。舊五〇刑法志：「儀鳳中，官號復舊，又勅左僕射劉仁軌、右僕射戴志(至)德、(中略)、工部侍郎李義琛、刑部侍郎張楚、金部郎中盧律師等刪輯格式。儀鳳二年二月九日，撰定奏上。」「楚」下奪「金」字。會要三九定格令條不脫「金」字，又作三月九日，觀宰相書銜，當以「三月」爲正。舊志誤。新五八藝文志不脫「金」字，而無月日。

李義琛——儀鳳末、調露中，由工侍遷刑侍。永隆元二年，遷雍州長史。——舊八一、新一〇五附弟義琰

〔考證〕　摭言七起自寒苦條：「李義琛……位至刑部侍郎，雍州長史。」新傳：「累遷刑部侍郎，爲雍州長史。時關輔大饑，詔貧人就食商鄧。義琛恐流徙不還，上疏固爭，左遷黎州都督。」新傳：「永淳初，爲雍州長史。」下同。按：舊紀，永淳元年正月朔，「以年饑罷朝會，關內諸府兵令於鄧綏等州就穀。」則由刑侍爲雍州長史不能遲過開耀元年。又據前條引舊刑法志及會要，儀鳳二年，義琛當在工侍任，則官刑侍必在調露永隆中無疑。又新七二上世表，李氏姑臧大房「義琛，工部侍郎。」全唐文五二〇梁肅明州刺史李公墓誌，曾祖義琛，皇朝工部侍郎，岐州刺史。按刑侍位高，何以不書。

趙仁恭——調露元年稍後，約永隆開耀前後，遷刑侍。——兩書無傳。

〔考證〕　新語四持法類：「明崇儼爲正諫大夫，……夜遇刺客，勑三司推鞫，……連坐者衆。高宗怒，促法司行刑。刑部郎中趙仁恭奏曰……願假數日之命，……旬餘果獲賊。高宗善之，遷刑部侍郎。」按：舊一九一明崇儼傳，以儀鳳四年爲盜所殺，即調露元年。舊紀，在是年五月。其時仁恭爲刑部郎中，則官刑侍不能早過永隆開耀前後。

劉守悌——蓋高宗末，官至刑侍。——兩書無傳。

〔考證〕　新七一上世表：劉德威弟之子「守悌，刑部侍郎。」姓纂五，同。按：德威，永徽三年卒，年七十一。其子審禮官達高宗世，永隆二年卒。則守悌官至刑侍當在高宗末。

張知默——垂拱中，曾官秋侍。（舊一九二王守愼傳。）——舊一八五下附見兄知謇傳。

周興——垂拱、永昌中，由司刑少卿遷秋侍。（舊傳。）天授元年九月，遷左丞。（兩傳。）——舊一八六上、新二〇九有傳。

魏尙德——垂拱四年四月十一戊戌，秋侍增一員，以尙德爲之。（會要五九刑侍條，參姓纂八及岑氏校記。）——兩書無傳。

崔元綜——天授中，遷秋侍。（舊傳。）長壽元年八月十六戊寅，遷鸞臺侍郎·同鳳閣鸞臺平章事。（新紀、舊紀〔元琮〕、新表〔不遷鸞郎誤〕、通鑑〔脫八月〕、舊傳。）——舊九〇、新一一四有傳。

陸元方——蓋長壽元年，由鳳閣舍人·判侍郎事遷秋侍。（墓誌、新傳，參舊傳。）二年九月十五辛丑，遷鸞臺侍郎·同鳳閣鸞臺平章事。（兩紀、新表〔作癸丑誤〕、通鑑、墓誌、新傳。）——舊八八、新一一六有傳，全唐文二三一有張說撰陸元方墓誌。

劉如璿——萬歲通天元年，見在秋侍任。（新五九藝文志議化胡經狀本注〔百衲本〕。）神功元年正月二十四壬戌稍後，流瀼州。（通鑑、新語一二酷忍類。）——兩書無傳。

皇甫文備——神功元年六月或稍前，在秋侍任。（通鑑、〔舊九〇豆盧欽望傳敍同一事銜作司刑少卿〕。）——兩書無傳。

宋玄爽——聖曆前後，曾官秋侍。（詳右丞卷。）——兩書無傳。

韋嗣立——長安元年，或前一年，由鳳閣舍人遷秋侍。〔考證〕。二年，蓋遷夏侍。（詳吏侍卷。）——舊八八、新一一六有傳。

〔考證〕 舊傳：「遷鳳閣舍人。時學校頹廢，刑法濫酷，嗣立上疏諫曰……。尋遷秋官侍郎。」考會要三五學校條：「聖曆二年十月，鳳閣舍人韋嗣立上疏曰……」云云，與舊傳同。則由舍人遷秋侍不能早過久視元年，或當在長安元年。

尹思貞——長安中，官秋侍，出爲定州刺史。（兩傳。）——舊一〇〇、新一二八有傳。

崔紹業——武后世，官至秋侍。（新七二下世表。）——兩書無傳。

韋嶠——武后世，官至秋侍。（新七四下世表。）——兩書無傳。

●**張柬之**——長安末，或卽四年，由司刑少卿遷秋侍。（兩傳。）四年十月二十二甲戌，以本官同鳳閣鸞臺平章事。（新表、兩紀、通鑑、兩傳。）十一月五日丁亥，遷鳳閣侍郎，仍平章事。（新表、舊紀〔誤侍郎爲鸞臺合鈔已正〕、兩傳。）——舊九一、新一二〇有傳。

崔昇（玄昇）——蓋中宗世，官至刑侍。——舊九一附見兄玄暐傳。

〔考證〕 新七二下世表：崔昇字玄樂，刑部侍郎。按：兄玄暐相武后、中宗。又昇於開元元年在右丞任，今姑置刑侍於中宗世。又傳及世表名均作「昇」，而僉載作「玄昇」，蓋亦字也。

徐堅——景龍元年，或前一年（神龍二年）五月以後，由中書舍人遷刑侍，進階銀青光祿大夫。〔考證〕。景龍元年五月十八乙卯，見在任。〔考證〕。二年或三年，換禮侍・兼判戶部。（詳禮侍卷。）——舊一〇二、新一九九有傳，全唐文二九一有張九齡撰徐文公神道碑。

〔考證〕 官歷據兩傳及神道碑，已詳禮侍卷。彼卷據通鑑及會要六三修國史條，謂堅遷刑侍當在神龍二年五月以後或景龍中。今考會要三六氏族條：「神龍元年五月十八日，左散騎常侍柳冲上表曰：……臣今願敍唐朝之崇，修氏族之譜。……上從之。遂令尙書左僕射魏元忠、工部尙書張錫、禮部侍郎蕭至忠、岑羲、兵部侍郎崔湜、刑部侍郎徐堅、工部侍郎劉憲、左補闕吳兢等重修。至先天二年三月，柳冲奏所備（修）姓族錄成，上之，凡二百卷。」册府五六〇，同；惟作神龍三年五月。按：舊一八九下柳冲傳：「景龍中，累遷爲左散騎常侍・修國史。」新一九九本傳同。又魏元忠以神龍二年十二月遷左僕，景龍元年八月罷官。張錫以神龍二年末由左丞遷工尙，景雲元年七月貶絳州。崔湜以景龍二年由兵侍遷吏侍。「禮部」爲「吏部」之譌，至忠以景龍元年爲吏侍，七月在任，九月遷黃門侍郎。羲爲吏侍亦在景龍中。則册府作「三年」，是也。會要「元年」字誤，或「神龍」爲「景龍」之譌。是神龍三年卽景龍元年五月十八日，此諸人並在任，而堅由中舍遷刑侍必在前。

冉祖雍——景龍末，由中書舍人遷刑侍，貶蘄州刺史。——新二〇二附見宋之問傳。

〔考證〕 新宋之問傳：「睿宗立，……詔流欽州。(冉)祖雍，歷中書舍人，刑部侍郎，倡飲省中，……貶蘄州刺史。至是亦流嶺南。」姓纂七：雲安冉氏「祖雍，刑部侍郎。」岑校：「(說之集一六)冉實碑稱祖雍景龍初擢給事中侍御史內供奉，亦見舊書七〇岑羲傳及一八三武氏傳。景雲元年自饒州刺史流嶺表，見通鑑二〇九。」則爲刑侍當在景龍末。

薛謙光——蓋景龍末，遷刑侍，進階銀青光祿大夫。——舊一〇一、新一一二有傳。

〔考證〕 舊傳：「轉刑部侍郎，加銀青光祿大夫。再遷尚書左丞。景雲中，擢拜御史大夫。」按左丞約在景雲元年，今姑置刑侍於景龍末。

齊景胄——蓋中、睿之世，曾官刑侍。(詳左丞卷。)——兩書無傳。

程行謀——先天元年，由少府少監遷刑侍・兼檢校宋王府長史。開元元年春夏間，出爲蒲州刺史・河東按察史。——兩書無傳，全唐文二五八有蘇頲撰御史大夫程行謀碑。

〔考證〕 碑云：「公名則，字行謀，世以字行。……出爲幽州司馬。都監薛訥……。入除金部郎中。景龍六年，鳴牝肆孽，分宰京邑，……獄市皆紛，徵拜公長安令。……除將作少監、少府少監，……轉刑部侍郎・兼檢校宋王府長史。……明年王正月，我后時邁，翠華順動，蒼駕巡遊，幸朔方而經周漢，陟河東而觀舜禹，命公爲蒲州刺史・本道按察。……遷揚州大都督府長史。……徵拜鴻臚卿，卽(改)殿中監。……擢拜御史大夫。……開元十四載春，……薨於洛陽。」按薛訥爲幽州都督在武后末，景龍「六年」蓋「元年」之譌，成器之封宋王在唐隆元年卽景雲元年六七月，則行謀官刑侍不能早過景龍末。又按：自此時至開元初數年間未嘗行巡北方。惟新紀先天元年「十一月丁亥，(上皇)誥遣皇帝巡邊。」通鑑同年十一月乙酉「上皇誥遣皇帝巡邊，西自河隴，東及燕薊，選將練卒。」開元元年正月「皇帝巡邊改期，所募兵各散遣，約八月復集，竟不成行。」按此事可能爲太平公主調元宗離京師之計，宜其展延時日，終不成行也。然當時元宗亦必假事眞做，出朝臣爲北州刺史以整軍備，示將北巡者。程行謀由刑侍出爲蒲州刺史蓋必開元元年春夏間事，至七月公主已誅矣。又朝野僉載一：「開元二年……勅令處盡，而刑部尚書李知白、左丞張延珪、崔玄昇、侍郎程行謀咸請之，乃免死。」此當卽刑侍，「二年」爲「元年」之譌。

馬懷素——開元元年，以太子少詹事判刑侍。二年，進階銀青光祿大夫・兼判刑侍，又正拜刑侍。是年，遷戶侍，階如故。（詳吏侍卷。）——舊一〇二、新一九九有傳。

崔玄祇——蓋中宗、玄宗世，官至刑侍。——兩書無傳。

〔考證〕 新七二下世表：崔氏「玄祇，刑部侍郎。」按：同格橫行中以「玄」爲名者，有「玄暐，相武后中宗。」「昇字玄樂，刑部侍郎。」「玄禕。」「玄祇，刑部侍郎。」昇爲刑侍約在中宗世，已見前，則玄祇似亦不能遲過玄宗世。

源光裕——由中書舍人遷刑侍，又遷戶侍，時間約在開元八九十年。——舊九八、新一二七有傳。

〔考證〕 舊傳：「爲中書舍人，與楊滔、劉令植等同刪定開元新格。歷刑部戶部二侍郎，尙書左丞。」姓纂四：源氏「光裕，左丞，刑戶二侍郎。」考會要三九定格令條：「開元七年三月十九日修令格，仍舊名曰開元後格，吏部尙書宋璟、（略）、戶部侍郎楊滔、中書舍人劉令植……等同修。」舊刑法志、新藝文志並同，都無光裕名。據舊傳，以中舍同修新格。又十一年二月以前已遷左丞。則任刑侍約在八九年，戶侍約在九十年也。

崔元同——開元十一年二月，見在刑侍任。（全唐詩第一函第三冊祭汾陰樂章肅和篇本注〔參左丞卷源光裕條〕〔玄童〕、全唐文五六六韓愈崔評事墓誌。）——兩書無傳。

李林甫——蓋開元十七八年，由御史中丞換刑侍。十九年或二十年，遷吏侍。（詳吏侍卷。）——舊一〇六、新二二三上有傳。

嚴挺之——開元二十年，由汴州刺史入遷刑侍。（兩傳。）二十一年，（參左丞卷。）徙太府卿。（兩傳。）

——舊九九、新一二九有傳。

鄭少微——由中書舍人遷刑侍。（舊傳。）開元二十五年十月六日丙午，見在任。（通鑑考異引實錄。）——舊一五八附見鄭餘慶傳。

宋鼎——天寶三載或稍前，由刑侍遷右丞。時階通議大夫。（詳右丞卷。）——兩書無傳。

孫逖——天寶三載，以中書舍人權判刑侍。（兩傳。）四載三月十九丁丑，見在中舍·判刑侍任。（全唐文三八元宗冊陳王韋妃文。）九月，在任如故，時階朝議大夫。（萃編八七石臺孝經。）五年，徙太子左庶子。（兩傳。）——舊一九〇中、新二〇二有傳。

李麟——天寶九載四月二十六甲申，見在給事中·權知刑侍任。時階正議大夫。（全唐文三八元宗冊廣寧公主文。）是年，遷兵侍。〔考證〕。——舊一一二、新一四二有傳。

〔考證〕舊傳：「遷給事中。（天寶）七載，遷兵部侍郎。同列楊國忠專權，不悅麟同職，宰臣奏麟以本官權知禮部貢舉。」新傳略同。檢元宗冊廣寧公主文年月朔日干支均極正確，舊傳「七載」必誤。又按：楊國忠以九載為兵侍，麟知十載春貢舉，各詳彼卷，則麟於九載冬已在兵侍任。然則即以九載遷兵侍也，舊傳「七」為「九」之譌。

韋虛舟——天寶十載三月至十一載三月間，或至德稍後，官至刑侍。——舊一〇一、新一一八有傳。

〔考證〕舊傳：「累至戶部、司勳、左司郎中。歷荊州長史，洪、魏州刺史，兼採訪使，多著能政。入為刑部侍郎，終大理卿。」新傳同。新七四上世表及姓纂二，同。考全唐文三一三孫逖韋虛心神道碑，年七十，以開元二十九年卒，天寶元年葬。又云：「季弟曰虛舟，事皇帝歷戶部司勳郎中，今移左司。」則官刑侍不能早過天寶中葉。又考全唐文三二九李華荊州南泉大雲寺故蘭若和尚碑云：「名臣韓京兆朝宗、宋兵部鼎、韋刑部虛舟，僉契慈緣，而承善誘。……天寶十年，……趺入禪定，中夜而滅。……刑部韋侍郎時臨荊州，躬護喪事，以三月一日厝於西巖……。」則虛舟官刑侍又當在天寶十載三月以後矣。按：十一載三月，刑部更名憲部。今姑據官名刑侍，置於十載。亦可能在至德稍後。

盧貞諒——蓋元宗世，官至刑侍。——兩書無傳。

〔考證〕新七三上世表，盧氏「貞諒，刑部侍郎。」按：貞諒孫輩翰邁皆相德宗，則貞諒官至刑侍或當在元宗世。

房琯——天寶十四載，由左庶子遷憲侍。（舊傳。）至德元載七月十二甲子，遷文尚・同中書門下平章事，進階銀青光祿大夫。（詳吏尚卷。）——舊一一一、新一三九有傳。

王縉——至德二載秋，見在憲侍任。（舊一九〇下王維傳、兩傳。）——舊一一八、新一四五有傳。

韓擇木——至德二載冬，見在憲侍・兼御史中丞任。（舊五〇刑法志、新一四〇呂諲傳，參舊一八五下呂諲傳。）——兩書無傳。

李曄——乾元二年四月，或五月上旬，由刑侍貶嶺下尉。——兩書無傳。

〔考證〕新七〇上世表：大鄭王房「曄，刑部侍郎。」舊一一二李峴傳，乾元二年拜相。會刑部侍郎李曄貶嶺下尉，峴言太重，忤旨，出爲蜀州刺史。通鑑乾元二年紀，先敍曄事，繼云五月辛巳貶峴蜀州。按：峴以是年三月二十九乙未始相，五月十六辛巳貶蜀州，則曄之貶日可知。

顏眞卿——上元元年正二月，由浙江西道節度使入遷刑侍。〔考證〕。八月哉生魄（十六日），貶蓬州長史。（全唐文三三七顏眞卿鮮于氏離堆記、行狀、墓誌、新傳、通鑑〔作刑尚誤〕、舊傳〔同〕。）——舊一二八、新一五三有傳，全唐文三九四有令狐峘撰顏魯公墓誌，同書五一四有殷亮撰顏魯公行狀。

〔考證〕行狀：「乾元……二年六月，拜昇州刺史・充浙江西道節度使。……劉展反狀已露，公慮其侵軼江南，乃……爲水陸戰備。都統使李峘以公爲太早計，因密奏之。肅宗詔追，未至京，拜刑部侍郎。」墓誌、新傳同。舊傳作刑尚，誤。按舊紀：乾元二年六月乙未朔，以顏眞卿爲昇州刺史・充浙西節度使。上元元年正月辛巳（十九日），以杭州刺史侯令儀爲昇州刺史・充浙西節度使。則眞卿被詔入朝當在此年正月上旬，或前一年十二月，然途中始除刑侍，故置正二月。

盧元裕（正己）——上元二年正月二十八甲寅，見在刑侍任。（詳右丞卷。）實應元年九月，仍見在任。（册府六一二。）蓋是年末，徙太府卿。（詳工尙卷。）——兩書無傳。

王翊——廣德元年或上年冬，遷刑侍。〔考證〕。二年三月，見在任。（會要八九磑碾條。）——舊一五七附王翃傳。

〔考證〕 舊傳：「翊，乾元中累官至京兆少尹，……自商州刺史遷襄州刺史・山南東道節度觀察等使。入朝充北蕃宣慰使。……代宗素重之，及卽位，目爲純臣，遷刑部侍郎，御史中丞。……大曆二年卒。」新七二中世表，王氏「翊，吏部侍郎。」與傳異。考全唐文四九九權德輿淮陰令王府君神道碑：「公之才子五人，長曰翊，歷御史中丞，左散騎常侍，刑部吏部二侍郎，御史大夫，贈戶部尙書。」同書四一一常袞授王翊刑部侍郎制：「充策回紇可汗使王翊，……命爾作小司寇，……可行刑部侍郎。」是傳及世表「刑」「吏」皆不誤。據會要八九磑碾條，廣德二年三月翊正在刑侍任。參之舊傳及代宗卽位之年，則遷刑侍當在廣德元年或上年末。又通鑑：永泰元年「四月丁丑，命御史大夫王翊充諸道稅錢使。」若淮陰令王君碑之刑侍、吏侍、御史大夫次序可信，則官吏侍當在廣德二年冬前後。

高適——廣德二年，由劍南西川節度使入遷刑侍。是年，徙左散騎常侍。——舊一一一、新一四三有傳。

〔考證〕 舊傳：「爲成都尹・劍南西川節度使。……松維等州尋爲蕃兵所陷，代宗以黃門侍郎嚴武代還，用爲刑部侍郎，轉散騎常侍，加銀青光祿大夫。……永泰元年正月卒。」新傳同，散騎上有「左」字。舊紀：永泰元年正月亦書：「乙卯，左散騎常侍高適卒。」考通鑑，廣德元年十二月紀末書云：「吐蕃陷松維保三州，……西川節度使高適不能救。」二年正月「癸卯，合劍南東西川爲一道，以黃門侍郎嚴武爲節度使。」則適入爲刑侍必在是年，同年徙左散騎常侍也。

魏少遊——永泰元年秋以前，或上年，由京兆尹換刑侍。〔考證〕。時階金紫光祿大夫。（全唐文四一二常袞授京兆尹魏少遊加御史大夫制、同書四一二常袞授魏少遊洪吉等州團練使制。）大曆二年春夏間，見在任。（全唐文三九三獨孤及爲楊右丞等祭李相公文〔詳左丞卷楊綰條〕。）四月二十己亥，出爲江西觀察使，（舊紀、舊傳、授魏少遊洪吉團練使制。）階如故。（授制。）——舊一一五、新一四一有傳。

〔考證〕　舊傳：「後爲京兆尹，請中書門下及兩省五品已上，尚書省四品已上，諸司正員三品已上、諸王駙馬中朞周已上親及女壻外甥，不得任京兆府判官、畿令、赤縣丞、簿、尉。勅從之。遷刑部侍郎。」按：常袞授魏少遊洪吉等州團練使制云：「三尹京邑，四方承流，……秋典貳職，夏臺無冤。」是亦由京尹爲刑侍之證。考會要六七：「廣德三年三月十一日勅，中書門下及兩省五品已上、諸王駙馬朞周已上親，及女壻外甥，不得任京兆府判司、畿令、赤縣丞、簿、尉。」此卽少遊尹京兆時所奏者。廣德僅兩年，明年正月一日朔卽改元永泰，此「三年」當爲「二年」之譌，是少遊尹京兆年月之可考者。檢舊紀，永泰元年十月辛卯，黎幹爲京兆尹，大曆元年九月尙在任，據後條引幹本傳，大曆二年始卸京尹。則少遊尹京兆必在黎幹之前，然則其由京尹遷刑侍必在廣德二年三月以後，永泰元年秋以前也。

黎幹——大曆二年，由京兆尹換刑侍。（兩傳。）五年五月九日辛未，出爲桂管觀察使。（舊紀、兩傳。）——舊一一八、新一四五有傳。

閻伯璵——廣德、永泰間，或大曆五年至九年間，由婺州刺史入遷刑侍。時階銀青光祿大夫。——兩書無傳。

〔考證〕　姓纂五：「廣平閻氏「伯璵，刑部侍郎。」」全唐文四一一常袞授閻伯璵刑部侍郎制：「銀青光祿大夫・婺州刺史・本州團練使（勳）閻伯璵……可行尙書刑部侍郎，散官如故。」按：舊書常袞傳：「寶應二年，選爲翰林學士，考功員外郎中・知制誥，依前翰林學士。永泰元年，遷中書舍人。……

大曆元年，遷禮部侍郎。」大曆元年，「元」爲「九」之譌，詳禮侍卷。則此制必行於廣德元年至大曆九年間。然自永泰元年至大曆五年，刑侍不闕，則伯璵之任非廣德、永泰間卽大曆五年至九年也。又全唐文五二一梁肅臨安縣令裴君夫人常山閻氏墓誌銘：「夫人姓閻氏，……銀青光祿大夫、尙書刑部侍郎伯璵之女，……以大歷乙卯歲五月寢疾卒。」是十年也。據祖父官銜此雖未必爲現任，然在此前斷可知矣。

李澥——蓋大曆中，或稍前，官至刑侍。——兩書無傳。

〔考證〕新七二上世表：趙郡李氏，「澥字堅冰，刑部侍郎。」弟「陽冰，將作少監。」按：金石錄目收陽冰篆書凡二十四種，多在大曆中。其最早者爲城隍神祠記，在乾元二年八月；最遲者爲元魯山墓碣，在建中四年秋；前後二十五年。據城隍神祠記（萃編九一），陽冰時官縉雲令；則其兄澥宦達當在大曆中或稍前。

蔣沇——建中元年五月以前，或大曆十三四年，由東都副留守入遷刑侍。（舊傳。）是月，以本官充刪定格式副使。（會要七八諸使雜錄條〔名譌作況〕、舊傳。）是年，徙大理卿。（舊傳。）——舊一八五下、新一一二有傳。

關播——建中三年秋，由給事中遷刑侍。（詳吏侍卷。）是秋，又遷吏侍，（同上。）蓋八月二十七丁丑稍前（參下條。）——舊一三〇、新一五一有傳。

班宏——建中三年八月二十七丁丑稍前，由給事中遷刑侍。四年春夏，遷吏侍。——舊一二三、新一四九有傳。

〔考證〕舊傳：「遷至給事中。時李寶臣卒於位，子惟岳匿喪求位，上遣宏使成德，問疾且喻之。……還報合旨。遷刑部侍郎兼京官考使。（新傳「官」上有「京」字。）……尋除吏部侍郎，爲吐蕃會盟使李揆之副。」新傳同而略。考會要三九議刑輕重條：「建中三年八月二十七日，刑部侍郎班宏奏……」

云云。是其官刑侍當與闞播相先後。據舊紀，建中二年正月李寶臣卒。子惟岳稱留後。十一月己巳削奪官爵，討之。三年正月誅。則宏以給事中使成德必在二年，遷刑侍亦可能在二年，是在闞播前。然觀播事，宏若在前，必三年八月二十七日稍後卽遷吏侍；然檢吏侍卷，與闞播盧翰衝突，故此處置闞播之後，則播卸刑侍在八月二十七日以前，宏卽繼之。是則兼京官考使必三年冬。據吏侍卷，四年七月十九已在吏侍任，則由刑侍遷吏侍必在四年春夏矣。又舊傳「兼(京)官考使」下云：「時右僕射崔寧考兵部侍郎劉迺上下，宏……削去之。」據上考證年月，與崔寧官右僕，劉迺官兵侍，時間正合。而會要八一考上：「貞元八年七月，班宏遷刑部侍郎兼京官考使。」下敍駁兵侍劉迺事。冊府六三六，同。年份與宏及崔寧劉迺任職時代均不合，必誤。

●劉從一——建中四年十月十三丁巳，由吏部郎中・兼御史中丞・荊襄江西諸道元帥判官擢刑侍・同中書門下平章事。（兩紀、新表、通鑑、兩傳，全唐文四六一陸贄劉從一平章事制。）興元元年六月十四癸丑，遷中書侍郎，仍平章事。（新表、兩傳、全唐文四六二有陸贄授制。）——舊一二五、新一〇六有傳。

杜亞——興元元年七月二十六乙未，由睦州刺史入遷刑侍。（通鑑、兩傳。）十二月十三庚辰，出爲淮南節度使。（舊紀、兩傳、全唐文四六二陸贄杜亞淮南節度使制。）時階正議大夫。（淮南節度制。）——舊一四六、新一七二有傳。

包佶——貞元元年三月一日丙申朔，由左庶子・汴東水陸運使遷刑侍。（舊紀、新傳。）是年，徙國子祭酒。〔考證〕。——新一四九附劉晏傳。

〔考證〕 舊紀，貞元元年三月丙申朔，佶爲刑侍。二年正月丁未書云：「國子祭酒包佶知禮部貢擧。」是蓋卽貞元元年徙國子祭酒也。而新傳云：「遷刑部侍郎，改秘書監。」與舊紀異。考會要二〇公卿巡陵條，貞元四年二月佶奏事，同書二上社稷條，五年九月又奏事，官銜均爲國子祭酒。而同書三三雅樂下，祭風師樂章、祭雨師樂章，均云「貞元六年秘書監包佶撰。」同書三五經籍條：「貞元七年十二月秘書監包佶奏……。」則由國子祭酒改秘書監約在五六年間，新傳省祭酒一遷。

劉太眞——貞元元年，由工侍遷刑侍。（神道碑、舊傳、新傳〔無原官〕）。二年正月十六丁未，徙祕書監。〔考證〕。——舊一三七、新二〇三有傳，全唐文五三八有裴度撰劉府君神道碑。

〔考證〕　神道碑：「貞元元年，轉刑部侍郎，……改秘書監。……三年拜禮部侍郎。」兩傳省秘書監一遷。考舊一二九韓洄傳：「貞元二年正月，刑部侍郎劉太眞黨於宰相盧杞，得罪，以洄代太眞爲刑部侍郎。」據舊紀，洄以此日爲刑侍，即太眞卸官時也。

韓洄——貞元二年正月十六丁未，由京兆尹換刑侍。（舊紀、舊傳、行狀。）七月，見在任。（會要三九定格令條。）三年冬或四年，徙秘書監。〔考證〕。——舊一二九、新一二六有傳，全唐文五〇七有權德輿撰韓公洄行狀。

〔考證〕　舊傳：「代太眞爲刑部侍郎，尋復兵部侍郎。」行狀刑侍兵侍間有秘書監一遷。據會要三九定格令條，貞元二年七月二十三日洄尙在刑侍任。又據會要六五，貞元二年七月，三年八月，劉太眞尙在秘書監任。三年冬，太眞遷禮侍，詳禮侍卷。又據天文述，貞元五年，洄遷兵侍，詳兵侍卷。則洄由刑侍徙秘書監必在三年冬或四年也。

馬炫——貞元三年冬，或四年，由左散騎常侍遷刑侍。四年或五年，遷兵尙致仕。——舊一三四、新一五五有傳。

〔考證〕　舊傳：「遷左散騎常侍。弟燧爲司徒，以親比，拜刑部侍郎。以疾辭，改兵部尙書致仕。貞元七年卒。」新傳略同。新七二下世表，馬炫，刑部侍郎。據舊紀及新表，燧以貞元三年六月爲司徒兼侍中；合炫卒年觀之，則炫官刑侍必在韓洄、杜黃裳間，故書之如此。

杜黃裳——貞元六年蓋春，由河南尹入遷刑侍。〔考證〕。七年春，以本官知禮部貢擧。（詳禮侍卷。）是年，遷吏侍。（詳吏侍卷。）——舊一四七、新一六九有傳。

〔考證〕 全唐文五九八歐陽詹唐天文述：「歲在辛未，實貞元七年。……是歲也，……京兆杜公黃裳爲秋官之二年。」則自六年爲秋侍至七年尚在任也。按舊紀：貞元五年三月丙寅，「以給事中杜黃裳爲河南尹。」（尹河南又見李翺東川節度使盧坦碑）。而十二月辛未，「兵部侍郎裴諝爲河南尹。」則黃裳卸河南不能遲過五年十二月。明年爲刑侍。若中間未任他官，則遷刑侍卽在六年春。

奚陟——貞元十年或前後一年，由中書舍人遷刑侍。〔考證〕。十一年，以本官兼領選事。（詳吏侍卷。）十二年，遷權知吏侍。（同上。）——舊一四九、新一六四有傳，全唐文六〇九有劉禹錫撰吏部侍郎奚公神道碑。

〔考證〕 舊傳：「貞元八年，擢拜中書舍人，……遷刑部侍郎，……以本官知吏部選事，……遷吏部侍郎。」新傳及神道碑同。按：知選事及遷吏侍年份已詳吏侍卷。而據會要八二甲庫條，貞元八年閏十二月陟尚在中舍任，則遷刑侍不能早過九年，是必在十年或前後一年也。

張彧——貞元十三年秋冬，在刑侍任。〔考證〕。十四年，徙衞尉卿。（冊府四八一。）——兩書無傳。

〔考證〕 舊一五八鄭餘慶傳：「貞元……十三年六月，遷工部侍郎·知吏部選事。時有玄法寺僧法湊爲寺衆所訴，……詔中丞宇文邈、刑部侍郎張彧、大理卿鄭雲逵等三司……按鞫……。」觀餘慶官歷，此事卽在十三年。又萃編一〇四鄭楚相德政碑，「貞元十四年正月廿五日建。」「衞尉卿鄭雲逵書。」益證此事卽在十三年。

鄭雲逵——貞元二十年冬，見在刑侍任。時階正議大夫。（萃編一〇四李廣業碑。）〔考證一〕。永貞元年正月二十六丙申，仍見在任。（順宗實錄一。）是年夏秋，遷兵侍。〔考證二〕。——舊一三七、新一六一有傳。

〔考證一〕 舊傳：「拜大理卿，遷刑部兵部二侍郎。」似由大理遷刑侍者。然前張彧條考證引舊鄭餘慶傳及鄭楚相德政碑，雲逵於貞元十三秋冬在大理卿任，十四年正月在衞尉卿任，下距二十年尙遠，不知中間改他官否也。

〔考證二〕　舊傳：「遷刑部兵部二侍郎，遷御史中丞，充順宗山陵橋道置頓使。」據順宗實錄一，永貞元年春雲逵尙在刑侍任。而順宗以元和元年正月崩，七月壬申葬豐陵，舊傳其時爲御史中丞，則由刑侍遷兵侍當在永貞元年，不能遲過元和元年春，遷中丞不能遲過元和元年春夏也。然若合許孟容條觀之，雲逵卸刑侍爲兵侍當卽在永貞元年夏秋。

許孟容——永貞元年夏秋，由太常少卿遷刑侍。〔考證一〕。元和元年冬，見在任，時階朝請大夫。（詳吏侍卷。）二年七月，仍在任。（會要三九定格令條。）三年，遷右丞。〔考證二〕。——舊一五四、新一六二有傳。

〔考證一〕　舊傳：「改太常少卿。元和初，遷刑部侍郎，尙書右丞。」新傳同。考順宗實錄一，貞元二十一年正月二十三日癸巳德宗崩。二十六日景申，順宗卽位。「命……禮部侍郎權德輿撰謚册文，太常（奪少字）卿許孟容撰議文。」會要一帝號條：「德宗，……貞元二十一年……十月葬崇陵。……哀册文，刑部侍郎許孟容撰。」則由少卿遷刑侍當在是年夏秋。

〔考證二〕　舊傳：「元和初，遷刑部侍郎，尙書右丞。四年，拜京兆尹。」新傳同。據會要三九定格令條，元和二年七月，孟容尙在刑侍任。而舊紀：元和四年七月「戊辰，以尙書右丞許孟容爲京兆尹。」則由刑侍遷右丞必在二年冬至四年春間。參之楊憑條，則孟容卸刑侍當卽在四年。

楊憑——元和三年，由左散騎常侍遷刑侍。四年，蓋春，遷京兆尹。——舊一四六、新一六〇有傳。

〔考證〕　舊傳：「累遷……湖南、江西觀察使，入爲左散騎常侍，刑部侍郎，京兆尹。……元和四年拜京兆尹，爲御史中丞李夷簡劾奏，……詔……守賀州臨賀縣尉。」新傳省常侍京尹兩遷。而新七一下世表，憑亦官「刑部侍郎，京兆尹。」考舊紀，永貞元年十一月，憑由湖南改江西。據全唐文六二六呂渭代李侍郎賀德政表，元和元年六七月，憑尙在江西。又同書四八七權德輿兵部侍郎舉人自代狀：「朝議大夫·守尙書兵部侍郎·上柱國·（封）權德輿準制舉自代官，朝議大夫·守右散騎常侍·（勳封賜）楊憑……。」據德輿階勳，此爲第二任兵侍，時在元和三年三月二十五日稍前。是憑官刑侍在許孟容後無疑。據舊傳，憑以四年遷京尹。檢舊紀，憑由京尹貶出在四年七月壬戌。傳載詔書云：「以其自尹京邑，人頗懷之……。」云云。是在任當有數月，故今姑定其由刑侍遷京尹在四年春，由常侍遷刑侍在三年。

崔樞——元和五年春，以刑侍知禮部貢擧。（詳禮侍卷。）——兩書無傳。

盧坦——元和五年十二月七日癸酉，由宣歙觀察使入遷刑侍·充諸道鹽鐵轉運使。（舊紀、李翺盧公坦傳、舊傳、權德輿盧公神道碑、會要八七轉運使條、同書八八鹽鐵使條、舊四九食貨志〔無刑侍〕。）六年四月六日庚午，遷戶侍·判度支。（詳戶侍卷。）——舊一五三、新一五九有傳，全唐文四九七有權德輿撰東川節度使盧公神道碑，同書六四〇有李翺撰故東川節度使盧公坦傳。

王播——元和六年四月六日庚午，由京兆尹換刑侍·充諸道鹽鐵轉運使。（舊紀、會要八七〔無原官〕、八八〔同〕、舊傳〔作三月誤〕、新傳、神道碑、舊四九食貨志〔無刑侍〕。）八年春，見在刑侍任。（會要四一、舊一五六于頔傳。）四月九日辛卯，見在刑侍·諸使任。時階朝議大夫。（全唐文四七八鄭餘慶祭杜太保文。）十年四月，遷禮尙·兼御史大夫，仍充使職。（兩傳、神道碑。）——舊一六四、新一六七有傳，全唐文七一四有李宗閔撰丞相左僕射太原王公神道碑。

裴度——元和十年五月十一辛巳，以御史中丞兼刑侍。（舊紀、兩傳、舊一四五吳元濟傳、會要五九刑侍條。）六月二十五乙丑，遷中書侍郎·同中書門下平章事，（新表、新紀、通鑑、舊紀〔刑侍本官平章事誤〕、新傳、舊傳〔門下侍郎誤〕、全唐文五七憲宗授裴度中書侍郎平章事制。）階由朝議郎進朝議大夫。（授制、舊紀〔朝請大夫〕。）——舊一七〇、新一七三有傳。

劉伯芻——元和十年秋冬，由虢州刺史入遷刑侍。蓋知是年冬選。——舊一五三、新一六〇有傳。

〔考證〕　舊傳：「出爲虢州刺史。（李）吉甫卒，裴度擢爲刑部侍郎，俄知吏部選事。元和十年，以左常侍致仕。」新傳同而略。按：吉甫以九年十月卒，度以十年六月相，則伯芻遷刑侍當在十年秋冬。又舊一四八權德輿傳：「改刑部尚書。先是，許孟容、蔣乂等奉詔删定格勅，……留中不出。德輿請下刑部，與侍郎劉伯芻等考定，復爲三十卷，奏上。十一年，……出鎭興元。」按：德輿以十年遷刑尚，十一年十月出鎭，其奏行新删勅格三十卷事在十年十月，（見舊紀、通鑑、會要，並詳刑尚卷。）與傳書事正合，則伯芻於十年秋冬在刑侍任無疑。而會要三九定格令條：「（元和）十年十月，刑部尚書權德輿奏（略）。從之。至十三年八月鳳翔節度使鄭餘慶等詳定格後勅三十卷。……其年，刑部侍郎許孟容、蔣乂奉詔删定格後敕勒成三十卷，刑部侍郎劉伯芻等考定修爲三十卷。」舊五〇刑法志同。似孟容伯芻等事皆在十三年者。實則孟容事在元和初，已詳前考；伯芻事亦在十三年以前；「其年」當作「先是」。又伯芻官刑侍又見新七一上世表、劉賓客嘉話錄及全唐文七二一張又新煎茶水記。

馬總——元和十一年，由嶺南節度使入遷刑侍。〔考證〕。十二年七月二十九丙辰，以本官兼御史大夫•充淮西行營諸軍宣慰副使。（舊紀、兩傳。）十一月二十三戊申，出爲彰義節度留後。（舊紀、兩傳。）——舊一五七、新一六三有傳。

〔考證〕　新傳：「徙桂管經略觀察使，入爲刑部侍郎。（元和）十二年，兼御史大夫，副裴度宣慰淮西。」舊傳同。無嶺南一遷。而舊紀：元和八年十二月「丙戌，以桂管觀察使馬總爲廣州刺史•嶺南節度使，以邕管經略使崔詠爲桂管觀察使。」十二年七月甲辰，「嶺南節度使崔詠卒。」又吳表七引韓集祭馬總僕射文：「抗節番禺，……擢亞秋官。」則總由桂管遷嶺南節度，十二年七月以前入爲刑侍也。兩傳皆省嶺南一遷。又吳表引柳集曹溪大鑒禪師碑：「扶風公廉問嶺南三年。」則入爲刑侍當在十一年。

韓愈——元和十二年十二月二十一丙子，由右庶子遷刑侍。（舊紀、兩傳。）十四年正月十四癸巳，貶潮州刺史。（舊紀、通鑑、全唐文五四八韓愈潮州刺史謝上表、兩傳。）——舊一六〇、新一七六有傳。

柳公綽——元和十四年，由前京兆尹起為刑侍。（兩傳。）五月一日戊寅朔，以本官充鹽鐵轉運使。（舊紀、舊四九食貨志〔無前官〕、會要八七〔同〕、八八〔同〕、兩傳。）是年或明年，遷兵侍兼御史大夫，（兩傳，時間參鹽運使卷。）仍充使職。（舊傳，參鹽運使卷。）——舊一六五、新一六三有傳。

李建——元和十五年四月以後，（參禮侍卷。）由禮侍遷刑侍。（墓誌、墓碑、舊傳。）權知吏侍選事。（墓誌。）十二月，見在刑侍·知選事任。（舊一一九韓臯傳。）長慶元年二月二十三庚寅，卒官。（墓誌、墓碑〔月日同〕、舊紀〔二月壬辰〕、舊傳〔二年二月誤〕、全唐文六八一白居易祭李侍郎文。）時階中大夫。（墓誌。）——舊一五五、新一六二有傳，全唐文六五五有元稹故中大夫刑部侍郎李公墓誌銘，同書六七八有白居易唐善人墓碑銘。

薛放——長慶元年三月十四庚戌，由工侍遷刑侍。〔考證〕。十一月二十七庚申，見在刑侍任。（全唐文五六三韓愈越州刺史薛戎墓誌。）十二月或二年正二月，遷兵侍。〔考證二〕。——舊一五五、新一六四有傳。

〔考證一〕　舊傳：「穆宗嗣位，……轉工部侍郎·集賢學士。……轉刑部侍郎，職如故。」新傳同。全唐文六六三白居易集有韋綬從右丞授禮部尚書薛放從工部侍郎授刑部侍郎丁公著從給事中授工部侍郎三人同制。（同書三六六賈至集亦收此文，誤。）據舊紀，韋綬事在長慶元年三月十四庚戌，則放及公著事月日當同。

〔考證二〕　舊傳，刑侍下云：「轉兵部侍郎，禮部尚書，判院事。」據薛戎墓誌，長慶元年十一月末，放尚在刑侍任。然庾承宣在放後，而於二年春已由刑侍遷右丞，則放卸刑侍為兵侍當即在元年十二月，不能遲過二年正二月也。全唐文六五四元稹浙東觀察使薛戎神道碑作於二年六月稍後，故已稱放爲「今尚書兵部侍郎・集賢殿學士。」

庾承宣——長慶二年春，或元年十二月，遷刑侍。二年三月二十六丁巳以前，遷右丞。（詳右丞卷。）——兩書無傳。

韋弘景——長慶二年，由給事中遷刑侍。〔考證〕。三年正月，見在任。〔考證〕。四年十月二十七壬寅，遷吏侍。（舊紀、舊傳。）——舊一五七、新一一六有傳。

〔考證〕 舊傳：「遷給事中。……時蕭俛以清直在位，弘景議論常所輔助。遷刑部侍郎，轉吏部侍郎。」按：蕭俛以元和十五年閏正月入相，長慶元年正月罷。又弘景由刑侍遷吏侍年月日明見舊紀。則其官刑侍在薛放庾承宣後，年代亦約略可曉。考會要三九定格令條：「長慶三年正月，刑部奏：……本司尚書崔植、侍郎景重詳正敕格。奏可。」當即韋弘景之奪文也。是由給事中遷刑侍必在二年。

于敖——長慶四年十月二十七壬寅，由工侍遷刑侍。（舊紀、舊傳。）寶曆元年春，遷戶侍。〔考證〕。——舊一四九、新一〇四有傳。

〔考證〕 舊傳：「長慶四年，……遷給事中。昭愍初即位，……尋轉工部侍郎，遷刑部。出爲宣歙觀察使兼御史中丞。敖……三爲列曹侍郎……。」新傳：「進給事中，……三遷至戶部侍郎，出爲宣歙觀察使。」兩傳不同。按：新七二下世表亦云：「敖，戶部侍郎。」舊紀：長慶四年十月壬寅，「以工部侍郎于敖爲刑部侍郎。」太和元年正月戊寅，「以前戶部侍郎于敎（敖之譌）爲宣歙觀察使。」合而觀之，敖自工侍遷刑侍，又遷戶侍，始出鎮宣歙；舊傳省戶侍，新傳省工刑耳。又據下劉栖楚條，敖卸刑侍爲戶侍不能遲過寶曆元年三月。

劉栖楚——寶曆元年四月一日甲戌朔，由諫議大夫宣授刑侍。（舊紀、會要五九刑侍條、兩傳、墓誌。）十一月二十三壬辰，遷京兆尹。（舊紀、兩傳、墓誌。）——舊一五四、新一七五有傳，芒洛冢墓遺文中有劉栖楚墓誌。

盧元輔——寶曆元年十一月，由工侍遷刑侍。〔考證〕。大和二年二月十九乙巳，遷兵侍。（舊紀、舊傳。）——舊一三五、新一九一有傳。

〔考證〕　舊紀：寶曆元年閏七月「戊子，以給事中盧元輔爲工部侍郎。」大和二年二月「乙巳，以刑部侍郎盧元輔爲兵部侍郎。」則由給事中遷工侍，又遷刑侍也。舊傳省工侍一遷，新傳惟書兵侍。又按舊紀：寶曆元年「十一月庚午朔。辛未，以御史中丞王璠爲工部侍郎。……壬辰，以刑部侍郎劉栖楚爲京兆尹。」王璠爲工侍乃代盧元輔無疑，此時刑侍出缺，未見補人，蓋元輔工侍旣爲璠所代，遂代栖楚爲刑侍，舊紀失書耳。

白居易——大和二年二月十九乙巳，由秘書監遷刑侍。（舊紀、兩傳、白居易祭弟文。）〔考證一〕。是年冬末，請長告。三年春蓋正二月，病免。〔考證二〕。——舊一六六、新一一九有傳。

〔考證一〕　月日從舊紀。祭弟文作二年春，舊傳作正月。按：舊紀月日與盧元輔卸任相接；舊傳正月，蓋誤。又全唐文六八〇白居易祭崔相公文：「太和之初，連徵歸朝，公長夏司，愚貳秋曹，……南宮多暇，屢接遊遨，……曾未周歲，索然分鑣，公又授鉞，南撫荆蠻，……愚因謝病，東歸澗瀍……。」此祭崔羣也。按：羣以大和二年正月爲兵尙，三年二月一日朔出爲荆南節度，詳兵尙卷。而居易病免東歸不能早過三年正月，詳考證二。若以二年正月爲刑侍，至三年正二月固已周歲矣，不得云「曾未周歲。」此亦當從舊紀作二月十九日之强證。

〔考證二〕　舊傳，刑侍後云：「三年，稱病東歸，求爲分司官，尋爲太子賓客。」新傳無年份。考全唐文六八一白居易祭弟文：「維太和二年歲次戊申，十二月壬子，朔。三十日辛巳，二十二哥居易……致祭於郎中二十三郎知退之靈。」又云：「吾……今年春除刑部侍郎，……今已請長告，或求分司，卽擬移家盡居洛下。」是二年之除夕，居易尙在刑侍任，惟已請長告。同書六七五白居易序洛詩序：「大和二年，詔授刑部侍郎。明年，病免歸洛，旋授太子賓客分司東都。……自三年春至八年夏在洛。」又舊傳載池上篇序云：「大和三年夏，樂天始得請爲太子賓客，分秩於洛下。」則居易請長告在二年冬末，詔許病免東歸洛下在三年春，然長告至病免不應久至百日以上，其病免當在正二月，尋於年夏除賓客分司耳。

高鉞——大和三年七月，由中書舍人遷刑侍。（舊傳。）四年冬，遷吏侍。（舊傳。）——舊一六八、新一七七有傳。

〔考證〕 舊紀：大中四年劉濛奏：「大和二年十月二十六日，刑部侍郎高鉞（字譌詳吏侍卷）條疏准勘節目一十一件……」年份與傳歧，又與白居易任期抵觸，「二年」必「三年」之譌。

宇文鼎——蓋大和五年，以御史中丞兼刑侍。〔考證〕。六年七月二十九己未，遷戶侍・判度支。（舊紀。）——兩書無傳。

〔考證〕 舊紀六年七月己未事，鼎原官爲「御史中丞兼刑部侍郎。」按：舊紀三年十二月癸酉書「吏部郎中宇文鼎爲中丞。」蓋五年兼刑侍歟？

馮宿——大和六年（舊傳。）秋冬，（據員闕。）由工侍遷刑侍。（兩傳、神道碑。）八年四月以後，遷兵侍。（詳兵侍卷。）——舊一六八、新一七七有傳，萃編一一三、全唐文六四三有王起撰馮宿神道碑。

裴潾——大和八年四月以後，由左散騎常侍遷刑侍。〔考證〕。十二月二十三己亥，出爲華州刺史・潼關防禦使。（舊紀、兩傳。）——舊一七一、新一一八有傳。

〔考證〕 舊傳：「太和七年，遷左散騎常侍・充集賢殿學士。……八年，轉刑部侍郎。」新傳無年。按會要三六修撰條：「太和……八年四月，集賢學士裴潾撰通選三十卷。」舊傳書此事於遷刑侍前，則遷刑侍當在四月以後。

李翺——大和八年十二月二十三己亥，由湖南觀察使入遷刑侍。（舊紀、舊傳。）九年（舊傳。）春夏，（據員闕。）遷戶侍。（舊傳。）——舊一六〇、新一七七有傳。

蕭澣——大和九年七月十日癸丑，由刑侍貶遂州刺史。（舊紀、通鑑。）——兩書無傳。

鄭肅——大和九年蓋七八月，由給事中遷刑侍。八九月，遷右丞。——舊一七六、新一八二有傳。

〔考證〕　舊傳：「加給事中。（大和）九年，改刑部侍郎，尋改尙書右丞，權判吏部西銓事。開成初，出爲陝虢都防禦觀察使。」新傳官歷同。按：肅由右丞出鎭陝虢，在開成元年五月，見舊紀。又九年刑侍惟七月十日至九月十四日間有缺，春末至六月初亦可能有缺，則肅必在澣前後。然據右丞卷，五月二十四日右丞始有缺，若置肅於澣前，則二人任期均只旬日，殊太促；故置肅於澣之後、元輿之前，時間較舒裕。

●舒元輿——大和九年九月十四丙辰，以御史中丞兼判刑侍。（舊紀、兩傳〔舊傳第二「九年」爲「九月」之譌〕。）同月二十七己巳，正拜刑侍・同中書門下平章事。〔考證〕。時階朝議郎。（舊紀、授制。）十一月二十四乙丑，爲宦官所殺。（新表、新紀、通鑑、舊紀〔卽書壬戌甘露之變下〕、兩傳。）——舊一六九、新一七九有傳。

〔考證〕　舊紀：大和九年九月「己巳，詔以朝議郎・守御史中丞・兼刑部侍郎・賜紫金魚袋舒元輿本官同中書門下平章事。」兩傳亦由御史中丞兼刑侍以本官同平章事。全唐文六九有制，「本官」作「守尙書刑部侍郎」，是也；舊紀兩傳均小誤。通鑑月日與舊紀同，官歷與授制同。新紀表月日同，惟均由御史中丞爲刑侍，原銜省書兼刑侍。

裴潾——大和九年（舊傳。）冬末，（參員闕。）由華州刺史・潼關防禦使復入遷刑侍。（舊傳。）開成元年，遷兵侍。（舊傳。）——此再任。

郭承嘏——開成元年，由給事中遷刑侍。（兩傳。）二年二月二日丙申，卒官。（舊紀、兩傳。）——舊一六

五、新一三七有傳。

狄兼謨——開成二年六月下旬，由御史中丞遷刑侍。〔考證一〕。三年三月，見在刑侍任。〔考證二〕。夏秋，復爲御史中丞。〔考證二〕。——舊八九、新一一五有傳。

〔考證一〕 舊紀：開成二年六月「丁亥，以御史中丞狄兼謨爲刑部侍郎。」按：此月無丁亥。檢舊紀，此月書日自癸巳朔至庚戌凡七書干支，次序均不誤。庚戌爲十八日，最後書丁亥，可能爲十九日「辛亥」或二十五「丁巳」之譌。合鈔改作「丁巳」。今姑書爲下旬。然會要四〇臣下守法條：「開成二年八月，上御紫宸殿，召御史中丞狄兼謨問李伯展獄……。」年月與舊紀六月已遷刑侍者不合。若此年月及書銜不誤，則舊紀二年六月書事「爲」當作「兼」。今姑仍據紀書之。

〔考證二〕 新五六刑法志：「開成三年，刑部侍郎狄兼謨採開元二十六年以後至于開成制敕，刪其繁者爲開成詳定格。」會要三九定格令條書此事在開成元年三月，「元」必「三」之譌。是三年三月見在刑侍任。然同年九月兼謨又在中丞任，見通鑑、舊紀。十二月由兵侍出鎭河東，見舊紀。皆詳兵侍卷。則夏秋間又由刑侍遷中丞也。

高銖——開成四年閏正月，由檢校左散騎常侍・浙東觀察使入遷刑侍。（吳表五引嘉泰會稽志、舊傳。）七月二十三壬寅，出爲河南尹。（舊傳〔七月〕、舊紀〔名作錯乃鍇之形譌鍇又銖之誤〕。）——舊一六八、新一七七有傳。

孫簡——開成四年七月下旬，或八月一日庚戌朔，由陝虢觀察使入遷刑侍。約五年，遷吏侍。——新二〇二有傳。

〔考證〕 芒洛冢墓遺文四編卷六孫讜墓誌：「烈考府君諱簡，……拜中書舍人，……廉牧近輔，杖鉞雄鎭。歷刑吏侍郎，尙書左丞，兩拜吏部尙書，四總銓務。」新傳惟云：「會昌初，遷尙書左丞。」考舊五二后妃下穆宗皇后蕭后傳：「開成四年，昭義節度使劉從諫上章論蕭本僞稱太后弟。……

遂詔御史中丞高元裕、刑部侍郎孫簡、大理卿崔鄯三司按蕭本之獄。」觀前高銖條，知簡任刑侍當在四年秋七月二十三日以後。又舊紀：開成三年二月丁未，以同州刺史孫簡爲陝虢觀察使。四年八月庚戌朔，以給事中姚合爲陝虢觀察使。是簡由陝虢觀察入爲刑侍也，時當即在四年七月下旬或八月一日，故墓誌云「廉牧近輔，杖鉞雄鎭。」又會昌元年六月簡在河中，二年九十月已在左丞任，詳左丞卷。據墓誌，簡爲吏侍蓋歷兩冬銓，則非開成四五兩年冬，即開成五年會昌元年兩冬。不論如何，開成五年冬必在吏侍任也。今姑書刑侍遷吏侍於五年，會昌元年春夏出鎭河中。

盧商——會昌初，由浙西觀察使入遷刑侍，遷京兆尹。時約元二年。——舊一七六、新一八二有傳。

〔考證〕　舊傳：「開成初，出爲蘇州刺史。……遷潤州刺史·浙西團練觀察使。入爲刑部侍郎，轉京兆尹。三年，朝廷用兵上黨，……以商爲戶部侍郎·判度支·兼供軍使。」新傳同，無年份。全唐文七二八封敖授盧商東川節度使制亦云由長洲廉車，徵貳秋曹，大京兆，授徵賦。與兩傳官歷全同。據舊紀，商以開成二年五月由蘇州遷浙西觀察。然三年用兵上黨乃會昌三年事，舊傳奪「會昌」年號。則商官刑侍當在會昌初，約元二年。

盧弘宣——會昌初，由京兆尹換刑侍，出爲劍南東川節度使。時約二三年。——新一九七有傳。

〔考證〕　新傳：「遷累給事中。……開成中，山南江西大水，詔弘宣……賑卹，使有指，還遷京兆尹，刑部侍郎，拜劍南東川節度使，……徙義武節度使。」據舊紀，弘宣以給事中充宣慰使在開成三年八月。又通鑑，會昌五年正月由秘書監爲義武節度使。則任刑侍必在會昌初，姑置商後。

李回——會昌三年七月稍前，蓋由工侍遷刑侍。四年秋蓋七八月，遷戶侍·判本司事。（詳戶侍卷。）——舊一七三、新一三一有傳。

劉三復——會昌四年秋，（參員闕。）由給事中遷刑侍。（舊傳。）九月，見在任。〔考證〕。旋卒官。（舊傳、新傳、新七一上世表。）——舊一七七、新一八三有傳。

〔考證〕舊傳，刑侍後云：「澤潞既平，朝議以劉從諫之妻裴氏是裴向之妹，欲原之。……三復奏……準法。」新二一四劉從諫傳亦云刑部侍郎劉三復奏準法誅裴氏。按澤潞之平在四年七月，裴氏之誅在九月。

盧簡辭——會昌中葉末葉，遷刑侍，又遷戶侍。（舊傳。）——舊一六三、新一七七有傳。

馬植——大中元年二月，由大理卿遷刑侍，進階金紫光祿大夫，充諸道鹽鐵轉運等使。（詳鹽運使卷。）二年春，見在刑侍任。（詳戶侍卷。）五月一日己未朔稍前，遷戶侍，仍充使職。（詳戶侍卷。）——舊一七六、新一八四有傳。

李廓——大中二年或三年春，由刑侍出爲武寧節度使。（新傳，參通鑑大中三年五月事。）——新一三一附見父程傳。

韋有翼——大中初蓋三年，（參員闕。）由陝虢觀察使入遷刑侍。（全唐文七四八杜牧韋有翼除御史中丞制。）三年十一月，換御史中丞。（舊紀、授制。）時階朝請大夫。（授制。）——兩書無傳。

敬晦——大中四年，或三年末，由御史中丞遷刑侍·充諸道鹽鐵轉運使。四年，卸刑侍。（詳鹽運使卷。）——新一七七有傳。

裴休——大中四年，由禮侍遷刑侍。（詳禮侍卷。）五年二月，遷戶侍·充諸道鹽鐵轉運等使。（詳戶侍卷。）——舊一七七、新一八二有傳。

劉瑑——大中五年二三月，（參員闕。）由中書舍人遷刑侍。（舊傳、新傳、全唐文八〇宣宗授劉瑑平章事制。）四月，見在刑侍任。（舊紀、舊五〇刑法志、會要三九定格令條、册府六一三。）後出爲河南尹。（兩傳、授平章事制。）——舊一七七、新一八二有傳。

畢諴——大中六年七月七日壬申，由中書舍人·翰林學士遷權知刑侍，出院。〔考證〕。時階朝散大夫。（除刑侍制。）明日癸酉，出爲邠寧節度使。（通鑑、兩傳、全唐文七六三沈珣授畢諴邠寧節度使制、語林二政事上。）——舊一七七、新一八三有傳。

〔考證〕　舊傳：「爲翰林學士·中書舍人，遷刑部侍郎。」新傳省中舍。翰學壁記：「畢諴，大中四年二月十三日自職方郎中·兼侍御史·知雜事充。六年正月七日，三殿召對，賜紫。其年七月七日，授權知刑部侍郎出院。」亦無中舍。考全唐文七四八杜牧畢諴除刑部侍郎制：「翰林學士·朝散大夫·守中書舍人·（勳·封·賜）畢諴……可權知尙書刑部侍郎，散官勳封賜如故。」通鑑大中六年亦書上擬以翰林學士中書舍人畢諴爲邠寧節度使。「欲重其資履。六月壬申，先以諴爲刑部侍郎。癸酉，乃除邠寧節度使。」是刑侍前有中舍一遷之强證。岑氏謂壁記有脫文，是也。遷刑侍，壁記在七月七日，通鑑作六月壬申。按：六月無壬申，壬申正是七月七日。且通鑑六月書事只此一條，後卽書「閏月」。按：六年七月閏，六月不閏，明「六月」爲「七月」之譌。癸酉卽八日，則在刑侍只逾日耳。至舊紀，大中二年「八月戊子，朝散大夫·中書舍人·充翰林學士·（略）畢諴爲刑部侍郎。」年月必誤無疑。

鄭魯——大中中蓋六七八年間，由刑侍出爲河南尹。——兩書無傳。

〔考證〕　新一六〇崔鉉傳：宣宗初，復爲相。「鉉所善者鄭魯……頗參議論。……魯爲刑部侍郎，鉉欲引以相，帝不許，用爲河南尹。他日，帝語鉉曰，魯去矣，事由卿否？鉉惶懼謝罪。久之，出爲淮南節度使。」東觀奏記中，同。按：鉉再相始於大中三年四月，九年七月出鎭淮南，則魯出尹河南不能遲過八年。又據通鑑，大中三年五月，魯始由右補闕擢起居舍人，其任刑侍料不能早過六七年。

崔愼由——大中八年或七年，由湖南觀察使入遷刑侍，出爲浙西觀察使。時間蓋與鄭魯相先後。（詳戶侍卷。）——舊一七七、新一一四有傳。

孫景商——大中八年，由京兆尹換刑侍。九年，出爲檢校禮尙·天平節度使。（墓誌。）——新一八三附見子偓傳，本所藏金石拓本有蔣伸撰天平節度使孫景商墓誌。

李鄴——大中十年，以刑侍爲諸王侍讀。（舊一七二令狐綯傳〔作郎中〕、新一六六令狐綯傳。）——兩書無傳。

夏侯孜——大中十年，由給事中遷刑侍。（舊傳。）兼御史中丞。（舊傳〔上有十一年衍〕。）是年，又遷右丞，仍兼御史中丞。（詳右丞卷。）——舊一七七、新一八二有傳。

鄭顥——約大中十一年，由秘書監遷刑侍。是年或明年，遷吏侍。（詳吏侍卷。）——舊一五九、新一六五有傳。

杜審權——大中十二年春，由陝虢觀察使入遷刑侍。是年五月或六月，以本官充翰林學士。同月二十八日，遷戶侍，進充承旨。——舊一七七、新九六有傳。

〔考證〕 全唐文八三懿宗授杜審權平章事制：「翰林學士承旨‧通議大夫‧守尚書兵部侍郎‧知制誥‧(勳‧賜)杜審權……南宮推起草之工，西掖茂掌綸之業，洎司文柄，俾以掄才，全任至公，號爲得士，甘棠廉問，衆著謳謠，秋卿恤刑，事無枉橈，先皇帝藉其令譽，擢處禁林……。」翰學壁記：「杜審權，大中十二年自刑部侍郎充。其月二十八日，轉戶部侍郎‧知制誥‧承旨。」與授平章事制合。是由禮侍出爲廉察，入爲刑侍充翰林學士，遷戶侍進承旨也。舊傳大中十一年冬由禮侍出爲陝虢觀察使。失書刑侍以下。按：壁記「十二年」後脫月日，岑氏據嚴祁入院、蔣伸承旨出院月日，疑審權入院當在五月或六月，是也。詳戶侍卷。則遷戶侍卽五六月二十八日也。由禮侍出鎮陝虢，舊傳云十一年冬，舊紀書於九月，則入爲刑侍當在十二年春。

鄭處誨——大中十二年五六月，由工侍遷刑侍。七月，出爲浙東觀察使。——舊一五八、新一六五有傳。

〔考證〕 舊傳：「轉……尚書郎，給事中，累遷工部、刑部侍郎，出爲越州刺史‧浙東觀察使。」新傳省工侍。吳表五引嘉泰會稽志：「大中十二年七月，鄭處誨自刑部侍郎授浙東。十二月移浙西。」據刑侍員闕，處誨在刑侍不過一兩月耳。又舊傳：「處誨族父朗。初朗爲定州節度使，時處誨爲工部侍郎，……忽夢己爲浙東觀察使，經過汴州，而朗爲汴帥。……明年，朗果自定州鎭宣武。……明年，處誨轉刑部侍郎，其秋授浙東觀察使。……後五年，……爲汴州節度使。」由工侍遷刑侍，當年秋出鎭浙東，與會稽志月份合，而在工侍始於十年矣。又吳表二引羅隱陳先生後集序：咸通甲申，余東遊大梁，謁宣武鄭尙書啓，淹延館宇，荏苒春秋。按：甲申爲五年，正與舊傳後五年爲汴州節度年份相及，益證會稽志所書年份不誤。

李福——咸通二年八月，由檢校工尙·鄭滑節度使入遷刑侍。（詳戶尙卷。）三年，遷兵侍·判度支。（詳戶尙卷、度支卷。）——舊一七二、新一三一有傳。

鄭從讜——咸通三年，由禮侍遷刑侍。（詳禮侍卷。）四年或五年，遷吏侍。（詳吏侍卷。）——舊一五八、新一六五有傳。

于琮——咸通五年九月二十七辛亥，由中書舍人·翰林學士遷刑侍，出院。（翰學壁記、全唐文八三懿宗授于琮平章事制。）六年蓋四月，遷兵侍·判戶部事。（詳鹽運使卷。）——舊一四九、新一〇四有傳。

嚴祁——蓋咸通中葉，曾官刑侍。——兩書無傳。

〔考證〕 新八三諸公主傳：「（宣宗女）齊國恭懷公主……下嫁嚴祁。祁爲刑部侍郎。」考翰學壁記：「嚴祁，……咸通二年四月，改中書舍人出院。」而舊紀，咸通十三年，祁由工尙外貶。則官刑侍當在三年至十二年間。

趙隱——咸通十三年二月十七丁巳，由刑侍·判戶部事遷戶侍·同中書門下平章事。（詳戶侍卷。）——舊一七八、新一八二有傳。

韋蟾——咸通十三年十一月十五辛巳，由工侍·知制誥·翰林學士承旨遷御史中丞·兼刑侍，出院。（翰學壁記。）——舊一八九下附見父表微傳。

劉承雍——乾符三年七月，爲王仙芝所殺。時見官刑侍。（舊紀。）——舊一六〇附見父禹錫傳。

李景莊——乾符五年五月二十六辛酉，見在刑侍任。（會要四一左降官及流人條。）——舊一八七下、新一七七附見兄景讓傳。

李溥——廣明元年十二月，爲黄巢所殺，時見官刑侍。（舊紀、通鑑。）——兩書無傳。

李燠——中和四年九十月間，見在刑侍任。（益州名畫錄卷上常重胤條，參右僕卷裴璩條。）——兩書無傳。

韋庾——中和四年末，以刑侍判戶部事。光啓元年二月，卒官。（詳戶侍卷。）——舊一五八附見韋澳傳。

魏謩——蓋僖宗世，官至刑侍。（新七二中世表魏扶子。）——兩書無傳。

孫揆——蓋文德元年，由中書舍人遷刑侍。（新傳。）龍紀元年正月一日癸巳朔，遷京兆尹。（舊紀、新傳。）——新一九三有傳。

鄭凝績——景福中，官刑侍，遷戶侍。（舊傳。）——舊一七八附見父畋傳。

牛徽——乾寧中，由中書舍人遷刑侍，徙左散騎常侍。——舊一七二、新一七四有傳。

〔考證〕 舊傳：「茂貞……多橈國政，命杜讓能料兵討之。徽諫。……王師果衂，大臣被害。徽尋改中書舍人，歲中遷刑部侍郎。……崔胤……惡徽言事，改散騎常侍。」新傳作左常侍，餘同。按：大臣被害，指杜讓能而言，事在景福二年十月，則遷刑侍當在乾寧中。

楊涉——乾寧四年九月一日癸酉朔，由刑侍遷吏侍。（舊紀、舊傳〔作乾符四年字譌〕。）——舊一七七、新一八四有傳。

薛廷珪——蓋天復中，曾官刑侍。——舊一九〇下、新二〇三有傳。

〔考證〕 舊傳：「光化中，復爲中書舍人，遷刑部吏部二侍郎，權知禮部貢擧，拜尚書左丞。」新傳：「光化中復爲舍人，累遷尚書左丞。」按：廷珪以吏侍知天祐二年春貢擧，則官刑侍約在天復中。

盧膺——天祐二年冬或稍前，在刑侍任。——兩書無傳。

〔考證〕 新七三世表：盧氏「膺字公禮，刑部侍郎。」全唐文八〇九司空圖盧渥神道碑：「刑部侍郎膺實惟冢嗣。」按碑云：「大駕移幸，公自華至洛，天祐二年九月十日，寢疾薨。……其年十月，附葬於緱氏。」則碑作於二年十月以後也。又云：「今年秋八月，愚詔追洛，拜公牀下。」稱「今年」，則碑卽作於渥薨葬之年也，是必二年十月至十二月間無疑。膺此時當在刑侍任或已卸。

唐僕尙丞郎表 卷二十一

輯考八上 工部尙書

獨孤懷恩——武德元年六月一日甲戌朔，由長安令擢工尙。（通鑑、兩傳、南部新書丁。）九月十日壬子，以本官將兵擊堯君素。（通鑑。）二年十月二十七壬戌，以本官將兵擊呂崇義。（通鑑、兩紀。）十二月一日丙申朔，爲宋金剛所俘。旋逃歸。（兩紀、通鑑〔庚申〕。）三年二月二十甲寅，伏誅。（通鑑、新紀、舊紀〔庚子〕、兩傳。）——舊一八三、新二〇六有傳。

武士彠——武德三年遷工尙。六七年以本官兼檢校揚州大都督府長史。——舊五八、新二〇六有傳。

〔考證〕舊傳：「武德中，累遷工部尙書。……又歷利州荆州都督。貞觀九年卒。」舊六則天皇后紀：「父士彠，……貞觀中，累遷工部尙書，荆州都督。」與傳年世異。新傳不書武德抑貞觀。考全唐文二四九李嶠攀龍臺碑云：「武德三年，拜工部尙書。……杜伏威初行僭逆，輔公祏繼以亂亡，……遂紓時哲，以本官權檢校揚州大都督府長史。……九年，太宗以儲宮統事，乃徵帝入朝。」然後爲豫利荆三都督。則舊傳爲碻。按：輔公祏以武德六年八月反，七年三月誅，則檢校揚州都督府長史當在六七年。

屈突通——武德末，由刑尙換工尙。（詳刑尙卷。）九年六七月，出爲檢校陝東道大行臺僕射。（兩傳。）——舊五九、新八九有傳。

段綸——貞觀三年六月，見在工尙任。（册府一四四〔參舊紀年月不誤〕。）七年冬，仍見在任。（通鑑。）十五年，致仕。（考證。）——新八三附見諸公主傳。

〔考證〕全唐文九九四唐文安縣主墓誌：「貞觀十五年正月五日封文安縣主。……乃以某月十四日降姻於工部尙書駙馬都尉紀公之世子段儼。」按：新書諸公主傳云：「高密公主……又嫁段綸。綸……爲工部尙書，紀國公。」則文安縣主墓誌之「工部尙書駙馬都尉紀公」卽段綸無疑。是十五年綸仍在工尙任，但亦可能書舊銜也。復考全唐文一五一有許敬宗爲工部尙書段綸請致仕表，在百官賀朔旦冬至表之後，在請收敍廢黜宮僚表之前。按：賀朔旦冬至表云，「國子祭酒孔穎達（等）參議得失。」據穎達傳，十二年遷祭酒，十七年致仕。同表又云，「今歲十一月甲子朔旦冬至。」檢舊紀及陳曆，惟十四年十一月甲子朔。則此賀表上於十四年冬無疑。又請收敍廢黜宮僚表係請收敍太子承乾宮僚張元素令狐德棻等。太子之廢在十七年四月，而表云，「除名棄斥，頗歷溫寒。」則上表不能早過十八年。檢德棻傳，十八年已起爲雅州刺史，則請收敍表卽上於十八年。然則請致仕表作於十五年至十七年間也。參下杜楚客條，又知此表卽上於十五年。如此，綸在工尙蓋十年以上，故致仕表云：「久尸寵祿。」唐初官尙久任，綸又姻戚，其久任也固宜。

杜楚客——貞觀十五年，（參前條。）由魏王府長史遷工尙，仍攝府事。（兩傳。）八月，見在任。（册府一五七。）十六年，見在任。（舊七四崔仁師傳。）十七年四月十四癸巳（此爲魏王泰降爲東萊郡王日。）或稍前數日，免。（兩傳、通鑑。）——舊六六、新九六有傳。

張亮——蓋貞觀十七年夏，由洛州都督入遷工尙。時階金紫光祿大夫。八月三日庚戌，遷刑尙·參預朝政，階如故。（詳刑尙卷。）——舊六九、新九四有傳。

李大亮——貞觀十七年八月三日庚戌，以左衞大將軍·太子右衞率兼工尙。（通鑑、兩傳、會要八二當直條。）十八年十月十四甲寅，爲京師副留守。（通鑑、兩傳。）十二月一日辛丑朔，卒官。（同上。）——舊六二、新九九有傳。

○楊師道——貞觀十九年十一月二十三丁亥，由吏尙·攝中書令罷爲工尙。（詳吏尙卷。）十二月，或二十年正月，轉太常卿。〔考證〕。——舊六二、新一〇〇有傳。

〔考證〕 據傳，在工部不久卽轉太常卿。按八瓊三四晉祠銘碑陰題名，楊師道具銜「太常卿駙馬都尉」。時在二十年正月二十六日，詳吏尙卷馬周條。則轉太常不能遲過此日，或在十九年十二月。

唐臨——貞觀末，蓋二十年、二十一年，曾官工尙。——舊八五、新一一三有傳。

〔考證〕 新七四下世表：唐氏「臨，……雍州長史、工刑兵禮戶吏六尙書。」 觀刑尙卷及其他四尙書卷，其官工尙當在貞觀末。考册府一六一，貞觀二十年正月十四日丁丑臨在御史中丞任，工尙當在中丞後，參之員闕，當卽二十一年或稍前後。

閻立德——貞觀末，約二十二年或稍前後數月，由將作大匠遷工尙。〔考證一〕。二十三年八月，見在任。〔考證一〕。永徽五年，仍見在任。〔考證二〕。顯慶元年，卒官。（兩傳。）——舊七七、新一〇〇有傳。

〔考證一〕 舊傳：「（貞觀）十三年復爲將作大匠。十八年從征高麗。……尋受詔造翠微宮及玉華宮，咸稱旨，賞賜甚厚。俄遷工部尙書。二十三年，攝司空營護太宗山陵。」 新傳略同。據舊紀，二十一年四月建翠微宮，七月建玉華宮，二十三年五月太宗崩，八月葬，則由大匠遷工尙必在二十一年秋冬至二十三年春夏間。

〔考證二〕 舊紀：永徽五年三月，「以工部尙書閻立德領丁夫四萬築長安羅郭。」「十一月癸酉（一日），築京師羅郭，和雇京兆百姓四萬一千人，板築三十日而罷。九門各施觀。」會要八六城郭條無三月事，有十一月事，作十一日。又云：「以工部尙書閻立德爲始（？）。」 舊書校記二引册府一四及通鑑作十月，新紀作十月癸卯（一日），皆無三月事。疑舊紀重出。

閻立本——顯慶四年三月十七甲午，以將作大匠兼工尙。（全唐文一四高宗册閻立本工部尙書文〔詔令集作十五日誤〕、兩傳〔不云兼〕。）後蓋正拜。 龍朔二年五月十五癸卯，見在司平太常伯任。（大正藏經第二一〇八集沙門不應拜俗等事卷五。） 總章元年十二月二十四甲戌，遷右相。（新表、新紀、通鑑、兩傳。）——舊七七、新一〇〇有傳。

楊昉——總章二年十二月三日戊申，見在司平太常伯任。——新一〇六附見楊弘禮傳。

〔考證〕新傳：「終工部尚書。」新七一下世表：楊氏越王房「昉，尚書右丞，工部尚書。」舊六七李勣傳，勣薨，「令司平太常伯楊昉攝同文正卿監護。」據舊紀，勣以總章二年十二月戊申薨。

劉審禮——由將作大匠遷工尚・兼檢校左衛大將軍。（舊傳、新傳〔無原官〕。）上元初，已見在任。（舊八七魏玄同傳。）儀鳳元年閏三月十七乙酉，爲行軍總管，伐吐蕃。（通鑑、舊紀。）三年，復伐吐蕃。九月十二丙寅，爲蕃所俘。（通鑑、舊紀、新語五孝行類、兩傳。）——舊七七、新一〇六有傳。

柏季纂——蓋高宗世，官至工尚。——兩書無傳。

〔考證〕全唐文六三八李翺柏公良器神道碑：「有季纂者，入唐爲工部尚書。」卽良器之高祖。按：良器以天寶三年生，上推季纂官至工尚當在高宗世。

李珍——高宗末或其後，官至工尚。——兩書無傳。

〔考證〕新七〇上世表，淮南王神通第六子「尚書左丞孝友。」孝友子「工部尚書珍。」珍從弟之子「吏部尚書暠。」按：舊六〇神通傳，以貞觀四年薨，不知年壽。然弟神符以永徽二年薨，年七十三，則神通薨時年亦五十五以上。傳云神通子十一人，則孝友於諸子中年最居中，長兄道彥蓋卒於貞觀末，幼弟孝逸卒於武后初，則孝友官至左丞當約在高宗初，其子珍官至工尚不能早過高宗末也。又觀暠官吏尚時次，上推珍之時次，亦合。

蘇良嗣——光宅元年，（武后臨朝。）由雍州長史遷工尚。（兩傳。）垂拱元年五月四日己酉，遷納言。（新表、兩紀、通鑑、兩傳。）——舊七五、新一〇三有傳。

李冲玄——垂拱中，官至冬尚。（舊河間王孝恭傳、新七〇上世表。）——舊六〇附見從父河間王孝恭傳。

傅元淑——天授二年，蓋在冬尚任。——兩書無傳。

〔考證〕新七四上世表：清河傅氏「游藝相武后。」兄「元淑，地官侍郎，冬官尚書。」而舊一八六上傳遊藝傳：「同平章事。……天授元年，賜姓武氏。二年五月，加銀青光祿大夫。兄神童爲冬官尚書。兄弟並承榮寵。逾月……停知政事。……伏誅。」按：新表，遊藝以天授元年九月入相，二年九月誅，似其時神童在任也。據世表，遊藝僅一兄，官與神童同，蓋一人耳。今從世表書名元淑。其官地侍當在垂拱末或永昌元年。

●李遊道——長壽元年春一月十四庚辰，由司刑卿・檢校陝州長史遷冬尚・同鳳閣鸞臺平章事。（通鑑、新表〔據百衲本他本作正月〕、新紀〔同上〕、兩傳〔同三品〕。）蓋八月下獄。九月二十二癸丑，流嶺南。（通鑑、新表、新紀、兩傳、舊一八六上來俊臣傳。）——舊一八五上、新一九七附見從父素立傳。

○武攸寧——長壽元年八月十六戊寅，由納言罷爲冬尚。（新表、新紀、舊紀、通鑑〔作七月戊寅誤〕、新傳、全唐文二四二李嶠授武攸寧冬官尚書制〔不知此任抑再任〕。）——舊一八三、新二〇六附武承嗣傳。

蘇幹——由右羽林將軍遷冬尚。（兩傳。）長壽二年五月七日乙未，被殺。（新紀、通鑑〔作四月乙未誤〕、兩傳。）——舊八八、新一二五有傳。

武攸宜——武后世蓋中葉，官至冬尚。（新七四上世表。）——兩書無傳。

○武攸寧——聖曆二年春一月四日庚申，由夏尚・同鳳閣鸞臺三品罷爲冬尚。（通鑑〔參新紀〕、新表〔作二月誤〕、新傳〔無夏尚〕。）——此再任。

○姚璹——久視元年或前一年，由地尚換冬尚・充西京留守。長安初，致仕。（詳戶尚卷。）——舊八九、新一〇二有傳。

○韋巨源——長安二年，由地尚・神都留守換冬尚。旋轉太子賓客。（詳吏尚卷。）——舊九二、新一二三有傳。

●張錫——神龍二年或景龍元年正月，由左丞遷工尚。〔考證一〕。景龍元年五月，見在任。（會要三六氏族條〔原誤作神龍詳刑侍卷徐堅條〕。）三年二月，見在任。（通鑑、舊一八九下郭山惲傳。）不知何時充東都留守。（兩傳。）景雲元年六月三日癸未，以本官同中書門下三品，仍充留守。（舊紀、通鑑、新表〔壬午〕、新紀〔同〕、兩傳、舊五一后妃傳、新七六后妃傳。）七月十三壬戌，貶絳州刺史。（新表、通鑑、兩傳。）〔考證二〕。——舊八五、新一一三有傳。

〔考證一〕 舊傳：「中宗時，累遷工部尚書。……中宗崩……。」新傳同。考全唐文一六中宗授張錫工部尚書制：「尚書左丞張錫，……自提綱左轄，執簡中臺，奏郭奕而無慙，……宜升賜劍之榮。」是由左丞遷工尚也。按：全唐文此卷諸制依時次排列。此制前有授李承嘉戶部尚書制，在神龍二年四月以後；（詳戶尚卷。）授楊再思檢校左臺大夫制，在神龍二年至景龍元年春夏之間；（據制，本官為侍中，而新表以神龍元年十月為侍中，景龍元年九月為中書令。）授韋嗣立黃門侍郎制，在神龍二年或稍後；（舊書韋嗣立傳。）則此授張錫工尚制不能早過神龍二年秋冬。又此制後有慮囚制，在景龍元年正月；（舊紀，是年正月「丙辰，以旱親錄囚徒。」他年無錄囚徒事。且慮囚制云：「既屬陽和之辰，宜敦耕稼之業。」是亦春日也，即行於是年正月無疑。）授蘇珦左臺大夫制，在景龍元年七月以前；（據舊書蘇珦傳，在愍節太子事敗以前。）則此授工尚制不能遲過景龍元年正月也。又據會要三六氏族條，景龍元年五月錫已在工尚任，亦錫遷工尚不能遲過是年春之證。

〔考證二〕 會要三九定格令條：「景龍元年十月十九日，以神龍元年所刪定格式漏略，命刑部尚書張錫……重加刪定。」年月正在前考工尚任內，而具銜刑部，豈嘗中遷刑尚復為工尚耶？無他佐證，姑存疑。

○薛稷——景雲二年，由太子少保遷工尚。是年冬或先天元年遷禮尚。（詳禮尚卷。）——舊七三、新九八有傳。

姜晈——開元元年七月十一壬申，由殿中監遷工尙，（舊紀、舊一〇六王琚傳〔十日〕、册府一二八、全唐文二〇元宗賞定册功臣制。）同時進階銀青光祿大夫。（舊紀、舊王琚傳、全唐文二五二蘇頲加王琚等實封制。）同月十九庚辰，復爲殿中監・充內外閑廐使。（舊紀、舊王琚傳〔十八日〕、加實封制。）——舊五九、新九一有傳。

〇魏知古——開元二年五月二十五辛亥，由黃門監罷爲工尙。（舊紀、新表、通鑑〔考異云據實錄〕、兩傳〔由黃門監改紫微令罷爲工尙蓋誤〕。）三年正月二十一甲辰，卒官。（舊紀、兩傳、南部新書庚、新語一二。）時階銀青光祿大夫。（芒洛四編六魏夫人墓誌。）——舊九八、新一二六有傳。

尹思貞——開元三年，由戶尙換工尙。是年，致仕。（詳戶尙卷。）——舊一〇〇、新一二八有傳。

劉知柔——開元三年，由鴻臚卿遷工尙。時階銀青光祿大夫。〔考證〕。十一月，以本官爲河北道安撫使。（册府一〇五〔作乙丑是月無此日〕。）四年十一月，見在東都留守任。（册府五〇一。）蓋以工尙兼充留守。五年十月，見在工尙任。（全唐文一〇〇滕王湛然竇希瑊神道碑。）六年九月四日乙未，以本官爲河南道安撫使。（舊紀、舊韋嗣立傳、新傳。）七年四月，見在工尙任，階如故。（全唐文二二一元宗贈王仁晈太尉制。）九年，卸工尙・留守，轉太子賓客，階如故。〔考證〕。——舊一〇二、新二〇一有傳，全唐文二六四有李邕撰劉知柔神道碑。

〔考證〕 舊傳：「歷……戶部侍郎，國子司業，鴻臚卿，尙書右丞，工部尙書・東都留守，卒。」新傳：「歷國子司業，累遷工部尙書。開元六年，河南大水，詔知柔馳驛察民疾苦……。久之，遷太子賓客，……致仕。」互有詳略。又舊一九〇上劉胤傳、新七一上世表並云知柔官至工尙。全唐文二五〇蘇頲授劉知柔工部尙書制：「鴻臚卿（勳封）劉知柔……可銀青光祿大夫・守工部尙書。」是由鴻臚遷工尙也。似此時進階銀青；然同卷有授知柔右丞制，在此制前，（觀官歷及封爵可知。）已階銀青矣。新傳，知柔在工部甚久。神道碑云：「尙書有六，公以司空十載。」則在任十年也。按：三年十一月、五年十月、六年九月、七年四月既皆見在工尙任有明證，而據魏知古、尹思貞事，則知柔始遷工尙不能早過三年。神道碑云以十一年六月十五日卒，則在工部無論如何不能超過九年。疑「十載」之「十」爲「七」之譌，則九年卸工尙，與余考陸象先繼任年份正銜接。且其弟知幾之子旣以九年得罪配流嶺南，知幾坐貶安州別駕。知柔爲旣之親伯父，唐法應坐罪，此所以讓八座轉賓客之故歟？是尤爲九年卸工部之旁證。又新傳，久之轉賓客。而舊傳工尙下爲「東都留守。」按：碑工尙後云「居守有一，公兼宗祐之寄，巡使有十，公兼東土之俗。」則舊傳不誤。據冊府五〇一，開元四年十一月在東都留守任。而碑述卸工尙事云：「終讓八座，還忌三旗，聖上錄德，……就成頤攝，……制曰乃建儲貳，聿求賓客，允玆懋官，惟爾崇德。」考舊一五四呂元膺傳，「爲東都留守。……舊例留守賜旗甲與方鎭同。」碑云「讓八座」又「忌三旗」，是以工尙兼留守直至轉官太子賓客時也。

○陸象先——蓋開元九年，遷工尙。是年或明年春夏，遷戶尙。（詳戶尙卷。）——舊八八、新一一六有傳。

盧從愿——開元十一年，由中書侍郎遷工尙，進階銀青光祿大夫，充東都留守。（兩傳。）十三年冬，進階金紫光祿大夫。（舊傳。）十二月二十五甲戌，以本官分知吏部十銓選事。（詳吏侍卷。）十四年四月二十二庚午，見在工尙任。（全唐文三八元宗冊惠文太子文。）六月一日丁未朔，仍見在任。（冊府一四四。）八九月，遷刑尙。（詳刑尙卷。）——舊一〇〇、新一二九有傳。

○張嘉貞——開元十四年八九月，由台州刺史入遷工尙・兼定州刺史・知北平軍事。（兩傳。）十七年八月二十二庚辰，卒官。（通鑑、舊紀〔七月辛丑〕、兩傳。）——舊九九、新一二七有傳。

崔泰之——開元中葉，蓋十七八年，官至工尙。——舊一八五上、新一〇六附見父知溫傳。

〔考證〕　舊傳：「子泰之，開元中官至工部尙書。」新傳同。新七二下世表：崔氏「泰之，左丞，黃門侍郎，工部尙書。初以職方郞中豫平二張。」按：以郞中豫平二張，又開元初曾官禮侍，則爲左丞似不能早過開元初葉，官至工尙似不能遠在二十年以後。檢本卷自開元二三年至十七年諸人踵接，惟十七八年間稍有空隙，今姑置於十七八年。左丞卷，十年前後有闕，因書泰之於十年。

李暠——開元十八年，由太常卿遷工尙·充東都留守。〔考證〕。二十一年正月二十己未，使吐蕃。（舊紀、舊傳、會要六和蕃公主條、舊一九六上吐蕃傳。）十二月，遷兵尙。（詳吏尙卷。）——舊一一二、新七八有傳，全唐文三一三有孫逖撰李暠墓誌。

〔考證〕舊傳：「充太原以北諸軍節度使。……久之，轉太常卿，旬日拜工部尙書·東都留守。」新傳、墓誌並同。吳表四河東卷引册府帝王部：「李暠爲太原尹。……開元十七年正月表請入朝。帝降書曰，突厥漸移東，且未須來。」又引會要：開元十八年十二月，宋之悌除河東節度使。乃置暠卸河東節度於十八年，蓋可信。

○韓休——開元二十一年十二月二十四丁巳，由黃門侍郎·同中書門下平章事罷爲檢校工尙。（新表、通鑑〔作十月丁巳脫十二月〕、舊紀〔作丁未又作兵部參二十四年書銜知此誤〕、兩傳。）時階銀青光祿大夫。（舊傳。）二十四年十一月二十七壬寅，徙太子少保。（舊紀、兩傳。）——舊九八、新一二六有傳。

●牛仙客——開元二十四年十一月二十七壬寅，由殿中監·朔方節度使遷工尙·同中書門下三品，（舊紀〔作兵尙參二十六年書銜知此誤〕、新表、新紀、通鑑、兩傳。）仍領節度。（通鑑。）十二月二十一丙寅，知門下省事。（舊紀、新表、兩傳。）二十五年六月二十七庚午見在任，時階銀青光祿大夫。（敦煌石室碎金唐律疏議殘卷。）二十六年正月六日乙亥，正拜侍中。（舊紀、新表、新紀、通鑑、兩傳。）——舊一〇三、新一三三有傳。

韋虛心——開元末，遷工尙·充東都留守。二十九年四月六日丙辰，卒官。——舊一〇一、新一一八有傳，全唐文三一三有孫逖撰東都留守韋虛心神道碑。

〔考證〕 舊傳：「歷戶部尚書‧東京留守，卒。」新傳作工部，留守同。新七四上世表：「虛心，工部尚書。」與傳同。按：神道碑云，「司會之府，允釐庶績。命公作倉部左司二員外，（略）左右丞，兵部侍郎，以至於工部尚書。其餘掌吏部選，採訪處置使，東都留守，皆大任也。」是未官至戶部之明證，舊傳誤也。又按：碑書銜爲東都留守，且云「以開元二十九年某月日薨於東都寧仁里之私第。」是卒於東都留守任內。然書卒之前又云，「疇若予工，實諸僉往，上方倚相，適會云亡。」似又卒於工尚任內。考冊府六七三：「韋虛心爲工部尚書‧東都留守，開元二十七年，詔贈揚州大都督，喪事官給，恩甚優厚。」「七」爲「九」之譌，又脫「卒」字。則以工尚充留守甚明。玄宗世常以工尚充東都留守，此又一例。舊紀：開元二十九年「四月……丙辰，以太原裴伷先爲工部尚書韋虛心卒。」工尚下亦奪「工部尚書」四字。詳下條。

裴伷先——開元二十九年四月六日丙辰，由太原尹‧北都留守遷工尚，蓋充東都留守。卒。——新一一七有傳。

〔考證〕 新傳：「擢范陽節度使，太原京兆尹，……進工部尚書。年八十六，以東京留守……卒官下。」新七一上世表，裴伷先官至工尚。舊紀：開元二十九年四月「丙辰，以太原裴伷先爲工部尚書，韋虛心卒。」襲道耕舊唐書札迻云：「裴伷先書郡，韋虛心不書官，非史例。伷先，絳州人，亦非太原也。新書裴炎傳，伷先歷官太原京兆尹（原注：據玄宗紀，伷先於開元十八年已爲京兆尹，其爲太原尹在後，新書敘次小誤。）終工部尚書。此太原下脫『尹』字，當重『工部尚書』字。壬午，以裴寬爲太原尹，卽代伷先也。」所論甚確。

陸景融——天寶四載秋，見在檢校工尚‧充東京留守任。時階正議大夫。（萃編八七石臺孝經。）六載十二月十五丙辰，卒官。（舊紀、兩傳。）——舊八八、新一一六有傳。

郭虛己——天寶七載，蓋由劍南節度使入遷工尚。十一月十七癸未，見在任。八九載卸任或卒官。——兩書無傳。

〔考證〕會要二二祀風雨雷師等條：「天寶七載十一月十七日，……令工部尚書郭虛己等分祭五嶽四瀆。」全唐文三六元宗遣使祭嶽瀆敕，同。按：虛己以五載八月由戶侍出鎮劍南，蓋此時入遷繼景融任。而觀王倕任職年份，則虛己卸任不能遲過九載。又案：金石錄目七有唐工部尚書郭虛己碑，無年月；但前爲唐元隱律塔銘，天寶十一載二月立；後爲河南府參軍郭揆碑，虛己之子也，天寶十一載三月立；則虛己亦可能卒官。

王倕——天寶九載見在工尚任。（全唐文九三三杜光庭歷代崇道記。）——兩書無傳。

楊玄珪——天寶末，官至工尚。時階銀青光祿大夫。——舊五一附見楊貴妃傳。

〔考證〕舊傳：「叔玄珪，光祿卿，……累遷至兵部尚書。」新七一世表：楊氏「玄珪，工部尚書。」與舊傳異。考唐文拾遺二八賈文度楊迥墓誌：「曾大夫玄珪，任銀青光祿大夫·守工部尚書，贈太子少保。」則舊傳兵部誤也。據傳，其官工尚當在天寶末；而據墓誌，其卒不能遲過天寶末。今姑置於十一二載。

苗晉卿——天寶末，由扶風太守遷工尚·充東京留守。十四載，遷憲尚·兼左丞。（詳左丞卷。）——舊一一三、新一四〇有傳。

顏眞卿——至德元載七月，由戶侍·平原太守遷工尚·兼平原太守·充河北採訪招討使。（詳戶侍卷。）十月，棄郡。（兩傳、墓誌、行狀。）二年四月，朝於鳳翔。（同上。）遷憲尚。（詳刑尚卷。）——舊一二八、新一五三有傳。

王思禮——至德二載十二月十五戊午，由御史大夫·兼工尚·充關內節度使遷工尚·兼御史大夫，仍領關內節度。時階開府儀同三司。乾元元年八月十七丙辰，遷兵尚，餘如故。（詳兵尚卷。）——舊一一〇、新一四七有傳。

李遵——乾元二年，由工侍·兼宗正卿遷工尙，仍兼宗正。（墓誌。）時階特進。〔考證〕。上元元年四月，見在任。（冊府五〇六。）是年或明年，徙太子少傅。（墓誌。）——兩書無傳，見新七〇上世表，全唐文三九一有獨孤及撰特進太子少保鄭國李公墓誌銘。

〔考證〕　墓誌：「乾元二年，論功行封，策爲鄭國公，……加特進、工部尙書，宗正如故。」似遷工尙時始進封鄭國公、進階特進也。考全唐文四四肅宗收復兩京大赦文：「銀青光祿大夫·宗正卿·兼工部侍郎李遵……加特進，封鄭國公。」會要四五功臣條同。時在至德二載十二月十五戊午，詳戶尙卷李光弼條。則進爵加階早在至德二載，墓誌總書於遷工尙時耳。

盧正己（元裕）——廣德元年或上年冬，由太府卿遷工尙·充東都留守。——兩書無傳，全唐文四二〇有常袞撰太子賓客盧君墓誌。

〔考證〕　墓誌：「太子賓客盧正己……本諱元裕，以聲協上之尊稱，……改賜焉。」大曆五年二月卒。誌官歷云：「大理卿，刑部侍郎，工部尙書·東都留守，太子賓客。」又云：「師賓，居守，小司寇，冬官卿。」考全唐文三六六賈至授盧正己工部尙書河南尹東都留守制：「太府卿盧正己……可守工部尙書·東都留守。」按：此制已名正己，必代宗時，是不能早過寶應元年四月。然是年自春及九月皆在刑侍任，則此制當行於廣德元年，決不能早過寶應元年冬。又賈至於廣德元年由中舍遷左丞，則此制又不能遲過元年矣。

*崔渙——約廣德二年，由吏侍遷工尙。（舊傳〔檢校〕、全唐文四一一常袞授崔渙工部尙書制〔無檢校〕。）永泰元年三月一日壬辰朔，見在檢校工尙·知省事任。（通鑑胡注引宋白曰。）後遷御史大夫。（舊傳。）——舊一〇八、新一二〇有傳。

*于休烈——大曆二年七月一日戊申朔，由右散騎常侍遷檢校工尙·（舊紀、舊傳〔右騎工尙間有工侍衍〕、新傳。）知省事·（舊紀。）兼判太常卿。（舊傳。）蓋旋卸。〔考證〕。蓋三年，又代趙國珍正拜工尙，進

階金紫光祿大夫。七年，卒。〔考證〕。——舊一四九、新一〇四有傳。

〔考證〕 舊傳，檢校工尚判太常卿事下云：「正拜工部尚書……加金紫光祿大夫。……大曆七年卒。」新傳略同。似在工尚甚久，年代與趙國珍抵觸。蓋二年七月檢校工尚知省事，旋以趙國珍代之，國珍卒後，休烈乃正拜歟？

趙國珍——代宗初，由黔州都督入遷工尚。（舊傳。）大曆三年九月十六丁亥，卒官。（舊紀、舊傳。）——舊一一五有傳。

李勉——大曆七年十一月十五辛卯，由嶺南節度使入遷工尚。（舊紀、舊傳〔作十年字譌〕。）八年三月一日丙子朔，出爲永平節度使。（舊紀〔脫三月合鈔已補〕、通鑑、舊傳。）——舊一三一、新一三一有傳。

蕭昕——大曆十二年十一月二十五癸酉，由右散騎常侍遷工尚。（舊紀、新傳〔無右騎〕。）——舊一四六、新一五九有傳。

〇喬琳——大曆十四年十一月十六壬午，由御史大夫·同中書門下平章事罷爲工尚。（舊紀、新表、通鑑、兩傳。）建中元年十月三十庚申，以本官充奉迎皇太后副使。（舊紀〔作庚寅字譌〕、舊傳、舊一一六睦王述傳、舊五二后妃傳〔十一月〕。）四年七月，見在工尚任。（舊一九六吐蕃傳下。）十月初旬，遷吏尚。（詳吏尚卷。）——舊一二七、新二二四下有傳。

賈躭——興元元年四月十七丁巳，由檢校工尚·山南東道節度使正拜工尚。（通鑑、舊紀〔甲寅〕、兩傳、墓誌、神道碑。）十月辛丑（？），以本官充河陽魏博宣慰使。（册府一六二。）貞元元年二月一日丙寅朔，以本官充東都河南宣慰使。（舊紀、册府一六二。）六月十九壬午，以本官充東都留守·都畿汝防禦觀察使。（舊紀、兩傳、墓誌、碑、全唐文四六二陸贄賈躭東都留守制。）時階銀青光祿大夫。（留守制。）二年七月二十二己酉，加唐鄧防禦觀察使。（舊紀。）九月十一丁酉，出爲檢校右僕·義成節度使。（舊紀、兩傳、墓誌、神道碑。）——舊一三八、新一六六有傳，全唐文四七八有鄭餘慶撰賈躭神道碑，同書五〇五有權德輿撰賈躭墓誌。

●崔造——貞元二年正月二十二癸丑，詔宰相判六部。造判戶部、工部。十二月二日丁巳，罷判。（詳戶尙卷。）——舊一三〇、新一五〇有傳。

歸崇敬——貞元七年八月一日己丑朔，由檢校戶尙·兼左散騎常侍·翰林學士遷工尙，仍充學士。（舊紀〔原官僅學士〕、翰學壁記〔七月〕、兩傳。）時階特進。（舊傳。）八年七月一日甲寅朔，遷兵尙致仕。（舊紀、壁記〔無月日〕、兩傳。）——舊一四九、新一六四有傳。

于頎——貞元中，蓋十年前後，由太子少保遷工尙，徙太子少師。——舊一四六、新一四九有傳。

〔考證〕　舊傳：「從幸奉天，改左散騎常侍，歷左千牛上將軍，徙大理卿，太子少保，工部尙書。因入朝仆地，……改太子少師致仕。貞元十五年卒，時年七十四。」新傳略同。按貞元四年八月十月皆在大理卿任，見會要二三武成王廟條及同書六六大理寺條。則爲工尙當在十年前後。

劉公濟——貞元二十年正月二十三己亥，由鄜坊丹延節度使入遷工尙。（舊紀、全唐文五八八柳宗元先友記。）——兩書無傳。

崔衍——永貞元年八月十八甲寅，由宣歙觀察使遷工尙。——舊一八八、新一六四有傳。

〔考證〕　舊紀：永貞元年八月甲寅，「以前宣歙觀察使崔衍爲工部尙書。」舊傳：「遷宣歙觀察使，……貞元二十一年，詔加工部尙書。」新傳：「遷宣歙池觀察使。……卒。……贈工部尙書。」三處書事不同，姑從舊紀。

張愔——元和元年十一月十九戊申，由檢校工尙·武寧節度使遷工尙。（通鑑、舊紀〔作甲申觀前後日次乃字譌合鈔已正〕、新傳、舊傳〔作兵尙誤〕。）十二月十六乙亥，卒於徐。（舊紀、兩傳。）——舊一四〇、新一五八有傳。

趙昌——元和四年或前後一年，由太子賓客遷工尙·兼大理卿。〔考證〕。歲餘，卸大理卿，守本官。（舊傳。）六年十一月十四乙巳，出爲檢校兵尙·華州刺史·潼關防禦使。（舊紀、兩傳。）——舊一五一、新一七〇有傳。

〔考證〕 舊傳：「元和三年遷鎭荆南，徵爲太子賓客。及得見，拜工部尙書兼大理卿。」新傳略同。吳表五荆南卷引韓集虞部張君墓誌：「元和四年，故相趙宗儒鎭荆南。」則昌卸荆南不能遲過四年，蓋卽四年拜工尙。

〇鄭絪——元和九年五月一日丁未朔，由檢校禮尙·嶺南東道節度使遷工尙。（舊紀、舊傳。）後轉太常卿。（舊傳。）——舊一五九、新一六五有傳。

韓章——元和中，官至工尙。（册府八九九、姓纂四、〔新七三上世表作兵侍誤〕。）——兩書無傳。

郗士美——元和十二年八月三日庚申，由檢校工尙·昭義節度使遷工尙。（舊紀、兩傳。）十一月以後，入京。（會要九一〔姓作邢誤〕。）十四年五月十三庚寅，出爲檢校刑尙·忠武節度使。（舊紀、兩傳。）——舊一五七、新一四三有傳。

歸登——元和十四年六月十四庚申，由兵侍遷工尙。（詳兵侍卷。）十五年六月十九己丑，卒官。（舊紀、兩傳、全唐文五六四韓愈太學博士李君墓誌。）——舊一四九、新一六四有傳。

〇韋貫之——長慶元年，由河南尹遷工尙。（兩傳、全唐文六六二白居易韋貫之可工部尙書制。）未行。十月十四丁丑，卒於東都。（舊紀、兩傳。）——舊一五八、新一六九有傳。

崔倰——長慶元年十月二十六己丑，由戶侍·判度支遷工尙，仍判度支。（詳戶侍卷。）二年正月二十二甲寅，出爲檢校禮尙·鳳翔隴右節度使。（舊紀、墓誌。）——舊一一九、新一四二有傳，全唐文六五四有元稹撰太子少保崔公墓誌。

鄭權——長慶二年十月二十二己卯，由工侍遷工尙。（舊紀、舊傳、全唐文五五六韓愈送鄭尙書序。）三年四月二十五己酉，出爲檢校刑尙·嶺南東道節度使。（通鑑、韓愈送鄭尙書序〔檢校刑尙〕、兩傳〔檢校右僕〕。）——舊一六二、新一五九有傳。

胡証——長慶三年，由檢校工尙·兼金吾大將軍遷工尙。四年三月十一庚申，遷檢校戶尙·兼京兆尹。——舊一六三、新一六四有傳。

〔考證〕　舊傳：「長慶元年，太和公主出降回紇，詔以本官（金吾大將軍）檢校工部尙書充和親使。……還，拜工部侍郎。敬宗卽位之初，檢校戶部尙書·守京兆尹。」冊府六五四，同。新傳亦同。舊紀，長慶四年三月「庚申，工部尙書胡證檢校戶部尙書京兆尹。」作尙書，與兩傳異。據官資當以尙書爲正。又其名，兩傳作証，舊紀累見，皆作證。今從傳，參看戶尙卷。

裴武——寶歷二年三月十五壬午，由工尙出爲同州刺史。（舊紀。）——兩書無傳。

張正甫——大和元年二月七日己亥，由右散騎常侍·集賢殿學士·判院事遷工尙。（舊紀〔脫二月合鈔已補〕、舊傳。）〔考證一〕。蓋四年卸。〔考證二〕。——舊一六二有傳。

〔考證一〕　原官，紀作右常侍，傳作左常侍。考全唐文五四九韓愈除兵部侍郎擧張正甫自代狀，正甫具銜爲「通議大夫·守右散騎常侍」，時在長慶元年。故今姑從紀作右。又全唐文七六一褚藏言撰竇牟傳云：「與故（略）兵部侍郎張公賈、故工部侍郎張公正甫同年上第。」作侍郎誤。又按舊紀：大和四年四月「丁未，兵部尙書致仕張賈卒。」則此處賈官侍郎亦誤。

〔考證二〕　舊傳，工尙後云：「五年，檢校兵部尙書太子詹事。」據舊紀、壁記，四年四月鄭覃已爲工尙，故書正甫卸於四年。

鄭覃——大和四年三月三十甲辰，由右散騎常侍·翰林侍講學士遷工尙，仍充學士。（翰學壁記、舊紀〔四月二日丙午〕。）〔考證〕。六月十七己未或五年六月十七癸未，守本官出院。〔考證〕。六年三月十四丁未，復以本官充侍講學士。（壁記、舊傳〔二月〕、新傳。） 七年六月十六壬申，遷御史大夫，出院。

（壁記、舊紀、通鑑、舊傳〔五月〕、新傳。）——舊一七三、新一六五有傳。

〔考證〕　壁記：「鄭覃，大和三年九月二十一日，自右散騎常侍充侍講學士。四年三月三十日改工部尙書。六月十七日出守本官。」舊紀四年遷工尙一條，官歷與壁記全同，惟日作四月丙午，差後二日耳。而舊傳：「文宗卽位，改左散騎常侍。三年以本官充翰林侍講學士。四年四月，拜工部侍郎。……五年李宗閔牛僧孺輔政，宗閔以覃與李德裕相善，薄之。時德裕自浙西入朝，復爲閔孺所排，出鎭蜀川，宗閔惡覃禁中言事，奏爲工部尙書，罷侍講學士。」新傳亦由常侍遷工侍始遷工尙，與舊傳同，惟無年月。是兩傳工尙前又有工侍一遷，舊傳且云罷學士爲工尙在五年；均與舊紀壁記異。按：舊紀憲穆敬文四朝書事最詳贍少誤，壁記此時前後亦少脫譌，紀記並以四年由右常侍遷工尙當不誤。且是年秋庾敬休始卸工侍，而崔琯繼之，十二月卸，而馮宿代之，至六年卸，詳彼卷。若從舊傳，覃以四年四月遷工侍，五年遷工尙，則與敬休等衝突，故不取。又罷學士，壁記卽在四年六月十七日，而舊傳云五年。壁記岑注云：「考宗閔三年相，僧孺四年相，傳稱五年閔孺輔政，猶可諉曰揭指當時情事；若德裕自浙西入朝在三年，去五年更遠。舊傳此節當有不盡信之處。復次元龜五五〇云：『鄭覃爲翰林學士，大和四年七月，文宗於太液亭召覃已下對。』使元龜月份不誤，又可與舊傳五年罷學士之說相印證。孰是孰非，未能遽決。」耕望按：德裕由浙西入朝雖在三年，但出鎭西川實在四年十月，若信舊傳覃罷學士在德裕出鎭之後，則仍以舊傳五年之說爲正。或者壁記「六月十七日」上奪「五年」二字歟？姑存疑。

鄭注——大和九年八月四日丁丑，由太僕卿·兼御史大夫遷工尙·充翰林侍講學士。（舊紀、通鑑、兩傳。）九月二十五丁卯，出爲檢校右僕·鳳翔隴右節度使。（同上。）——舊一六九、新一七九有傳。

韋纈——開成元年正月七日丁未，由秘書監遷工尙。（舊紀。）——兩書無傳。

杜悰——開成二年十二月十三壬寅，由檢校兵尙·忠武節度使遷工尙·判度支。（舊紀、兩傳。）四年四月十七戊辰稍後，遷戶尚·兼判戶部度支事。（詳戶尚卷。）——舊一四七、新一六六有傳。

韋珝——蓋會昌以後，官至工尚。——兩書無傳。

〔考證〕新七四上世表，韋陟之曾孫「珝，工部尚書，少府卿。」按：陟於肅宗上元元年卒，年六十六。以年世推之，珝官尚書不能早過會昌中。

薛元賞——會昌五年，由檢校吏尚·兼京兆尹遷工尚·充諸道鹽鐵轉運使。六年四月四日甲戌，貶忠州刺史。（詳鹽運使卷。）——新一九七有傳。

●盧商——會昌六年九月，由兵侍·判度支遷中書侍郎·兼工尚·同中書門下平章事。（詳度支卷。）大中元年三月，出爲檢校兵尚·武昌節度使。（新表、通鑑、舊紀〔八月〕、舊傳。）——舊一七六、新一八二有傳。

盧弘宣——大中元年，由檢校戶尚·義武節度使遷工尚。——新一九七有傳。

〔考證〕新傳：「徙義武節度使。……歷工部尚書，秘書監。」全唐文七二六有崔嘏授盧弘宣工部尚書制，亦由易定節度入拜。檢通鑑，會昌五年正月，秘書監盧弘宣爲義武節度使。據新傳，到任之明年秋尚在節度任，參以前條盧商事，則弘宣入爲工尚，不能早過大中元年夏。又吳表四引曲陽縣志金石北嶽題名，大中二年二月十三日，義武節度使已爲韋損，則弘宣入朝又不能遲過大中元年冬。故今置於大中元年。又崔嘏授制亦云：「朕嗣膺寶位，繼統宏業，思與藩方大臣，披其雲霧。」是亦宣宗即位不久之證。復檢新一八〇李德裕傳，嘏坐德裕遠貶，當在大中二年春，與上考亦合。又按：新傳由工尚轉秘書監，而通鑑秘監在義武前。考全唐文七二八封敖授盧弘宣易定節度使制，由中大夫·檢校工尚·兼秘書監遷檢校戶尚·充易定節度使。是傳誤也，而易定檢校官亦賴此制以明。

高少逸——大中初葉，由左散騎常侍遷工尚。（舊傳、新七一下世表。）——舊一七一、新一七七有傳。

陳商——大中世，曾官工商。（北夢瑣言一、語林二。）——兩書無傳。

鄭朗——大中中，約五六年，由宣武節度使入遷工尙·判度支。——舊一七三、新一六五有傳。

〔考證〕新傳：「爲鄂岳、浙西觀察使，進義武、宣武二節度，歷工部尙書·判度支，御史大夫，復爲工部尙書·同中書門下平章事。」舊傳同，惟無第二任。按：朗由御史大夫再任工尙在大中十年正月，則第一任必在前。據吳表引蔣伸授鄭光河中節度使鄭朗宣武節度使同制，則二人事同時。而引會要大中五年五月，光已在河中任。又引新表、會要，崔龜從以五年十一月爲宣武，六年二月見在任，則朗出爲宣武必在五年五月以前，其卸任不能遲過五年十一月也。故爲工尙可能在五六年至七八年。

楊漢公——大中八年，由荆南節度使入遷工尙。是年，轉秘書監。（詳戶侍卷。）——舊一七六、新一七五有傳。

柳公權——大中八九年，由國子祭酒遷工尙。時階金紫光祿大夫。九年夏秋，見在任，階如故。年冬，徙太子少傅。——舊一六五、新一六三有傳。

〔考證〕舊傳：「累遷金紫光祿大夫，……復爲左常侍，國子祭酒，歷工部尙書。咸通初，改太子少傅，改少師，……六年卒。」新傳省工尙，而云：「復爲常侍，進至太子少師。大中十三年，天子元會，公權……占奏忽謬，……咸通初乃以太子太保致仕。」與舊傳異。東觀奏記卷下，述元會事在十二年，官亦少師。舊傳誤也。考萃編一一四圭峯定慧禪師碑，大中九年十月建，裴休撰書，柳公權篆額，休之官銜爲中書侍郎·兼戶部尙書·同平章事，則此碑上石即在九年夏秋；公權銜金紫光祿大夫·守工部尙書，是其時在任也。而觀後條鄭朗事，公權卸工尙爲少傅不能遲過同年冬。又考高元裕碑（萃編一一四、八瓊七五），公權書銜爲金紫光祿大夫·左散騎常侍。時在大中六年秋冬至七年春夏間，則由祭酒遷工尙似不能早過八年，與楊漢公年份亦合。

●**鄭朗**——大中十年正月十三丁巳，由御史大夫遷工尙·同中書門下平章事。時階通議大夫。十月十八戊子，遷中書侍郎·兼禮尙，仍平章事。階如故。（詳禮尙卷。）——此再任。

●崔愼由——大中十年十二月二十三壬辰，由戶侍·判戶部事遷工尙·同中書門下平章事。時階太中大夫。(詳戶侍卷。)十一年十一月二十五己未，遷中書侍郎·兼禮尙，仍平章事。階如故。(詳禮尙卷)。——舊一七七、新一一四有傳。

●蕭鄴——大中十一年十一月二十五己未，由兵侍·同中書門下平章事·判度支遷工尙，仍平章事·判度支。(新表、舊紀。)十二月，罷判度支。(詳度支卷。)十二年四月十八己酉，遷中書侍郎·兼禮尙，仍平章事。(新表。)——新一八二有傳。。

●劉瑑——大中十二年四月十八己酉，由戶侍·同中書門下平章事·判度支遷工尙，仍平章事。(新表、新傳。)五月六日丙寅，薨於位。(通鑑、新表。)——舊一七七、新一八二有傳。

●夏侯孜——大中十二年十月五日癸巳，由兵侍·同中書門下平章事·諸道鹽鐵轉運使遷工尙，仍平章事。(新表。)十三年八月二十癸卯，遷中書侍郎·兼刑尙，仍平章事。(新表。)〔考證〕。——舊一七七、新一八二有傳。

〔考證〕全唐文七九二盧潘萬敬儒孝行狀碑，大中十三年十月十五日立，狀後有宰相書銜，孜爲「工部尙書·平章事」，蓋牒狀在八月以前耳。

●蔣伸——大中十三年八月二十癸卯，由兵侍·同中書門下平章事遷中書侍郎·兼工尙，仍平章事。咸通元年九月二十六癸酉，遷兼刑尙，仍中書侍郎·平章事。時階金紫光祿大夫。——舊一四九、新一三二有傳。

〔考證〕新傳：兵部侍郎·同平章事，「加中書侍郎。懿宗卽位，兼刑部尙書，監修國史。咸通二年出爲河中節度使。」省工尙。舊傳並刑尙亦省。新表書事詳列如次：

大中十三年「八月癸卯，(中書侍郎·兼禮部尙書)鄴爲門下侍郎，(兵部侍郎)伸爲中書侍郎·並兼兵部尙書。(工部尙書)孜爲中書侍郎·兼刑部尙書。」

咸通元年「九月癸酉，孜爲門下侍郎兼兵部尙書，佃兼刑部尙書，（兵部侍郎）審權爲中書侍郎・兼工部尙書。」

按：唐世兵部尙書只一員，大中十三年條「並兼兵部尙書」必誤。當乙「兼兵部尙書」於「門下侍郎」下，而「佃爲中書侍郎」下脫「兼工部尙書」，又衍「並」字耳。（並或卽兼之譌。）其證有三：全唐文八三懿宗授白敏中等宏文館大學士等制，夏侯孜原銜爲「銀青光祿大夫・守中書侍郎・兼刑部尙書・同中書門下平章事」，蔣伸原銜爲「金紫光祿大夫・守中書侍郎・兼工部尙書・同中書門下平章事」。則孜以中書侍郎兼刑尙時，伸官中書侍郎兼工尙，非兼兵尙也。其證一。舊紀：大中十三年十月癸未，「中書侍郎・平章事蔣伸兼工部尙書。」咸通二年二月，「以中書侍郎・兼工部尙書蔣伸兼刑部尙書。」年月雖不合，然由兼工尙遷兼刑尙，與前制合。其證二。又前後數年，新表遷官之例，宰相兼官例由侍郎而工尙，而禮尙或刑尙，而戶尙或兵尙。鄴由中書侍郎兼禮尙遷門下侍郎・兼兵尙，於例甚合，不誤。伸原爲兵部侍郎，此時不應遽兼兵尙，明年又降兼刑尙；再觀夏侯孜杜審權兼官，則伸此時亦必兼工尙也。其證三。

●杜審權——咸通元年九月二十六癸酉，由兵侍・同中書門下平章事遷中書侍郎・兼工尙，仍平章事。（新表。）二年六月十一甲寅，見在中書侍郎・兼工尙・平章事任。（萃編一一七杜國告石刻。）三年二月一日庚子朔，遷門下侍郎・兼吏尙，仍平章事。（詳吏尙卷。）——舊一七七、新九六有傳。

●曹確——咸通五年八月一日乙卯朔，以中書侍郎・同中書門下平章事兼工尙。（新表、舊紀〔五月壬寅〕。）六年六月，遷兼戶尙，仍中書侍郎・平章事。（詳戶尙卷。）——舊一七七、新一八一有傳。

●徐商——咸通七年八月，以中書侍郎・同中書門下平章事兼工尙。〔考證〕。八年十月，遷兼刑尙，仍中書侍郎・平章事。（舊紀、新表。）——舊一七七、新一一三有傳。

〔考證〕 舊紀：咸通六年四月，徐商爲中書侍郎。七年八月，「中書侍郎・平章事徐商兼工部尙書。」新表：七年十一月，「（兵部侍郎．平章事）商爲中書侍郎．兼工部尙書。」二者互異。按：新表年月書事有誤，詳兵侍卷。今從舊紀。又避暑錄卷上：「宜興張公洞……有咸通八年昭義軍節度使李蠙贖寺碑……（碑）後具勅書繫銜有稱『中書侍郎兼刑部尙書路』者，巖也。『門下侍郎兼戶部尙書曹』者，確也。『中書侍郎兼工部尙書盧』者，商也。」耕望按：盧商早卒於大中十三年，此徐商耳，非盧商也。蓋葉氏誤釋碑文或後人誤校耳。

裴思猷——蓋咸通中，官至工尙。——兩書無傳。

〔考證〕新七一上世表，裴垍相憲宗。季弟之第三子「思猷字獻臣，工部尙書。」度其時，當在咸通中。

嚴祁——咸通十三年五月十四癸未，由工尙貶郴州刺史。（通鑑並考異引續寶運錄、舊紀〔辛巳〕。）——兩書無傳。

牛蔚——乾符元年，在權知工尙任。——舊一七二、新一七四有傳。

〔考證〕舊紀：乾符元年十二月，「權知工部尙書牛蔚爲禮部尙書。」而舊傳：「咸通中爲給事中。……踰歲，遷戶部侍郎，……以公事免。歲中復本官。歷工禮刑三尙書。咸通末，檢校兵部尙書．興元尹．山南西道節度使。」吳表四山南西道卷列蔚於乾符二年至五年。考證云：「舊杜讓能傳，淮南劉鄴辟掌書記，得殿中。牛蔚鎭興元，奏節度判官。按：乾符元年十月劉鄴鎭淮南。又讓能傳，咸通十四年進士，王鐸鎭汴，奏爲推官，入爲長安尉，集賢校理，母憂服闋，劉鄴始辟。則蔚鎭興元，在乾符，非咸通。」耕望按：此說甚碻，蔚傳云在興元三年，爲吳行魯所代，來京師，黃巢犯闕云云。亦鎭興元在乾符之旁證。則舊紀乾符元年在工尙任有明徵矣；舊傳咸通末，誤。惟元年十二月至四年正月，鄭畋在禮尙任，舊紀云此月蔚由工尙遷禮尙，與畋衝突，今姑不書；而仍書刑尙於乾符中。

于涯——乾符元年十二月，由太子賓客遷工尙。（舊紀。）——兩書無傳。

●盧攜——乾符二年六月，以中書侍郎·同中書門下平章事兼工尙。（新表。）四年正月，遷兼刑尙，仍中書侍郎·平章事。（新表。）——舊一七八、新一八四有傳。

薛能——乾符中，由感化節度使入遷工尙，復出爲感化節度使。——兩書無傳。

〔考證〕唐詩紀事六〇：「薛能，……京兆尹溫璋貶，命權知尹州。出領感化節度，入授工書，復節度徐州，徙忠武。廣明元年，徐兵赴溵水，經許……。」按：舊紀咸通十二年正月書事，能在京尹任，則官工尙當在乾符中。

●崔沆——乾符六年十二月，由戶侍·同中書門下平章事遷中書侍郎·兼工尙，仍平章事。（新表、新傳。）廣明元年十二月二十一庚子，爲黃巢所殺。（新表、新傳。）——舊一六三、新一六〇有傳。

●杜讓能——光啓二年四月，由兵侍·同中書門下平章事遷工尙，仍平章事。（新表。）三年三月九日癸未，遷中書侍郎，仍平章事。（新表。）——舊一七七、新九六有傳。

鄭紹業——光啓三年，或文德元年正二月，由前荆南節度使遷工尙。——兩書無傳。

〔考證〕全唐文八一二劉崇望授鄭紹業工部尙書制：「洎揚我休命，出守荆門，頗聞理聲，急於徵請，……爰從分務，曠已歷時，……能用善人，我實所慕，是命進爾於冬官，八座乃庶績彝倫之所由焉。」是荆南節度後爲分司頗久始有工尙之命也。據通鑑，紹業兩鎭荆南，一在廣明元年四月，由工侍；一在中和二年八月，由兵侍。據官歷，此制必在第二任之後。且舊一七九劉崇望傳：「僖宗在山南，以蒲坂近關，欲其效用，……以崇望爲諫議大夫，既至，諭以大義，重榮奉詔，……請殺朱玫自贖。使還，上悅，召入翰林充學士。……在禁署四年，昭宗即位，拜中書侍郎·同平章事。」據舊紀，僖宗幸山南在光啓二年三月，朱玫之叛在四月，崇望奉使河中在五月，入相在龍紀元年正月。此制既爲崇望所作，必行於光啓二年秋以後至文德元年間。又制云：「洎揚我休命」，是即在僖宗世，未入昭宗世。按昭宗以文德元年三月即位，又參以杜讓能條，則此制必行於光啓三年三月至文德元年二月間無疑。

盧知猷——乾寧初，或景福中，曾官工尙。（詳戶尙卷。）——舊一六三、新一七七有傳。

〇**陸扆**——乾寧四年二月八日癸丑，由硤州刺史遷工尙。（舊紀、兩傳。）八月一日甲辰朔，遷兵尙。（同上。）——舊一七九、新一八三有傳。

●**崔遠**——光化元年正月，以中書侍郎·同中書門下平章事兼工尙。（新表。）二年四月，遷兼吏尙，仍中書侍郎·平章事。（新表。）——舊一七七、新一八二有傳。

〇**崔胤**——天復元年十一月二十六甲戌，由司空·兼門下侍郎·同中書門下平章事·判度支·充諸道鹽鐵轉運使罷爲工尙。（兩紀、新表、通鑑、兩傳。）階由開府儀同三司削爲朝散大夫。（舊紀。）三年正月二十五丁卯，復爲司空·兼門下侍郎·同中書門下平章事·判度支·充諸道鹽鐵轉運使。（舊紀、通鑑、新表〔正月壬子〕、新紀〔同〕、兩傳。）——舊一七七、新二二三下有傳。

〇**王溥**——天祐二年二月二十一庚戌，由太常卿遷工尙。（舊紀、新傳。）四月，見在任。（舊紀。）五月十七乙亥，貶淄州司戶。（舊紀、通鑑。）——新一八二有傳。

李克助——天祐二年十二月，見在工尙任。（舊紀。）——兩書無傳。

唐僕尚丞郎表　卷二十二

輯考八下　尚書工部侍郎

溫大雅——武德中末葉，由黃門侍郎換工侍，遷陝東道大行臺工尙。——舊六一、新九一有傳。

〔考證〕舊傳：「武德元年，歷遷黃門侍郎。弟彥博爲中書侍郎，對居近密，議者榮之。……尋轉工部。進拜陝東道大行臺工部尙書。太宗以隱太子巢剌王之故，令大雅鎭洛陽以俟變。」新傳同。考彥博傳：「幽州總管羅藝引爲司馬，藝以幽州歸國，彥博……授幽州總管府長史。未幾，徵爲中書舍人，俄遷中書侍郎。……突厥入寇，……彥博爲行軍長史，……軍敗，……沒於虜庭。」按：羅藝歸唐在武德二年，彥博以中書侍郎爲行軍長史在八年六月，由中舍遷中書侍郎不能早過武德中葉，則大雅由黃門轉工侍亦不能早過中葉。

元務眞——約武德、貞觀中，官至工侍。——兩書無傳。

〔考證〕姓纂四：元氏，「行恕，隋毛州司馬。生務整、務眞。務整，唐兵部郎中。……務眞，工部侍郎。」按：務眞之孫暕爲左丞，當景龍中，則務眞官工侍當在武德貞觀中。

薛獻——蓋貞觀初葉，官至工侍。——兩書無傳。

〔考證〕新七三下世表：薛氏「胄，隋刑部尙書。」子「獻，工部侍郎，內陽公。」唐文拾遺六四杜長史妻薛氏瑤華墓誌：「曾祖胄。……祖獻，工部侍郎，泉資定隴四州刺史，贈洪州都督，內陽穆公。」據誌，瑤華以顯慶二年卒，年二十六；則獻官工侍或當在貞觀初葉。又世表，獻五世孫「逑，吏部侍郎。」按：逑低瑤華三輩，若準三十年爲一世，則天寶十載逑才三十歲，其官吏侍當在大曆前後。

盧義恭——貞觀十一年六月，見在工侍任。（岑文本溫彥博碑〔萃編四四八瓊三〇全唐文一五〇〕、舊盧悊傳、唐文拾遺一九杜昱優婆夷未曾有功德塔銘。）——舊一二六附見玄孫悊傳。

李弘節——貞觀中，官至工侍。（舊李若初傳。）——舊一四六附見曾孫若初傳。

溫無隱——貞觀中，或高宗初年，官至工侍。（舊溫大雅傳、新七二中世表。）——舊六一附見父大雅傳。

丘行淹——永徽二年，見在工侍任。（新八三諸公主傳、姓纂五。）——舊五九附見父和傳〔淹作掩〕。

王儼——永徽五年正月或六月，在工侍任。（冊府一〇五〔六月〕、同書一六一〔同一事而作正月〕、新七二中世表。）——兩書無傳。

皇甫公義——乾封二年十月，見在司平少常伯任。（冊府一六一〔義作議蓋誤參右丞卷〕、姓纂五。）——兩書無傳。

虞昶——由將作少匠遷工侍。（新一〇五來濟傳。）咸亨四年，見在任。時階中大夫。（永豐鄉人稿甲雲窗漫稿唐館本金剛經跋。）至儀鳳元年，尚在任。〔考證〕。——舊七二、新一〇二附見父世南傳。

〔考證〕　昶官至工侍見兩傳及姓纂二。新一〇五來濟傳：「濟異母兄恆，上元中爲黃門侍郎·同中書門下三品。父本驍將，而恆濟俱以學行稱，相次知政事。時虞世南子昶，無才術，歷將作少匠，工部侍郎，主工作。……」按：恆以儀鳳元年三月拜相。

李義琛——儀鳳二年三月九日辛未，見在工侍任。（詳刑侍卷張楚金條及義琛條。）——兩書無傳。

楊崇敬——約高宗世，曾官工侍。（全唐文二二九張說楊志誠碑。）——兩書無傳。

屈突倫——約高宗世，官至工侍。（姓纂一〇。）——兩書無傳。

元令表——約高宗末葉，曾官工侍。（姓纂四。）——兩書無傳。

裴懷節——約高宗世，由給事中遷工侍。（全唐文五〇一權德輿裴希先神道碑。）——兩書無傳。

狄仁傑——垂拱三年，由寧州刺史遷冬侍。〔考證〕。四年二月，以本官充江南巡撫使。（舊紀、兩傳、語林三。）六月，見在任。（通鑑。）是月或七月，遷右丞。（詳右丞卷。）——舊八九、新一一五有傳。

〔考證〕　舊傳：「轉寧州刺史，……御史郭翰巡察隴右，……薦名於朝，徵爲冬官侍郎，充江南巡撫使。」新傳同。按：通鑑書郭翰巡寧州薦仁傑徵爲冬官侍郎事於垂拱二年紀末；而三年六月翰已由麟臺郎貶巫州司馬；則仁傑入遷冬侍決不能遲過三年。

●裴行本——天授二年九月二十六癸巳，以冬侍同鳳閣鸞臺平章事。（新表、新紀、通鑑。）長壽元年春一月四日庚午，流嶺南。（通鑑、新表〔通本誤作正月庚午百衲本不誤〕、新紀〔同〕、舊八五徐有功傳〔作冬尙誤〕。）——兩書無傳。

○朱敬則——長安四年，由成均祭酒遷冬侍。（兩傳。）神龍元年，出爲鄭州刺史。（兩傳。）——舊九〇、新一一五有傳。

李思冲——神龍元年或二年，始遷工侍。二年或景龍元年春，遷左羽林將軍。——舊八一、新一〇六附父敬玄傳。

〔考證〕　舊傳：「子思冲，神龍初歷工部侍郎、左羽林軍將軍。從節愍太子誅武三思，事敗見殺。」新傳同。又舊一九三崔繪妻盧氏傳：「李思冲，神龍初爲工部侍郎。」新七二上世表同。按：節愍太子起兵在景龍元年七月，諸傳皆云神龍初爲工侍，故姑書始任於元年，遷羽林於二年。

劉憲——景龍元年五月十八乙卯，見在工侍任。（詳刑侍卷徐堅條。）——舊一九〇中、新二〇一有傳。

張說——景龍初，（詳兵侍卷。）由中書舍人遷工侍。（卓異記。）二年，丁母憂免。（詳兵侍卷。）——舊九七、新一二五有傳。

鄭越客——蓋中宗世或稍前，官至工侍。——兩書無傳。

〔考證〕　新七五上世表，鄭氏「越客一名固忠，工部侍郎。」按：越客前兩輩仕隋仕周，後三輩珣瑜、餘慶相德宗。約計年世，越客宦達當在中宗時或稍前。

杜從則——約中宗世，官至工侍。——舊六六附見祖父淹傳。

〔考證〕姓纂六：京兆杜氏，淹孫「從則，工部侍郎。」新七二上世表，同。然舊傳云：「從則，中宗時爲蒲州刺史。」官不同。今從姓纂世表書官，亦置中宗世。

張說——景雲元年春，由前工侍服闋復爲工侍。是年春夏，又遷兵侍。（詳兵侍卷。）——此再任。

徐彥伯——景雲元年，由蒲州刺史入遷工侍。時階太中大夫。是年秋冬，見在任。蓋二年，徙衞尉卿。——舊九四、新一一四有傳。

〔考證〕舊傳：「轉蒲州刺史，入爲工部侍郎，尋除衞尉卿兼昭文館學士。景龍三年，中宗親拜南郊，彥伯作南郊賦以獻。……景雲初，加銀青光祿大夫，遷右散騎常侍。」新傳省衞尉，昭文作修文，在工侍前，又無年份。全唐文二五一蘇頲授徐彥伯工部侍郎制：「太中大夫·前守蒲州刺史·修文館學士·（勳封）徐彥伯……可守尙書工部侍郎。」遷官與兩傳同，又知新傳修文在工侍前爲正。又據舊傳，由工侍換衞尉不能遲過景龍三年。然全唐詩第一函第二册上官昭容溫泉宮詩本注：「景龍三年十二月十二日，中宗皇帝駕新豐溫泉宮，敕蒲州刺史徐彥伯入仗。」會要一帝號條：中宗「景龍四年六月二十二日崩于神龍殿，景雲元年十一月己酉葬定陵。……哀册文，工部侍郎徐彥伯撰。」則由蒲州刺史遷工侍事在景龍四年卽景雲元年，是年秋冬見在任。舊傳誤也。

李適——景雲二年，由中書舍人遷工侍。是年，卒官。——舊一九〇中、新二〇二有傳。

〔考證〕舊傳：「景龍中，爲中書舍人，俄轉工部侍郎。睿宗時，天台道士司馬承禎被徵至京師，及還，適贈詩，……尋卒。」全唐文三九一獨孤及李季卿墓誌述其父適官歷，同。新傳省中舍。據舊一九二司馬承禎傳，以景雲二年被詔入京，通鑑書於是年末。是此年在工侍任。又兩傳及季卿誌，適似卒於工侍；據全唐文三六八賈至工部侍郎李公集序、同書四五八李季卿三墳記、栖先塋記，卽卒於工侍，無疑。栖先塋記云：「粤烏乎，昔蒼龍大泉獻，遭家不造，先侍郎卽世。」按大泉獻，是亥年也。則適卒官即在景雲二年辛亥矣。（此條撰成後，偶檢岑仲勉先生貞石證史掇先塋記條論適卒當在開元十一年癸亥或景雲二年辛亥。而再跋掇先塋記及三墳記復據全詩二函二册適應制各詩排比年代，皆在景龍二年至景雲元年間，又據同卷有徐彥伯題東山子李適碑陰二首並序，彥伯以開元二年卒，因斷言適卒在景雲二年。論證甚精。）

盧藏用——先天元年或前一年，由黃門侍郎轉工侍。是年冬至開元元年春間，遷右丞。時階正議大夫。（詳右丞卷及吏侍卷。）——舊九四、新一二三有傳。

蘇頲——開元元年春，由前太常少卿遷工侍，進階銀青光祿大夫。〔考證〕。十二月，擢中書侍郎。（會要五四中書侍郎條、兩傳。）——舊八八、新一二五有傳。

〔考證〕舊傳：「遷太常少卿。景雲中，瓌薨，詔頲起復爲工部侍郎，加銀青光祿大夫。頲抗表固辭，……詔許其終制。……服闋，就職。」新傳略同。全唐文二五五有蘇頲讓起復表云：「授臣銀青光祿大夫起復行尚書工部侍郎。」按：蘇瓌以景雲元年十一月薨，授工侍固辭蓋稍後，服闋就任當在開元元年春。據廣西通志載蔣烈女傳，開元元年三月或稍後月日頲在工侍任，時間正合。

姜晞——開元二年春夏，在工侍任。（會要二一龍池壇條、舊三〇音樂志。）——舊五九附見曾祖謩傳。

桓臣範——約中宗至開元初世，官至工侍。——新一二〇附見兄彥範傳。

〔考證〕新傳：「弟臣範，工部侍郎。」新七五上世表：「臣範，京兆尹。」按：彥範以神龍二年被殺，年五十四。臣範爲工侍當在此時前後。開元三四年有闕，姑置之。

蕭元嘉——約開元初，官至工侍。——舊九二、新一二三附見兄至忠傳。

〔考證〕舊傳：「弟元嘉，工部侍郎。」新傳同。而新七一下世表作諫議大夫。按：至忠以開元元年七月誅，今姑書元嘉於開元初。

盧從愿——開元五年或上年冬，由豫州刺史遷工侍。五年或六年，遷左丞。（詳左丞卷及吏侍卷。）——舊一〇〇、新一二九有傳。

呂延祚——開元六年，見在工侍任。（新六〇藝文志五臣文選下本注。）蓋由紫微舍人遷任。〔考證〕。——兩書無傳。

〔考證〕會要三九定格令條：「開元三年正月，又敕刪定格式令上之，名爲開元格六卷。」同修人有「紫微舍人呂延祚。」據彼時遷官常例，蓋由舍人遷工侍歟？

陳憲——開元初葉，由大理少卿遷工侍，出爲兗州都督。後又由衞尉少卿遷工侍，出爲蒲州刺史。（墓誌。）——兩書無傳，萃編七七有陳憲墓誌。

王珣——開元初葉，蓋十年前後官工侍。（新傳、〔舊傳作兵侍〕。）——新一一一附父方翼傳，舊一〇五附從子鉷傳。

李元紘——約開元十年，由京兆少尹遷工侍。約十一年，遷兵侍。——舊九八、新一二六有傳。

〔考證〕舊傳：「擢爲京兆尹，尋有詔令元紘疏決三輔，諸王公權要之家皆緣渠立磑以害水田，元紘令吏人一切毀之，百姓大獲其利。又歷工部兵部吏部三侍郎。」新傳尹上有少字，三輔下有渠字。據會要八九磑碾條，新傳是也。觀其官歷，亦以少尹爲正。新傳云，「三遷吏部侍郎」。省工兵二侍郎。據會要，毀磑事在九年正月，據吏侍卷，遷吏侍不能遲過十二年，則由少尹遷工侍或當在十年，遷兵侍或當在十一年歟？

賀知章——開元十四年夏，蓋五月，由禮侍·集賢院學士換工侍，仍充學士。（詳禮侍卷。）俄徙太子賓客，進階銀青光祿大夫。（兩傳。）——舊一九〇中、新一九六有傳。

韓休——約開元十六年，由前虢州刺史遷工侍·知制誥。約十七年，蓋遷右丞。——舊九八、新一二六有傳。

〔考證〕舊傳：「歷遷……禮部侍郎兼知制誥。出爲虢州刺史。時虢州……常被支稅草以納閑廄，休奏請均配餘州，中書令張說駁之。……休……竟執奏，獲免。歲餘，以母艱去職，……乞終禮，制許之。服闋，除工部侍郎，仍知制誥。遷尙書右丞。」新傳同。按：休由禮侍出刺虢州事在十二年六月。張說以十一年二月爲中書令，至十四年四月罷。則奏免草稅當在十二三年，丁母憂當在十三四年，服闋爲工侍不能遲過十六年也。觀許景先條，休卸工侍又不能遲過十七年秋。

許景先——開元十七年秋，遷工侍。〔考證〕。十八年或稍後，遷吏侍。（詳吏侍卷。）——舊一九〇中、新一二八有傳。

〔考證〕 姓纂六：中山許氏「景先，中書舍人，工部侍郎。」舊一〇五宇文融傳，拜相，薦許景先爲工部侍郎。按：融以十七年六月相，九月罷，則景先爲工侍必在年秋。

張九齡——開元二十年三月至七月間某月三日，由秘書少監·集賢院學士·副知院事遷工侍，仍充學士·副知院事。時階中大夫。〔考證〕。八月二十庚寅，加知制誥。（四部叢刊本曲江文集附錄知制誥敕。）二十一年閏三月八日乙亥，進階正議大夫。（文集附錄加正議大夫制。）五月二十七癸巳，遷檢校中書侍郎，餘並如故。（文集附錄加檢校中書侍郎制、神道碑、新傳。）——舊九九、新一二六有傳，全唐文四四〇有徐浩撰右丞相張公神道碑。

〔考證〕 神道碑及新傳皆由秘書少監集賢院學士副知院事遷工侍。考四部叢刊本曲江文集附錄，有守秘書少監制，在開元十九年三月七日；有賜紫敕，在開元二十年二月二十日；次有轉工部侍郎制，原銜爲「中大夫·守秘書少監·集賢院學士·副知院事·（勳·封）·賜紫金魚袋」，時在二十年□月三日。此缺月份，但據賜紫敕及後知制誥敕，則此制當在三月至七月間。

陳希烈——開元二十一年五月二十七癸巳，由中書舍人·集賢院學士侍講遷檢校工侍。（曲江文集附錄加檢校中書侍郎制、新傳。）時階朝散大夫。（曲江文集附錄加檢校中書侍郎制。）後代張九齡副知院事。（兩傳。）不知何時遷門下侍郎。（新傳。）——舊九七、新二二三上有傳。

徐安貞——開元二十四年或明年春夏，由檢校工侍·集賢院學士遷中書侍郎。時階中大夫。——舊一九〇中、新二〇〇有傳。

〔考證〕 全唐文三〇八孫逖授徐安貞中書侍郎制：「中大夫·檢校工部侍郎·兼集賢院學士·(勳)徐安貞……頃司水土，兼典圖書，……可中書侍郎，餘如故。」考同書三八玄宗冊建平公主文：「維開元二十五年歲次丁丑九月十一日，……今遣使(略)李林甫、副使中書侍郎徐安貞持節冊爾……。」則此制不能遲過二十五年春夏。然據孫逖傳，二十四年始爲中舍掌誥，則此制又不能早過二十四年也。

呂向——約開元末，由中書舍人·翰林供奉遷工侍，出院。——新二〇二有傳。

〔考證〕 新傳：「開元十年，召入翰林，兼集賢院校理，……擢左拾遺，……進左補闕，……以起居舍人從帝東巡，……。久之，遷主客郎中。……父……卒，……向終喪，再遷中書舍人，改工部侍郎，卒。贈華陰太守。」翰學壁記：「呂向，中書舍人充供奉。出院，拜工部侍郎。」故事亦云：「出爲工侍。」皆無年月。岑注：「舊一九四，闕特勤之喪，向以都官郎中使突厥，事在十九年末；則向遷中舍，最早不得過開元二十年。」是也。又按：岑注又引全文四四七竇泉述書賦下注云：「呂向，東平人，……翰林待詔，……官至給事中，中書舍人，刑部侍郎。」刑部雖誤，(同書五〇六權德輿三藏和尙影堂碣亦云「呂工部向。」)然中舍前爲給事中，遷例正合。參之新傳「再遷」之語，則終喪後爲給事，遷中舍；而主客都官二郎中皆丁憂前之官矣。然則丁憂不能早過二十年，爲給事不能早過二十二年，開元盛世，官遷甚緩，其爲工侍不能早過二十四五年也。岑注又云：「考寳刻類編三，著錄向書五碑：其三法規禪師碑，天寳元年九月立；其四長安令韋堅德政頌，天寳元年；其五盧公德政碑，天寳二年建；則向殆卒於天寳初年者。」其言甚是。今姑書於開元末。

蕭華——開元二十八九年或稍後，曾官工侍。——舊九九、新一〇一附父嵩傳。

〔考證〕 舊傳：「二十四年拜太子太師。……貶青州刺史。尋又追拜太子太師。嵩又請老，……

華時爲工部侍郎，……嵩皤然就養十餘年，……天寶八年薨。」新傳同。按：舊紀，貶青州在二十七年六月，自天寶八年上推至開元二十八年僅十年，其請老當卽在二十七八年也。據此可略推華在工侍年代。又全唐文三二五王維送鄭五赴任新都序：「時工部侍郎蕭公嗣翰之宗」，卽華也。

郭虛己——開元二十九年五月，見在工侍任。（冊府一六二。）天寶三載或稍前，遷戶侍。時階朝議大夫。（詳戶侍卷。）——兩書無傳。

韋見素——天寶七八載，由給事中遷檢校工侍。八載冬或九載，遷右丞。——舊一〇八、新一一八有傳。

〔考證〕 舊傳：「天寶五年充江西山南黔中嶺南等黜陟使。……使還，拜給事中，……尋檢校尙書工部侍郎，改右丞。九載遷吏部侍郎。」據員闕，其任右丞不能早過八年冬，則遷工侍年世略可知。

韋述——天寶九載，由太子左庶子遷工侍。時階銀青光祿大夫。在任甚久，蓋終玄宗世。——舊一〇二、新一三二有傳。

〔考證〕 舊傳：「天寶初，歷左右庶子，加銀青光祿大夫。九載兼充禮儀使。其載遷尙書工部侍郎。……及祿山之亂，……述抱國史藏於南山……。」新傳同而略。考會要三七禮儀使條：「天寶九載正月，置禮儀使，以太子左庶子韋述爲之。」則由左庶子遷工侍也。同書六三修國史條：「至德二載十一月二十七日，修史官太常少卿于休烈奏曰：……前修史官工部侍郎韋述陷賊……。」則似終玄宗世爲工侍。述官至工侍又見新一六七韋渠牟傳、摭言七李華三賢論、新語四、會要七五選限條、封氏聞見記二討論條。

李遵——至德元載秋冬，由彭原太守遷工侍，領宗正卿。（墓誌。）二載冬，見在任。（全唐文三五三苗晉卿皇帝奉迎上皇請編史冊表。）十二月十五戊午，見在工侍・兼宗正卿任，階由銀青光祿大夫進特進。（全唐文四四肅宗收復兩京大赦文、會要四五功臣條，參戶尙卷李光弼條。）乾元二年，遷工尙，仍兼宗正。（墓誌。）——兩書無傳，全唐文三九一有獨孤及撰特進鄭國李公墓誌銘。

于休烈——乾元二年九月七日庚午，由太常少卿·知禮儀事·兼修國史遷工侍，仍知禮儀·修國史。（會要三七禮儀使條、兩傳。）〔考證一〕。約上元元年，徙國子祭酒，權留史館修撰。〔考證二〕。——舊一四九、新一〇四有傳。

〔考證一〕 舊傳云「乾元初」，會要三七云「二年九月七日」。又會要二二武成王廟條：「乾元元年九月十二日，太常少卿于休烈奏……。」同書二六讀時令條：「乾元元年十二月二十八日立春，……命太常(少)卿于休烈讀春令……。」是亦遷工侍當在乾元二年之證。而同書二六命婦皇后條：「乾元元年張皇后遂行此禮，禮儀使·工部侍郎于休烈奏曰……」蓋元年行禮，明年休烈始奏耳。

〔考證二〕 舊傳：「宰相李揆矜能忌賢，以休烈修國史，與己齊列，嫉之，奏爲國子祭酒，權留史館修撰以下之。」按：揆以上元二年二月罷相貶袁州，則休烈改國子祭酒當在上元元年。

李之芳——蓋上元中，由工侍轉太子右庶子。——舊七六、新八〇附曾祖蔣王惲傳。

〔考證〕 舊傳：「之芳，天寶十三年安祿山奏爲范陽司馬。及祿山起逆，自拔歸西京，授右司郎中。歷工部侍郎，太子右庶子。廣德元年，……兼御史大夫，使吐蕃。」新傳略同。按：其官工侍當在肅宗世，惟上元中有闕，今書之。

王縉——寶應元年或上年，由工侍遷兵侍。（詳兵侍卷。）——舊一一八、新一四五有傳。

李進——寶應元年冬，由給事中遷工侍·署雍王元帥府行軍司馬。蓋廣德元年，遷兵侍。——新七八附從父李暠傳。

〔考證〕 新傳：「累擢給事中。至德初，從廣平王東征，以工部侍郎署雍王元帥府行軍司馬，爲回紇鞭之幾死。遷兵部。卒。」新七〇上世表：進，兵部侍郎。按：通鑑，寶應元年十月，「以雍王适爲天下兵馬元帥。辛酉，……以給事中李進爲行軍司馬。」丙寅，爲回紇所鞭。則遷工侍當卽年冬。又觀李栖筠條，進卸工侍當卽在廣德元年。

李栖筠——廣德元年秋冬，由給事中遷工侍。〔考證一〕。二年三月，見在任。（語林一政事。）是年，出爲常州刺史。〔考證二〕。——新一四六有傳。

〔考證一〕 新傳：「擢累給事中。是時楊綰……請置五經秀才科，詔羣臣議，栖筠……以綰所言爲是。進工部侍郎。」按：通鑑，廣德元年六月，楊綰請改貢擧制度，給事中李栖筠贊同其議。則遷工侍不能早過此年秋冬。而語林一政事篇：「廣德二年春三月，敕工部侍郎李栖筠（略）折公主水碾磑十所。」（新傳此事亦在工侍任內。會要八九，年月同，而銜戶侍，誤。）則遷工侍又不能遲過二年春也。

〔考證二〕 新傳：「元載忌之，出爲常州刺史。歲仍旱，……栖筠爲浚渠廝江流灌田，遂大稔。」考全唐文三一六李華常州刺史廳壁記：「天子詔宰政審可以安人者，以工部侍郎贊皇公覽允帝兪，拜爲此邦。」「永泰二年二月庚戌，贊皇公從子檢校吏部員外郎華述。」按：記以永泰二年二月作，而述覽濬江渠甚詳，其到任不能遲過元年卽廣德二年。據新傳，華爲栖筠族子，二人交誼甚厚；而此記，覽之官歷年代及在常州濬渠事並與栖筠合，是卽栖筠無疑。

趙縱——由給事中遷工侍。大曆二年正月六日丁己，見在任。——兩書無傳。

〔考證〕 舊一一四周智光傳：「大曆二年正月，密詔（略）郭子儀率兵討智光。……時同華路絕，上召子儀女壻工部侍郎趙縱受口詔付子儀。」舊一二〇郭子儀傳同。按：舊紀、通鑑，事在大曆二年正月六日丁巳。又全唐文四二六于邵與郭令公書：「公之令弟少府監知之爲人，工部趙侍郎賞之爲文。」蓋卽縱也。又于邵爲趙侍御（郎之誤）陳情表：「臣……始自給事驟遷侍郎，贊貳冬官。」則由給事中遷也。

徐浩——大曆二年春，由中書舍人·集賢殿學士·副知院事遷工侍。時階銀青光祿大夫。五月二十五癸酉，出爲嶺南節度使。階如故。——舊一三七、新一六〇有傳，萃編一〇四、全唐文四四五有張式撰銀青光祿大夫徐公神道碑。

〔考證〕神道碑：「代宗踐祚，……復中書舍人，加銀青光祿大夫，集賢殿學士副知院事。尋遷工部侍郎……拜嶺南道節度觀察等使·兼御史大夫。」兩傳同而略。舊紀：大曆二年四月「癸酉，以工部侍郎徐浩爲廣州刺史·嶺南節度觀察使。」按：四月書日有己亥、庚子、丙午、癸酉，而無五月事。然檢陳曆，癸酉已是五月二十五日，是脫月份耳。（校記五亦云當奪五月。）又按：趙縱正月尚在任，蓋卽其時卸，浩遷工侍不能早過此年春。　又全唐文三九三獨孤及爲楊右〔左〕丞等祭李相公文：「年月日，尚書右〔左〕丞楊綰、吏部侍郎李季卿、吏部侍郎王延昌、刑部侍郎魏少遊、工部侍郎徐浩……敬祭於故相國李公之靈……。」按：此必在大曆二年春至五月間，有助於諸丞郎任期之考證。

蔣渙——大曆二年，（據員闕。）由右散騎常侍遷工侍。時階銀青光祿大夫。（全唐文四一一常袞授蔣渙工部侍郎制。）三年正月二十九甲戌，遷左丞。（舊紀。）階如故。（參刑尚卷。）——舊一八五上、新一〇六附高智周傳。

劉希逸——唐中葉，蓋大曆前後，官至工侍。（姓纂五。）——兩書無傳。

崔侁——約大曆中或稍前後，官至工侍。——兩書無傳。

〔考證〕新七二下世表，崔神慶之孫「侁，工部侍郎。」按：舊七七崔神慶傳，神龍中卒，年七十餘。據此推求，侁官工侍蓋大曆中。

蔣鎭——建中二三年，由給事中遷工侍。〔考證〕。四年二月三十丁丑，以本官充禮儀使。（舊紀。）十月，涇原兵變，爲朱泚所獲，僞署宰相。（通鑑、舊傳。）——舊一二七有傳。

〔考證〕舊傳：「轉給事中，工部侍郎。」據舊一三七于邵傳，建中元年冬，鎭尚在給事中任，其遷工侍當在二三年。

劉太眞——興元元年七月稍後，由中書舍人遷工侍。（神道碑、兩傳。）十一〔二〕月丁丑，本官充河東澤潞等道宣慰使。（冊府一六二、神道碑。）貞元元年二月一日丙寅朔，復以本官與賈耽分往東都兩河宣慰。（舊紀、冊府一六二〔東都河南〕。）是年，遷刑侍。（碑、兩傳。）——舊一三七、新二〇三有傳，全唐文五三八有裴度撰劉太眞神道碑。

張彧——貞元三年，遷工侍。至七年，尙在任。——兩書無傳。

〔考證〕 全唐文五九八歐陽詹唐天文述：「歲在辛未，實貞元七年。……是歲也，……清河張公彧爲冬官之五年。」按：此文六官皆指侍郎而言，又年數皆前後言之，故知始任在三年。而通鑑，二年十二月泛敍事，或銜工侍，蓋書後官耳。

薛季連——蓋德宗世或稍前，官至工侍。——兩書無傳。

〔考證〕 新七三下世表：薛氏「德儒，隋濟北司馬。」五世孫「季連，工部侍郎。」按：季連兄幼連之子「貢，左司員外郎。」檢郎官石柱題名考卷二，有薛貢，觀前後人，知貢以貞元初官左外。則季連官至工侍當在此前後。又同輩萃官浙西觀察，在元和中。今姑置季連於德宗世。

鄭餘慶——貞元十三年五月二十八癸丑，由庫部郎中·翰林學士遷工侍·知吏部選事。（舊紀〔壬子〕、翰學壁記、舊傳〔六月〕、新傳、全唐文四八五權德輿爲鄭相公讓中書侍郎平章事表。）十四年七月二十五壬申，遷中書侍郎·同中書門下平章事。（兩紀、新表、通鑑、兩傳、讓表。）——舊一五八、新一六五有傳。

趙植——貞元十七年五月二十五丙戌，由工侍出爲嶺南東道節度使。（舊紀、舊傳、全唐文五五五韓愈送竇從事序。）——舊一七八、新一八二附孫隱傳。

崔淙——貞元末，由陝虢觀察使入遷工侍。旋遷工尙致仕。時階銀青光祿大夫。——兩書無傳，全唐文六三一有呂溫撰銀青光祿大夫守工部尙書致仕崔公行狀。

〔考證〕 行狀：「公諱淙，……遷於陝服。……旣而有淮西之役，晨命暮具，凜然而可觀矣。……

移疾入觀，貳職冬官，……既至陳乞，以尙書致仕。」按：舊紀，貞元十四年九月「乙卯，以同州刺史崔宗爲陝州大都督府長史・陝虢觀察（略）使。」又吳表四陝虢卷引樊川集贈吏部尙書崔公（鄖）行狀：「貞元十六年，平判入等，授集賢殿校書郎。陝虢觀察使崔公琮（全唐文七五六亦作琮。）署爲觀察巡官。」宗琮字異，今從本人行狀作琮。則遷工侍在十六年以後也。又所謂淮西之役指伐吳少誠而言，亦十六年事。是爲工侍當卽在貞元末，蓋趙植之後。吳表陝虢卷列止元和元年，不足信。

張薦——貞元二十年五月二日乙亥，由秘書監・史館修撰遷工侍・兼御史大夫・充入吐蕃弔祭使。（舊紀、墓誌、新傳、舊傳〔由少監誤〕、舊一九六吐蕃傳下、全唐文五〇九權德輿祭張工部文。）七月六日戊寅，卒於道。（墓誌、兩傳、權德輿祭文。）時階中大夫。（墓誌。）——舊一四九、新一六一有傳，全唐文五〇六有權德輿撰中大夫守工部侍郎（略）張公墓誌。

張弘靖——元和四年，由中書舍人遷工侍。同年，遷戶侍。（詳禮侍卷。）——舊一二九、新一二七有傳。

歸登——元和四年，（據員闕。）由給事中遷工侍。（兩傳、全唐文六六一白居易歸登右常侍制。）十月二十一癸巳，以本官充皇太子諸王侍讀。（舊紀、全唐文六三憲宗冊皇太子赦文、兩傳。）五年，見在任。（宋高僧傳三般若傳。）六年正月一日丙申朔，見在任。（舊紀〔作正月丙寅朔丙申據陳曆是月丙申朔〕。）三月八日壬寅見在任。時階銀青光祿大夫。（東洋學報三卷三號妻木直良唐代譯場之唯一日本僧引大乘本生心地觀經。）四月以前，徙左（右？）散騎常侍。時階銀青光祿大夫。〔考證〕。——舊一四九、新一六四有傳。

〔考證〕兩傳由工侍遷左散騎常侍。全唐文六六一白居易歸登右常侍制：「工部侍郎歸登……可右散騎常侍。」左右未知孰是。據舊書白居易傳，爲翰林學士，元和六年四月丁母憂，退居下邽，九年入朝；則此制必作於六年四月以前。又按：萃編一〇六裴耀卿碑，元和七年十一月十七日立，歸登書，題銜銀青光祿大夫・行尙書工部侍郎・（勳・封）。岑仲勉前輩據此謂七年見官工侍，因斷此制非白氏作。(姓纂四校及白氏長慶集謁文。)實則，碑文，許孟容撰，書銜兵部侍郎，是必七年二月十三日以前所撰。(看兵侍卷。)蓋撰書皆在六年，其立碑在七年十一月耳。

郭鈞——約元和中，官至工侍。——舊一六五附見子承嘏傳。

〔考證〕新七四上世表：郭子儀子晞，晞子「鈞，工部侍郎。」按晞以貞元十年卒，鈞子承嘏以開成二年卒於刑侍，則鈞官工侍當在元和中。

任廸簡——元和八年，由檢校工尙·義武節度使入遷工侍。至京，徙太子賓客。——舊一八五下、新一七〇有傳。

〔考證〕舊傳：「張茂昭去易定，以廸簡爲行軍司馬，……尋加檢校工部尙書充節度使。……三年，以疾代，除工部侍郎。至京，竟不能朝謝，改太子賓客，卒。」新傳同。據舊紀，張茂昭去易定及廸簡爲義武節度使事在元和五年十月，在任三年，是不能遲過元和八年也。

裴澡——蓋元和末前後，官至工侍。——兩書無傳。

〔考證〕新七一上世表，南來吳裴氏「澡，工部侍郎。」按：澡之伯祖「寬，禮部尙書。」以天寶十四載卒官。父輩諝、朏。諝以貞元初官吏侍，朏以興元元年官戶侍，上距寬官禮尙恰三十年左右。又澡之孫輩瑑以中和中官至右僕，即寬之四世從孫也，上距寬官禮尙約一百二十年，亦符三十年一世之數，則澡官工侍約當在元和末。

王涯——元和十一年十月十七己酉，由中書舍人·翰林學士承旨遷工侍·知制誥，仍充承旨。(承旨學士記、舊傳〔作十年誤〕、新傳。)同時，進階通議大夫。(舊傳。)十二月十六丁未，遷中書侍郎·同中書門下平章事。(兩紀、新表、通鑑〔原銜失書工侍〕、承旨記〔作十九日誤〕、兩傳、全唐文五八憲宗授王涯中書侍郎平章事制。)階蓋如故。(平章事制。)——舊一六九、新一七九有傳。

孟簡——元和十二年正月下旬，由浙東觀察使入遷工侍。八月三日庚申，遷戶侍。(詳戶侍卷。)——舊一

六三、新一六〇有傳。

●程异——元和十三年九月二十三甲辰，由衞尉卿·兼御史大夫·充諸道鹽鐵轉運使遷工侍·同中書門下平章事，仍充使職。時階朝散大夫。十四年四月二十四辛未，薨於位。（詳鹽運使卷。）——舊一三五、新一六八有傳。

薛放——元和十五年閏正月十日癸丑，由兵部郎中·皇太子侍讀擢工侍。（通鑑、兩傳。）長慶元年三月十四庚戌，遷刑侍。（詳刑侍卷。）——舊一五五、新一六四有傳。

丁公著——長慶元年三月十四庚戌，由給事中遷工侍·兼集賢殿學士。〔考證〕。十月九日壬申，出爲檢校左散騎常侍·浙東觀察使。（舊紀〔原銜工尙誤〕、兩傳〔作浙西誤〕、全唐文六六三白居易尙書工部侍郎集賢殿學士丁公著可檢校左散騎常侍越州刺史浙東觀察使制。）——舊一八八、新一六四有傳。

〔考證〕　舊傳：「穆宗卽位，……超授給事中。……未幾，遷工部侍郎，仍兼集賢殿學士。」新傳同。考全唐文六六三有白居易撰韋綬從右〔左〕丞授禮部尙書薛放從工部侍郎授刑部侍郎丁公著從給事中授工部侍郎三人同制。此制在長慶元年三月庚戌，詳左丞卷韋綬條。

●元稹——長慶元年十月十九壬午，由中書舍人·翰林學士承旨遷工侍，出院。（承旨學士記、翰學壁記、舊紀、通鑑〔癸未〕、兩傳。）二年二月十九辛巳，以本官同中書門下平章事。（舊紀、新表、通鑑、兩傳、全唐文六四穆宗授平章事制。）時階中散大夫。（授制。）六月五日甲子，罷爲同州刺史。（舊紀、新表、通鑑、兩傳、全唐文六四穆宗授同州刺史制。）時階通議大夫。（授制。）——舊一六六、新一七四有傳。

鄭權——長慶二年，由河南尹入遷工侍。（舊傳。）十月二十二己卯，遷工尙。（舊紀、舊傳。）——舊一六二、新一五九有傳。

許季同——長慶二年十月二十二己卯，由前華州刺史遷工侍。（舊紀。）約三年卸。〔考證〕。——新一六二附許孟容傳。

〔考證〕 舊紀：長慶四年七月「戊子，太子賓客許季同卒。」參之員缺，其卸工侍當在三年。

錢徽——約長慶三四年，由湖州刺史入遷工侍。出爲華州刺史。——舊一六八、新一七七有傳。

〔考證〕 新傳：「轉湖州。時宣歙旱，左丞孔戣請徙徽領宣歙，宰相……不用，……還，遷工部侍郎，出爲華州刺史。文宗立，召拜尚書左丞。」按：孔戣以長慶二年爲左丞，三年四月卸任，徽爲左丞在大和元年二月；則爲工侍華刺必在長慶二年至寶曆元年間。此五年間，工侍惟長慶三四年間有空，與徽官歷時次亦合。

張惟素——長慶四年六月二日庚辰，卒於工侍任。（舊紀。）——兩書無傳。

于敖——長慶四年，由給事中遷工侍。（舊傳。）十月二十七壬寅，遷刑侍。（舊紀、舊傳。）——舊一四九、新一〇四有傳。

鄭覃——長慶四年十月二十七壬寅，由御史中丞遷權知工侍。（舊紀、舊傳〔十一月〕。）寶曆元年閏七月一日壬申朔，遷京兆尹。（舊紀〔壬午朔誤合鈔已正〕、舊傳。）——舊一七三、新一六五有傳。

盧元輔——寶曆元年閏七月十七戊子，由給事中遷工侍。（舊紀。）十一月，遷刑侍。（詳刑侍卷。）——舊一三五、新一九一有傳。

王璠——寶曆元年十一月二日辛未，由御史中丞換工侍。（舊紀、兩傳。）二年八月一日丙申朔，出爲河南尹。（舊紀〔名播誤〕、舊傳〔七月〕、新傳。）——舊一六九、新一七九有傳。

徐晦——寶曆二年八月一日丙申朔，由前福建觀察使遷工侍。（舊紀、舊傳。）旋出爲同州刺史。（舊傳。）——舊一六五、新一六〇有傳。

獨孤朗——大和元年正月八日庚午，由御史中丞換工侍。（舊紀〔作戶部誤〕、墓誌、兩傳。）五月二十三甲申，見在任。（册府五八）。八月一日庚寅朔，出爲福建觀察使。（舊紀〔原官工侍不誤〕、墓誌、兩傳。）——舊一六八、新一六二有傳，全唐文六三九有李翶撰福建觀察獨孤公墓誌。

丁公著——大和元年秋，由兵侍換工侍・知吏部西銓選事。二年春，正拜吏侍。（詳吏侍卷。）——此再任。

庾敬休——大和初，由前兵部郎中・知制誥服闋遷工侍。（舊傳。）四年秋，遷吏侍。（詳吏侍卷。）——舊一八七下、新一六一有傳。

崔琯——大和四年秋，由給事中遷工侍。〔考證〕。十二月十六丙辰，遷京兆尹。（舊紀、兩傳。）——舊一七七、新一八二有傳。

〔考證〕舊傳：「太和初，累遷給事中。……俄而，興元兵亂殺李絳，命琯平亂褒中，三軍寂然從命。使還，改工部侍郎。四年冬，拜京兆尹。」新傳官歷同。按：興元兵亂在四年二月，三月溫造平之，琯蓋奉使宣慰者，使還遷工侍。必繼敬休也。

馮宿——大和四年十二月二十六丙寅，由河南尹入遷工侍。（舊紀、兩傳、神道碑。）六年秋冬，遷刑侍。（詳刑侍卷。）——舊一六八、新一七七有傳，萃編一一三、全唐文六四三有王起撰馮宿神道碑。

李固言——大和六年，由給事中遷工侍。（舊傳。）七年四月二十三庚辰，遷右丞。（舊紀、舊傳〔作左誤〕。）——舊一七三、新一八二有傳。

楊汝士——大和七年四月二十三庚辰，由中書舍人遷工侍。（舊紀、舊傳。）八年七月七日丙辰，出爲同州刺史。（舊紀、舊傳。）——舊一七六、新一七五有傳。

崔鄲——大和八年，由中書舍人遷工侍。（舊傳。）是冬，以本官權知禮部貢舉。蓋十二月上旬，正拜禮侍。（詳禮侍卷。）——舊一五五、新一六三有傳。

楊虞卿——大和八年十二月十三己丑，由常州刺史入遷工侍。（舊紀、兩傳。）九年四月十六辛卯，遷京兆尹。（舊紀、兩傳。）——舊一七六、新一七五有傳。

崔侑——大和九年七月十五戊午，由工侍·皇太子侍讀貶洋州刺史。（舊紀。）——兩書無傳。

歸融——大和九年八月二十癸巳或稍後，由中書舍人·翰林學士承旨遷工侍·知制誥，仍充承旨。開成元年春，遷戶侍，仍知制誥·充承旨。（詳戶侍卷。）——舊一四九、新一六四有傳。

●陳夷行——開成元年六月二十四辛酉，由太常少卿·兼太子侍讀·充翰林學士承旨遷工侍·知制誥，仍兼侍讀·充承旨。（翰學壁記、新傳〔省太常少卿〕、〔舊傳無工侍而後云以本官平章事誤〕。）二年四月五日戊戌，以本官同中書門下平章事。（翰學壁記、兩紀、新表、通鑑、新傳、全唐文七〇有授制。）時階將仕郎。（舊紀、授制。）三年九月十四己巳，遷門下侍郎，仍平章事。（新表、舊傳。）——舊一七三、新一八一有傳。

柳公權——開成三年九月十八癸酉，由諫議大夫·知制誥·翰林學士遷工侍·知制誥，進充承旨。（翰學壁記、兩傳。）五年三月九日乙酉，徙右散騎常侍，出院。（壁記、兩傳。）此時前後，均見階朝議大夫。（萃編一一三苻璘碑、金薤琳琅一四元秘塔碑。）——舊一六五、新一六三有傳。

周墀——開成五年三月十三己丑，由中書舍人·翰林學士遷工侍·知制誥，仍充學士。（翰學壁記〔脫中舍詳岑注〕、墓誌、新傳〔省中舍〕〔舊傳有中舍省工侍〕。）六月十日甲寅，守本官出院。（壁記、墓誌、新傳。）旋出爲華州刺史。（墓誌、新傳。）——舊一七六、新一八二有傳，全唐文七五五有杜牧撰東川節度使周公墓誌。

李讓夷——開成五年冬或明年，由中書舍人遷工侍。會昌元年，最遲明年春，遷戶侍。——舊一七六、新一八一有傳。

〔考證〕 舊傳：「開成……二年拜中書舍人，……終文宗世官不達。及德裕秉政，驟加拔擢，歷工戶二侍郎，轉左丞。」新傳由中舍三遷右丞。按：遷右丞在會昌二年七月以前，又德裕以開成五年九月入相，則遷工戶二侍郎年季約如此。

李回——會昌二年前後，蓋由中書舍人遷工侍。三年七月稍前，遷刑侍。（詳戶侍卷考證一〇。）——舊一七三、新一三一有傳。

封敖——會昌四年九月四日甲寅，由中書舍人·翰林學士遷工侍·知制誥，仍充學士。（翰學壁記、新傳〔省中舍〕。）五年三月十八乙丑，守本官出院。（壁記。）是年，遷御史中丞。〔考證〕。——舊一六八、新一七七有傳。

〔考證〕新傳，遷工侍知制誥後云：「未幾，拜御史中丞。與宰相盧商慮囚，誤縱死罪，復爲工部侍郎。」舊傳省工侍，而云：「德裕罷相，敖亦罷內職。宣宗卽位，遷禮部侍郎。大中二年，典貢部，多擢文士。」詳略互異。考金華子雜編上：「韓藩端公，大中二年封僕射敖門生也。」則舊傳遷禮侍知大中二年春貢舉，不誤。又新一八二盧商傳：「大中元年春旱，詔商與御史中丞封敖理囚，……誤縱死罪，罷爲武昌軍節度使。」則新傳中丞亦不誤。是兩傳互異而均不誤也。蓋會昌五年三月守工侍本官出院後，是年遷御史中丞。大中元年三月盧商罷相，敖亦由中丞復轉工侍，是年又遷禮侍耳。參看後條盧弘正會昌五六年爲工侍大中元年三月遷戶侍事，時間亦恰勘合。

盧弘正——會昌五年，由給事中遷工侍。〔考證〕。大中元年三月，遷戶侍·判度支。（詳戶侍卷。）——舊一六三、新一七七有傳。

〔考證〕舊傳：「遷……給事中。會昌末，……（劉）稹誅，乃令弘正銜命宣喻河北三鎮，使還拜工部侍郎。大中初，轉戶部侍郎。」新傳略同。按：劉稹事平在會昌四年八月，使還遷工侍當在五年，與前條封敖事正合。

封敖——大中元年三月，由御史中丞復換工侍。是年，遷禮侍。（詳第一任條。）——此再任。

裴諗——大中二年七月六日癸亥，由中書舍人·翰林學士遷工侍·知制誥，仍充學士。〔考證一〕。十二月二十六壬子，進充承旨。（壁記、新傳。）三年五月二十三丙子，守本官出院。（壁記。）是年或明年，出爲檢校左散騎常侍・宣歙觀察使。時階蓋太中大夫。〔考證二〕。——舊一七〇、新一七三附父度傳。

〔考證一〕 翰學壁記：「裴諗，會昌六年……八月十九日，加司封郎中。大中元年二月三十日，加知制誥。二年七月二日，三殿賜紫。其月六日，特恩加工部侍郎知制誥。」岑注：「英華三八二有崔嘏授裴諗中書舍人制稱『翰林學士・司封郎中・知制誥裴諗』。中舍位侍郎下，是元年二月三十日至二年七月六日之間諗尙經中舍一遷，此記漏載也。」所論甚碻。

〔考證二〕 按：諗以六年正月由前宣歙觀察使・大中大夫・檢校左散騎常侍遷兵侍，而制云：「輟自綸闈，任寄方伹。」詳兵侍卷。蓋出院不久卽出鎭宣歙也。

庾簡休——蓋大中初，或會昌中，官至工侍。——新一六一附兄敬休傳。

〔考證〕 新傳：「弟簡休，亦至工部侍郞。」按：敬休官達文宗世，以大和九年卒。簡休官達或不能遲過大中初。

陸審傳——蓋會昌、大中中，或稍前後，官至工侍。——兩書無傳。

〔考證〕 新七三下世表：陸氏「審傳，工部侍郞。」按：其曾叔祖「景融，工部尙書。」事在開元中。景融玄孫「希聲，相昭宗。」則審傳官達年世約如此。

鄭薰——大中五六年，由中書舍人遷工侍。七年遷禮侍。時階中散大夫〔考〕。（詳禮侍卷。）——新一七七有傳。

韋澳——大中八年五月十九癸卯，由中書舍人・翰林學士遷工侍・知制誥，仍充學士。（翰學壁記。）十年五月二十五丁卯，遷京兆尹出院。（壁記、通鑑。）——舊一五八、新一六九有傳。

〔附考〕 通鑑與壁記月日並合，亦皆僅充學士，非承旨。而舊紀：大中八年「五月，以中書舍人・翰林學士韋澳爲京兆尹。」誤也。又舊傳：「召充翰林學士，累遷戶部、兵部侍郞，學士承旨。……出爲京兆尹。」新傳同，惟省戶侍。岑氏云：「大中八九年間，蕭鄴蕭寘繼爲承旨，澳已罷，而寘猶未出，舊傳之承旨殆誤。元龜五五三及新傳則沿訛不察。」耕望按：據壁記、通鑑，則舊傳之戶侍兵侍亦誤。語林二：「戶部侍郎韋澳爲京兆尹。」亦與兩傳由兵侍者不合，蓋均誤也。

鄭處誨——大中十年，由給事中遷工侍。十二年五六月，遷刑侍。（詳刑侍卷。）——舊一五八、新一六五有傳。

衞洙——蓋大中十二年或十三年，由給事中遷工侍。時階銀青光祿大夫。——舊一五九、新一六四附父次公傳。

〔考證〕舊傳：「子洙，累官至給事中，駙馬都尉，工部侍郎。」舊紀：大中十二年二月，「以銀青光祿大夫‧行給事中‧駙馬都尉衞洙爲工部侍郎。」咸通二年「八月，以中書舍人衞洙爲工部侍郎。尋改銀青光祿大夫‧檢校禮部尚書‧（略）充義成軍節度‧鄭滑潁觀察處置等使。」按：舊紀兩條顯相衝突，且年月均與他人衝突。然合觀舊傳，洙於大中末咸通初曾官工侍，蓋可信。大中十二三年闕員較久，今姑大體從舊傳及舊紀第一條，書於此時。

皇甫珪——大中十三年十一月，由中書舍人‧翰林學士遷工侍‧知制誥，仍充學士。時階朝請大夫。（翰學壁記。）十四年卽咸通元年十月，出爲同州刺史。（壁記。）——兩書無傳，新七五下世表，鑄之子。

楊知溫——大中十四年卽咸通元年十月，由中書舍人‧翰林學士遷工侍‧知制誥，仍充學士。（翰學壁記。）——舊一七六、新一七五附父汝士傳。

高璩——咸通二年八月七日己酉，由右諫議大夫‧知制誥‧翰林學士承旨遷工侍，仍知制誥‧充承旨。三年二月二十己未，遷兵侍，進階朝散大夫，仍知制誥‧充承旨。（翰學壁記。）——舊一七一、新一七七附父元裕傳。

李從晦——咸通三年九月，由工侍出爲檢校工尚‧山南西道節度使。——新七八附襄邑王神符傳。

〔考證〕新傳：「從晦，寶曆初及進士第。……出爲常州刺史。鎭海軍節度使李琢表其政，賜金紫。歷京兆尹，工部侍郎，山南西道節度使。」按：吳表五浙西卷據東觀奏記置李琢於大中十二年，則從晦官工侍不能早過咸通初也。又按：舊紀，咸通三年「九月，以戶部侍郎李晦檢校工部尚書·兼興元尹·山南西道節度使。」（百衲本及同文本均同）。沈氏合鈔本作李從晦。觀其年代節鎭，與新傳正同，當卽一人，而「工」「戶」不同，今姑從新傳作工侍。

又全唐文八〇六侯圭東山觀音院記：「大中時，內大德僧知元與工部李侍郎同議興復，功業未就，屬蠻獠猖狂，將犯西蜀，有三藏僧洪照……於舊基置降魔壇，號曰無能。節度使尙書獨孤公因給牒置院利人信施……。」按：「蠻獠猖狂」當指南詔而言。南詔與唐之邦交至宣宗崩後始破裂，其入寇始於大中十三年冬末或咸通元年春，然皆在安南一帶，此謂「將犯西蜀」，當指寇嶲州攻邛崍關而言。此事，通鑑書於咸通二年秋冬。又獨孤雲爲東川節度亦在咸通中葉。則此記雖冒言大中，實咸通初也。工部李侍郎者蓋卽從晦歟？

楊嚴——咸通六年二月，由給事中遷工侍。——舊一七七、新一八四有傳。

〔考證〕舊紀：咸通六年二月，「以給事中楊嚴爲工部侍郎，尋詔爲翰林學士。」舊傳：「咸通中，……拜給事中，工部侍郎。尋以本官充翰林學士。兄收作相，封章請外職，拜（略）浙東團練觀察使。」新傳同而略。是與舊紀不歧。而郎官考三引會稽太守題名記及嘉泰會稽志，與紀傳不同。岑氏翰學壁記注補附辨疑證嚴未爲學士；縱任學士，亦在前。然舊紀書六年二月由給事中遷工侍，固不與他處衝突也，今姑據紀書之。

獨孤霖——咸通六年九月十七乙未，由中書舍人·翰林學士遷工侍·知制誥，進階朝散大夫，仍充學士。七年三月十七癸巳，進充承旨。八年正月二十七戊辰，遷戶侍，仍知制誥·充承旨。（翰學壁記。）——兩書無傳。

裴璩——咸通八年正月二十七戊辰，由中書舍人·翰林學士遷工侍·知制誥，仍充學士。時階蓋朝散大夫。

九月二十三己未，出爲同州刺史。（翰學壁記〔工部本作水部從岑注正〕。）——兩書無傳。

劉允章——咸通八年冬，蓋在工侍·知制誥·充翰林學士任。遷禮侍出院。（詳禮侍卷。）——舊一五三有傳。

鄭言——咸通八年十一月四日己亥，由禮部郎中·知制誥·翰林學士遷工侍，仍知制誥·充學士。九年六月十八庚辰，遷戶侍出院。（翰學壁記〔岑注疑工侍前有中舍一遷〕。）——兩書無傳。

張裼——咸通十年十月，由中書舍人·翰林學士遷工侍·知制誥，仍充學士。十一月二日乙卯，進充承旨。十二年正月二十六癸酉，遷戶侍，仍知制誥·充承旨。（翰學壁記〔充承旨年月或誤詳戶侍卷劉鄴條〕。）——舊一七八有傳。

韋蟾——咸通十二年正月二十六癸酉，由中書舍人·翰林學士遷工侍·知制誥，仍充學士。十三年十月十五壬子，進充承旨。十一月十五辛巳，遷御史中丞·兼刑侍，出院。（翰學壁記。）——舊一八九下附見父表微傳。

鄭延休——咸通十三年十一月十八甲申，由中書舍人·翰林學士遷工侍·知制誥，仍充學士。十四年正月四日己巳，（或十三年十二月四日庚子。）進充承旨。同月七日壬申，（或十三年十二月七日癸卯。）遷兵侍，仍知制誥·充承旨。——兩書無傳，涯之子也。

〔考證〕 翰學壁記：「鄭延休，咸通十一年五月十八日，自司封郎中·知制誥遷中書舍人，充。十二年正月二十八日，三殿召對，賜紫。十一月十八日，遷工部侍郎·知制誥，依前充。十三年正月四日，宣充承旨。七日，遷兵部侍郎，依前充。十四年八月二十二日，加金紫光祿大夫·尚書左丞·知制誥，依前充。……。」據此年月，其任工侍及充承旨皆與韋蟾衝突，岑云必有一誤，是也。今按：蟾遷工侍年月日即張裼卸任之日，其進充承旨又緊接崔充十三年九月二十八日由承旨出院之後。且舊紀：十四年「正月丙寅朔，御史中丞韋蟾奏」云云。亦正緊接壁記遷中丞之後。則壁記韋蟾條書事當不誤，所誤必延休年月也。岑注改「宣充承旨」之「正月四日」爲「十二月四日」，於承旨已不衝突，然仍無以釋工侍。或者「十三年」當乙在「十一月十八日」之上，「十四年」當乙在「正月四日」之上，則延休遷工侍在蟾卸後三日，而充承旨在蟾出院後亦不過五十日耳。如此，既不改字，都無衝突，似較岑注爲勝。

李景溫——約咸通末，由工侍出爲華州刺史·潼關防禦使。——舊一八七、新一七七附兄景讓傳。

〔考證〕　舊傳：「咸通中，自工部侍郎出爲華州刺史·潼關防禦鎭國軍使。」新傳：「歷諫議大夫，福建觀察使，徙華州刺史，以美政聞。累遷尙書右丞。」合觀兩傳，爲工侍當在福建觀察後、華州刺史前。按：吳表六福建卷引淳熙三山志，咸通八年至十年，景溫皆在福建任內，則爲工侍當在十年以後。又其官右丞在乾符初蓋二年，則爲工侍約當咸通末矣。

崔朗——乾符三年七月，由工侍出爲同州刺史。（舊紀。）——兩書無傳。

楊知至——乾符三年九月，由京兆尹換工侍。（舊紀、舊傳。）——舊一七六、新一七五附父汝士傳。

楊授——乾符末，或廣明元年，曾官工侍。（舊傳。）——舊一七六、新一七四附父嗣復傳。

鄭紹業——廣明元年四月，由工侍出爲荆南節度使。（通鑑。）——兩書無傳。

●裴徹——廣明元年十二月五日甲申，由戶侍·知制誥·翰林學士遷工侍·同中書門下平章事。（詳戶侍卷。）中和元年正月二十三壬申，遷中書侍郎·兼禮尙，仍平章事。時階金紫光祿大夫。（詳禮尙卷。）——兩書無傳。

●蕭遘——中和元年正月二十三壬申，由兵侍·判度支遷工侍·同中書門下平章事，進階銀青光祿大夫。（詳戶侍卷。）四月十三庚寅，遷中書侍郎·兼禮尙，仍平章事，進階光祿大夫。（詳禮尙卷。）——舊一七九、新一〇一有傳。

張禕——中和元年八月，由中書舍人·翰林學士遷工侍·知制誥，仍充學士。二年，遷右丞，仍知制誥·充學士。（詳右丞卷。）——舊一六二有傳。

秦韜玉——中和四年秋冬，在工侍·判度支·兼充十軍司馬任。——兩書無傳。

〔考證〕 益州名畫錄卷上常重胤條，中和院壁畫隨駕臣僚，有韜玉，具銜「行在十軍司馬·工部侍郎·判度支。」時在中和四年九十月間，考詳右僕卷裴璩條。新六〇藝文志亦云：秦韜玉，「田令孜神策判官·工部侍郎。」又唐才子傳九秦韜玉條「(田)令孜引擢工部侍郎。」並與畫錄合。

盧知猷——文德元年，由前中書舍人遷工侍。蓋明年，遷戶侍。（詳右丞卷。）——舊一六三、新一七七有傳。

陸□——僖、昭之際，曾官工侍。——兩書無傳。

〔考證〕 全唐文八二四有黃滔工部陸侍郎啓。據此啓文，知在乾符以後，滔未及第以前。徐考二四據黃御史集引莆陽志，滔以乾寧二年登第，是此啓當作於僖宗末、昭宗初。

○王摶——光化三年六月十一丁卯，由司空·兼門下侍郎·同中書門下平章事·判度支貶工侍，削階特進。（通鑑、新表〔無日〕、新傳、全唐文九〇昭宗貶王摶工部侍郎制。）同月十二戊辰，再貶溪州刺史。（通鑑、新傳、全唐文九〇昭宗貶王摶溪州刺史制。）——新一一六有傳。

柳遜——天復元年，遷工侍·充史館判官。——兩書無傳。

〔考證〕 舊紀：天祐二年六月「丁未勅，太子賓客柳遜，……王溥監修日，奏充判官，授工部侍郎。」全唐文九三哀帝罷柳遜詔同。據新表，王溥以天復元年二月始相，三年二月罷相。然自二年正月至三年二月韋貽範蘇檢相繼在工侍任，則遜官工侍必在天復元年。

●韋遺範——天復二年正月二十丁卯，由給事中遷工侍·同中書門下平章事·（新表、新紀、通鑑、新傳。）判度支。（新表、新傳。）五月二十五庚午，丁母憂罷。（新表、新紀、通鑑。）——新一八二附盧光啓傳。

●蘇檢——天復二年六月二日丙子，由中書舍人遷工侍·同中書門下平章事。三年二月五日丙子，被殺。（通鑑、新紀、新表、新傳。）——新一八二附盧光啓傳。

孔績——天祐三年九月，見在工侍任。（册府一四五。）——兩書無傳。

附錄一　引用及參考書目

舊唐書〔舊〕（劉昫）
舊唐書校勘記〔校記〕（岑建功、羅士琳、劉文淇等）
舊唐書逸文（岑建功）
舊唐書札迻（龔道耕）見華西學報第六七期合刊本
新唐書〔新〕（歐陽修、宋祁）
　唐書合鈔〔合鈔〕（沈炳震）
舊五代史（薛居正）
新五代史（歐陽修）
　二十二史考異（錢大昕）
順宗實錄（韓愈）
通鑑唐紀〔鑑〕（司馬光）
　通鑑考異（司馬光）

唐會要〔會要〕（王溥）
册府元龜〔册府〕
唐六典〔六典〕
通典（杜佑）
唐令拾遺（仁井田陞）

全唐文
唐文拾遺（陸心源）
唐文續拾（陸心源）

參看文館詞林殘卷、文苑英華、唐大詔令集、四部叢刊諸唐人集、大正藏經第二一〇八集沙門不應拜俗等事、大正藏經第二一二〇大廣智三藏不空和上表制集
唐集質疑（岑仲勉）見歷史語言研究所集刊第九本

全唐詩
唐詩紀事（計有功）
唐才子傳（辛文房）

歷史語言研究所藏碑
金石萃編〔萃編〕（王昶）
八瓊室金石補正〔八瓊〕（陸增祥）
芒洛冢墓遺文等五種（羅振玉）
古刻叢鈔（陶宗儀）
金薤琳琅（都穆）
陶齋藏石記（端方）
貞石證史（岑仲勉）見歷史語言研究所集刊第八本第四分
金石錄（趙明誠）
寶刻叢編（陳思）
寶刻類編（宋某人）

唐尚書省郎官石柱題名考〔勞考〕（勞格、趙鉞）
郎官石柱題名新著錄（岑仲勉）見歷史語言研究所集刊第八本第一分
唐御史臺精舍題名考〔趙考〕（趙鉞、勞格）

承旨學士院記 〔承旨記〕 （元稹）
重修承旨學士壁記 〔翰學壁記〕 〔丁記〕 （丁居晦）
翰林學士壁記注補 〔岑注〕 （岑仲勉） 見歷史語言研究所集刊
第十五本
補唐代翰林兩記 （岑仲勉） 見歷史語言研究所集刊第十一本
登科記考 〔徐考〕 （徐松）
唐方鎭年表 〔吳表〕 （吳廷燮）
唐方鎭年表正補 （岑仲勉） 見歷史語言研究所集刊第十五本

元和姓纂 （林寶）
元和姓纂四校記 〔岑校〕 （岑仲勉）

冥報記 （唐臨） 見大正新修大藏經第二〇八二
釋門自鏡錄 （懷信） 見同前第二〇八三
朝野僉載 （張鷟）
國史補 （李肇）
封氏聞見記 （封演）
封氏聞見記校證 （趙貞信）
大唐世說新語 〔新語〕 （劉肅）
開天傳信記 （鄭綮）
明皇雜錄 （鄭處誨）
杜陽雜編 （蘇鶚）
前定錄 （鍾輅）
卓異記 （李翱）
雲溪友議 （范攄）
劉賓客嘉話錄 （韋絢）
因話錄 （趙璘）
東觀奏記 （裴庭裕）
中朝故事 （尉遲偓）
唐闕史 （高彥休）
北里志 （孫棨）
劇談錄 （康駢） 以上唐人
北夢瑣言 （孫光憲）
金華子雜編 （劉崇遠）
唐摭言 〔摭言〕 （王定保） 以上五代人
唐語林 〔語林〕 （王讜）
南部新書 （錢易）
益州名畫錄 （李畋）
廣卓異記 （樂史）
太平廣記 （李昉）
容齋隨筆五集 （洪邁）
避暑錄話 （葉夢得） 以上宋人
讀書雜誌 （勞格） 清人
永豐鄉人稿及雜著 （羅振玉）

中西回史日曆 〔陳曆〕 （陳垣）
唐代の曆 （平岡武夫）

附錄二　通表人名引得

簡例

一、姓名以筆畫數爲序。姓之筆畫數相同者，以部首先後爲序。姓同者以名之筆畫數爲序。

二、每任官只標始見之頁，如續見於次頁再次頁乃至數頁者從略。

孔若思——一〇六(禮侍)
孔惠元——一〇〇(春侍)
孔溫裕——七三(右丞)　一九五(戶侍)　三〇四(兵侍)
孔溫業——一八六(吏侍)
尹思貞——一〇五(地侍)　一一三(戶尚)　二四三(秋侍)　二五〇
(工尚)
牛　蔚——一九九(戶侍)　三〇六(工尚)　三〇七(刑尚)
牛　徽——三一三(刑侍)
牛　叢——二〇八(吏尚)　三〇二(兵尚)
牛仙客——二五七(工尚)　二五八(兵尚)
牛鳳及——一〇一(春侍)
牛僧孺——六六(左僕)　一六九(戶侍)　二八七(兵尚)
王　丘——四一(右丞)　四二(左丞)　一一五(吏侍)(禮侍)　一一
七(吏侍)
王　怡——一一四(戶侍)
王　昂——二六九(刑尚)
王　起——六三(左丞)　六七(左僕)　一六八(禮侍)　一七二(吏侍)
一七五(戶尚)(度支)　一七七(戶侍)　一八一(吏尚)
(禮侍)　一八二(禮侍)　二八四(兵侍)　二八五(兵侍)
二八八(兵尚)　二九〇(兵尚)
王　珪——八四(禮尚)
王　純(紹)——一五六(戶侍)　一五七(度支)　一五八(戶尚)　二
七七(兵尚)　(與王紹條合看)
王　珣——二五二(工侍)

王　涯——六三(右僕)　一六七(吏侍)　一七〇(戶尚)(鹽運)(禮
尚)　一七四(吏尚)(鹽運)　一七六(度支)(鹽運)　一
七七(鹽運)　二八一(兵侍)(工侍)
王　晙——一一六(吏尚)　一一八(戶尚)　二五二(兵尚)　二五三
(兵尚)
王　紹(純)——一六三(戶侍)　二七九(兵尚)　(與王純條合看)
王　翊——一三七(吏侍)(鹽運)　二六六(刑侍)
王　倕——二六〇(工尚)
王　琚——一一二(戶尚)
王　溥——二一七(鹽運)　二一八(戶侍)　三一八(工尚)
王　鉅——三一八(兵侍)
王　維——四八(右丞)
王　摶——七九(右僕)　二一二(戶侍)　二一三(戶尚)(度支)　二
一四(吏尚)　二一五(鹽運)　二一六(度支)(鹽運)　三
一五(工侍)
王　鉷——一二七(戶侍)
王　播——六二(左僕)　一六一(鹽運)　一六三(鹽運)　一六五
(禮尚)(禮侍)　一六八(鹽運)　一七一(鹽運)　二七九
(兵侍)(刑侍)　二八一(刑尚)　二八三(刑尚)
王　勮——一〇一(天侍)
王　璠——六三(左丞)(右丞)　六五(右丞)　一七四(吏侍)　一七
七(戶尚)(度支)　二八五(工侍)
王　緯——一五四(鹽運)

五畫

六畫

七畫

李　廙——四九〔左丞〕

李　鄘——五八〔右丞〕　一六二〔鹽運〕　一六六〔戶尚〕　二七八〔刑尚〕

李　綱——八一〔吏尚〕〔禮尚〕

李　暠——一二一〔吏尚〕　二五四〔兵侍〕

李　暐——一二八〔戶侍〕〔禮侍〕　一三一〔吏侍〕

李　遜——一六四〔戶侍〕　二八三〔刑尚〕

李　愿——二八一〔刑尚〕

李　廓——二九五〔刑侍〕

李　嶠——三五〔文昌左丞〕　一〇二〔天侍〕　一〇五〔地尚〕　一〇六〔吏尚〕〔吏侍〕　二四七〔兵尚〕

李　憕——四七〔右丞〕　一三〇〔禮尚〕

李　蔚——七二〔右丞〕　一九六〔禮侍〕　一九七〔吏侍〕　二〇一〔吏尚〕

李　璋——七三〔左丞〕

李　緯——八八〔民尚〕

李　禕——一一八〔禮尚〕　二五六〔兵尚〕

李　漢——一七六〔戶侍〕〔禮侍〕　一七七〔吏侍〕

李　褒——一八六〔禮侍〕

李　潘——一九一〔禮侍〕　一九二〔戶侍〕

李　磎——二一一〔戶侍〕　二一二〔禮尚〕　二一三〔戶侍〕〔度支〕

李　適——二四八〔工侍〕

李　錡——五八〔左僕〕　一五七〔鹽運〕

李　擇——七九〔右丞〕

李　嶧——一三三〔戶侍〕

李　衡——一五三〔戶侍〕〔鹽運〕

李　遵——二六二〔工侍〕　二六四〔工尚〕

李　曄——二六四〔刑侍〕

李　澥——二六八〔刑侍〕

李　鄴——二九八〔刑侍〕

李　燕——三一七〔兵侍〕

李　璿——三〇七〔兵尚〕（與李當條合看）

李　翺——一七七〔戶侍〕　二八九〔刑侍〕

李　鎮——二五六〔兵侍〕

李　煥——三一〇〔刑侍〕

李　藻——七七〔左丞〕

李　蠙——一九五〔戶侍〕

李　巖——一二七〔禮侍〕　二六〇〔兵侍〕

李　欒——一六〇〔戶尚〕

李　麟——四七〔左丞〕　一二八〔禮侍〕　一三一〔戶侍〕　二六〇〔兵侍〕〔刑侍〕　二六二〔憲尚〕　二六三〔憲尚〕

李之芳——一三六〔禮尚〕　二六五〔工侍〕

李大亮——二二八〔工尚〕

李日知——一一一〔戶尚〕　二四九〔刑尚〕

李元祐——一二二〔度支〕

李元素——三三〔文昌右丞〕　三四〔文昌右丞〕　五六〔右丞〕　一〇〇〔地侍〕　一六二〔戶尚〕〔度支〕

李元恭——一〇八〔吏侍〕

李景溫——七四〔右丞〕　三〇六〔工侍〕
李景諶——三二〔文昌右丞〕　九九〔天侍〕　一〇〇〔天尚〕
李景讓——六九〔左丞〕　一八〇〔禮侍〕　一九〇〔吏尚〕　一九三〔吏尚〕
李雲將——二八〔左肅機〕
李朝隱——一一二〔吏侍〕
李敬玄——二九〔右肅機〕　九三〔司列少常伯〕　九五〔吏尚〕　二三二〔司刑少常伯〕
李虛仲——六四〔右丞〕　一七七〔吏侍〕　二九〇〔兵侍〕
李道宗——八五〔禮尚〕　八六〔禮尚〕　二二六〔刑尚〕
李道裕——二二九〔刑侍〕
李道邃——四六〔右丞〕
李義府——九一〔吏尚〕
李義琛——二三四〔工侍〕　二三五〔刑侍〕
李遊道——二三八〔冬尚〕
李齊物——二六四〔刑尚〕
李齊運——一五五〔禮尚〕
李輔國——二六五〔兵尚〕
李適之——二五八〔刑尚〕　二五九〔兵尚〕
李德裕——六六〔左僕〕　一八一〔吏尚〕　二八六〔兵侍〕　二八八〔兵尚〕　二八九〔兵尚〕
李德懋——二三四〔兵尚〕
李懷遠——一〇三〔春侍〕　二四二〔秋尚〕
李懷儼——九五〔禮侍〕
李讓夷——六七〔右僕〕〔右丞〕　一八一〔戶侍〕　二九二〔工侍〕
杜　佑——五五〔左丞〕　一四四〔鹽運〕　一四五〔戶侍〕〔度支〕〔鹽運〕　一五九〔度支〕〔鹽運〕
杜　亞——二七一〔刑侍〕
杜　悰——六七〔左僕〕〔右僕〕　七一〔左僕〕〔右僕〕　一七九〔度支〕　一八〇〔戶尚〕〔戶侍〕　一八二〔度支〕〔鹽運〕　一九四〔度支〕〔鹽運〕　二九一〔工尚〕
杜　淹——八三〔吏尚〕
杜　勝——一九二〔戶侍〕
杜　暹——一二〇〔戶尚〕　一二二〔禮尚〕
杜元穎——一六七〔戶侍〕
杜正倫——二三三〔右丞〕　九〇〔度支尚書〕〔戶侍〕
杜弘徽——一一二〔戶侍〕
杜如晦——二三三〔右僕〕　八三〔吏尚〕　二二四〔兵尚〕
杜黃裳——一五一〔吏侍〕〔禮侍〕　一七三〔刑侍〕
杜從則——二四七〔工侍〕
杜景儉——二四一〔秋尚〕
杜楚客——二二七〔工尚〕
杜德祥——七九〔左丞〕　二一八〔禮侍〕
杜審權——七二〔左僕〕　一九〇〔禮侍〕　一九三〔戶侍〕　一九五〔吏尚〕　二九九〔刑侍〕　三〇〇〔兵侍〕〔工尚〕
杜鴻漸——四九〔右丞〕　一三四〔吏侍〕〔戶侍〕　二六二〔武侍〕　二六六〔兵侍〕
杜讓能——七七〔左僕〕〔右僕〕　二〇八〔戶侍〕〔禮尚〕　二〇九〔度

八畫

武承嗣——三三(文昌左相)　九七(禮尚)　九九(天尚)
武思文——一〇〇(春尚)
武重規——一〇五(禮尚)
武儒衡——一六八(禮侍)　二八四(兵侍)
邵　說——一四三(吏侍)
長孫冲——二三一(刑尚)
長孫祥——二三〇(刑尚)
長孫無忌——二二(右僕)　二五(左僕)　八三(吏尚)
長孫無憲——二二七(兵尚)
長孫凝——三一六(刑尚)

九畫

侯　備——一九六(戶侍)　三〇二(兵侍)
侯君集——八四(吏尚)　八五(吏尚)　二二六(兵尚)
侯希逸——五三(右僕)
侯知一——二三九(夏侍)
侯善業——二三一(刑侍)
姚　奕——四四(右丞)　二二二(禮侍)
姚　洎——二二一(戶侍)
姚　珽——一一〇(戶尚)　一一二(戶尚)
姚　璹——三三(文昌左丞)　一〇〇(天侍)　一〇三(地尚)　二三六(兵侍)　二四二(冬尚)
姚子彥——一三四(禮侍)
姚元之(崇)——一〇五(春尚)　二四二(夏尚)　二四四(夏尚)　二四七(兵尚)　二四九(兵尚)　(與姚元崇條合看)
姚元崇——二四一(夏侍)　(與姚元之條合看)
姚南仲——五六(右僕)
姜　恪——二三二(司戎太常伯)
姜　晦——一一四(吏侍)　二五〇(兵侍)
姜　晞——二五〇(工侍)
姜　皎——二四九(工尚)
姜柔遠——一〇二(地侍)
封　敖——七一(右僕)　一八四(吏侍)(禮侍)　一九二(戶尚)　二九三(工侍)　二九四(工侍)
封元素——八三(民侍)
封希顏——一二七(吏侍)
封德彝(倫)——二二(右僕)　八二(吏尚)
柏季纂——二三五(工尚)
柳　玭——七六(右丞)　二〇九(禮侍)　二一〇(吏侍)
柳　渾(載)——二七二(兵侍)　(與柳載條合看)
柳　載(渾)——五四(右丞)　(與柳渾條合看)
柳　遜——三一六(工侍)
柳　範——三一(右丞)
柳　奭——八九(吏尚)　二二九(兵侍)
柳　璟——一八一(禮侍)
柳　璨——二二〇(戶侍)　二二一(戶尚)(鹽運)
柳子房——九四(戶侍)
柳公綽——六一(左丞)　一六七(鹽運)　一六八(吏侍)　二八二(兵

侍〕
韋　蟾——七五〔左丞〕　三〇四〔工侍〕　三〇五〔刑侍〕
韋元甫——五一〔右丞〕
韋仁約（思謙）——三〇〔左丞〕
韋太眞（眞泰）——一〇七〔戶侍〕
韋方質——九九〔地尙〕
韋弘景——六三〔左丞〕　一七一〔吏侍〕　一七四〔禮尙〕　二八三〔刑
侍〕　二八七〔刑尙〕
韋巨源——三三〔文昌右丞〕　三五〔文昌左丞〕　三八〔左僕〕　一〇
三〔地尙〕　一〇六〔禮尙〕　一〇七〔吏尙〕　二四〇〔夏
侍〕　二四三〔冬尙〕　二四六〔刑尙〕
韋安石——三五〔文昌右丞〕　三六〔中臺左丞〕　三九〔左僕〕〔右僕〕
一〇四〔天尙〕　一〇六〔吏尙〕　一〇七〔戶尙〕　二四三
〔秋尙〕　二四五〔刑尙〕
韋行詮——三一〔右丞〕
韋有翼——一八八〔鹽運〕　一九二〔吏侍〕　二九五〔刑侍〕　二九七
〔兵侍〕
韋見素——四六〔右丞〕　四八〔左僕〕　一二八〔吏侍〕　二六〇〔工
侍〕　二六二〔武尙〕
韋叔夏——一〇五〔春侍〕
韋表微——一七二〔戶侍〕
韋承慶——一〇〇〔天侍〕　一〇五〔天侍〕
韋保乂——二〇〇〔戶侍〕　三〇五〔兵侍〕
韋昭度——七六〔左僕〕　七七〔右僕〕　二〇四〔禮侍〕　二〇五〔戶
侍〕〔禮尙〕　二〇六〔吏尙〕〔鹽運〕　三〇九〔兵侍〕
韋思齊——二七〔右丞〕
韋待價——三二〔文昌右相〕　九七〔吏尙〕
韋保衡——七三〔右僕〕　三〇四〔兵尙〕〔兵侍〕
韋夏卿——一五七〔吏侍〕
韋執誼——五七〔左丞〕
韋貫之——五九〔右丞〕　一六三〔禮侍〕　一六五〔吏侍〕　二八二
〔工尙〕
韋虛心——四二〔右丞〕　四三〔左丞〕　一一七〔吏侍〕　二五六〔兵
侍〕　二五八〔工尙〕
韋虛舟——二六一〔刑侍〕
韋處厚——二八四〔兵侍〕
韋貽範——二一八〔度支〕〔鹽運〕　二一九〔戶侍〕　三一六〔工侍〕
韋萬石——九六〔吏侍〕
韋嗣立——一〇四〔天侍〕　一〇六〔吏侍〕　二四二〔秋侍〕　二四七
〔兵尙〕
韋義節——八一〔禮侍〕　二二五〔刑侍〕

十畫

倪若水——四〇〔右丞〕　四一〔右丞〕　一一四〔戶侍〕
哥舒翰——四七〔左僕〕　二六一〔武尙〕
唐　皎——二四〔左丞〕　八四〔吏侍〕
唐　儉——八一〔禮尙〕　八五〔民尙〕
唐　臨——八八〔吏侍〕　八九〔禮尙〕　九〇〔吏尙〕〔度支尙書〕　二

二九（工尚） 二三〇（兵尚）（刑尚）

唐休璟（璿）——三七（尚書右僕射） 一〇六（吏尚） 二四三（夏尚）

唐奉一——二四一（夏侍） 二四二（夏尚）

夏侯孜——七〇（右丞） 七一（左僕） 一九一（戶侍） 一九二（鹽運） 二九八（刑侍） 二九九（兵侍）（工尚） 三〇〇（兵尚）（刑尚）

夏侯潭——二〇六（禮侍）

奚 陟——一五五（吏侍） 二七四（刑侍）

孫 偓——二一四（戶侍）（度支）（鹽運）（禮尚）

孫 逖——二五九（刑侍）

孫 揆——三一一（刑侍）

孫 瑴——一八五（戶侍）

孫 緯——二〇四（吏侍）

孫 簡——六七（左丞） 一八〇（吏侍） 一八三（吏尚） 二九二（刑侍）

孫 儲——三一五（兵尚）

孫元亨——二四〇（夏侍）

孫伏伽——八五（民侍）

孫彥高——三四（文昌左丞）

孫茂道（處約）——九一（司禮少常伯）

孫景商——二九七（刑侍）

席 豫——四三（右丞） 四四（左丞） 四五（左丞） 一二〇（戶侍） 一二一（吏侍） 一二四（禮尚）

徐 浩——四八（右丞） 一三九（吏侍） 二六七（工侍）

徐 商——六九（左丞） 一八七（戶侍） 一九五（鹽運） 二〇〇（吏尚） 三〇一（刑尚） 三〇二（兵侍） 三〇三（刑尚）（工尚）

徐 晦——二八五（工侍） 二八七（兵侍）

徐 堅——一〇八（戶侍）（禮侍） 一一七（吏侍） 二四六（刑侍）

徐 錡——九八（春尚）

徐安貞——一二四（吏侍） 二五七（工侍）

徐知仁——一一七（戶侍）

徐彥伯——二四七（工侍）

徐彥若——七八（左僕） 二一〇（吏侍） 二一一（戶侍） 二一二（吏尚） 二一三（鹽運） 二一四（鹽運） 三一二（兵尚）

桓臣範——二五〇（工侍）

格輔元——一〇〇（地尚）

殷 侑——二八八（刑尚） 二九〇（刑尚） 二九一（刑尚）

殷開山（嶠）——八一（吏侍）

班 宏——一四七（吏侍） 一四九（戶侍）（度支）（鹽運） 一五〇（戶尚） 一七一（刑侍）

班景倩——一二八（吏侍）

祝欽明——一〇七（禮尚） 二四五（刑尚）

秦韜玉——二〇八（度支） 三一〇（工侍）

袁 滋——五六（右丞） 一五五（吏侍） 一六三（戶尚）

袁 傪——二六九（兵侍）

袁仁敬——四二（左丞）

袁公瑜——二三二（司刑少常伯）

袁智弘——二三八〔秋尚〕
郗士美——二八一〔工尚〕
郝處俊——九一〔吏侍〕　九二〔司列少常伯〕〔司禮少常伯〕　二三四〔兵尚〕
馬　周——八七〔吏尚〕
馬　炫——二七三〔刑侍〕
馬　植——一八四〔戶侍〕〔鹽運〕　一八五〔禮尚〕　二九四〔刑侍〕
馬　載——二九〔左肅機〕　九五〔吏侍〕
馬　璘——五二〔左僕〕
馬　總——一六九〔戶尚〕　二八一〔刑侍〕
馬懷素——一一一〔吏侍〕　一一三〔戶侍〕〔禮侍〕　二四九〔刑侍〕
高　重——二九一〔兵侍〕
高　郢——一五六〔禮侍〕　一五九〔吏尚〕　二七七〔刑尚〕　二七八〔兵尚〕
高　鉞——一七五〔吏侍〕　二八六〔刑侍〕
高　湘——二〇二〔禮侍〕
高　瑀——二八八〔刑尚〕
高　湜——一九九〔禮侍〕　二〇〇〔度支〕　三〇五〔兵侍〕
高　銖——一八二〔吏侍〕　一八六〔戶侍〕〔禮尚〕　二九二〔刑侍〕
高　適——二六六〔刑侍〕
高　騈——二〇二〔鹽運〕　二〇六〔鹽運〕
高　鍇——一七七〔禮侍〕　一七九〔吏侍〕
高　璩——三〇一〔兵侍〕〔工侍〕　三〇二〔兵侍〕
高士廉（儉）——二四〔右僕〕　八四〔吏尚〕　八六〔吏尚〕
高元裕——六六〔右丞〕　六七〔左丞〕　一八二〔吏尚〕　一八四〔吏尚〕　一八七〔吏尚〕　二九三〔兵侍〕
高少逸——二九五〔工尚〕
高季輔（馮）——八六〔吏侍〕　八八〔吏尚〕〔民尚〕
高智周——九四〔禮侍〕
高敬言——八九〔吏侍〕
高審行——二九〔右肅機〕　九六〔戶侍〕
高履行——八七〔民侍〕　八九〔戶尚〕

十一畫

婁師德——二三八〔夏侍〕　二三九〔夏尚〕〔夏侍〕　二四〇〔秋尚〕
寇　宏——八九〔戶侍〕
寇　泚——二五三〔兵侍〕
常　袞——一四一〔禮侍〕
崔　充——二〇〇〔戶侍〕
崔　沆——七四〔右丞〕　二〇一〔禮侍〕　二〇二〔吏侍〕　三〇八〔工尚〕
崔　汪——七七〔右丞〕　二一一〔戶侍〕
崔　沔——一一四〔禮侍〕　一一七〔吏侍〕
崔　邠——一五九〔吏侍〕　一六〇〔吏侍〕〔禮侍〕　一六三〔吏尚〕
崔　昇（玄昇）——四〇〔右丞〕　二四五〔刑侍〕
崔　侁——二六八〔工侍〕
崔　胤——七九〔左僕〕　二一一〔吏侍〕　二一二〔戶侍〕　二一三〔戶侍〕〔禮尚〕　二一四〔戶尚〕〔度支〕　二一六〔吏尚〕

崔　璪——六九〔左丞〕 一八四〔吏侍〕 一八五〔鹽運〕 二九五〔兵侍〕 二九七〔刑尚〕
崔　璩——一一五〔禮侍〕
崔　縱——一四六〔鹽運〕 一四九〔吏侍〕
崔　琠——一八七〔戶侍〕〔禮侍〕 一九七〔禮尚〕 二九七〔兵侍〕
崔　瓘——一八八〔吏尚〕
崔　蠡——六八〔左丞〕 一七九〔禮侍〕 一八〇〔戶侍〕 一八二〔吏侍〕
崔日用——一一二〔吏尚〕〔吏侍〕 二四七〔兵侍〕
崔元式——一八三〔度支〕 一八四〔戶尚〕 二九四〔刑尚〕
崔元同——二五三〔刑侍〕
崔元略——一七一〔戶侍〕 一七四〔戶尚〕〔度支〕
崔元綜——三七〔尚書左丞〕 二三八〔秋侍〕
崔元獎——九六〔吏侍〕
崔仁師——八六〔民侍〕 二二九〔刑侍〕
崔多日——一〇一〔天侍〕
崔玄祇——二五〇〔刑侍〕
崔玄暐——三五〔文昌左丞〕 一〇四〔天侍〕
崔弘禮——二八七〔刑尚〕
崔守業——二三四〔刑侍〕
崔光遠——一三二〔禮尚〕
崔知悌——三〇〔左丞〕 九六〔戶尚〕
崔知溫——三一〔右丞〕
崔祐甫——一四三〔吏侍〕

崔彥昭——七四〔右僕〕 一九七〔戶侍〕〔度支〕 二〇一〔度支〕〔鹽運〕 三〇六〔兵侍〕〔刑尚〕
崔昭符——二一八〔禮尚〕
崔昭緯——七八〔右僕〕 二一一〔吏尚〕〔戶侍〕 二一二〔鹽運〕 三一二〔兵侍〕
崔貞愼——二四五〔兵侍〕
崔神慶——一〇四〔春侍〕
崔泰之——四一〔左丞〕 一一一〔禮侍〕 二五五〔工尚〕
崔義起——九四〔戶侍〕
崔紹業——二四三〔秋侍〕
崔從質——一五七〔戶侍〕
崔愼由——一九〇〔戶侍〕 一九一〔禮尚〕 一九六〔吏尚〕 二九七〔刑侍〕 二九八〔工尚〕
崔善爲——二一〔左丞〕
崔敦禮——二二八〔兵侍〕 二二九〔兵尚〕
崔餘慶——二七〔右丞〕 二八〔左肅機〕 二三三〔司戎太常伯〕
崔漢衡——二七一〔兵尚〕
崔龜從——一七九〔戶侍〕 一八〇〔吏尚〕 一八五〔度支〕 一八六〔戶尚〕 一八七〔吏尚〕
崔隱甫——二五五〔刑尚〕 二五六〔刑尚〕
張　均——一一九〔禮侍〕 一二四〔戶侍〕 二五六〔兵侍〕 二五九〔兵侍〕 二六〇〔刑尚〕
張　孚——一三五〔吏侍〕 二六八〔兵侍〕
張　倚——四七〔左丞〕 一二九〔吏侍〕

張詢古——一〇一（天侍）
張楚金——九七（吏侍）　二三四（刑侍）　二三七（秋尚）
張嘉貞——一一七（戶尚）　二五四（工尚）
張嘉福——一〇九（吏尚）
張毅夫——一九五（戶侍）
張獻誠——一三九（戶尚）
曹　汾——二〇一（戶侍）（度支）
曹　確——七三（左僕）　一九五（度支）　一九六（戶尚）　一九七（吏
尚）　三〇一（兵侍）　三〇二（工尚）
畢　構——一一〇（戶尚）　一一一（吏尚）　一一四（戶尚）
畢　誠——一九四（戶尚）（度支）（禮尚）　二九六（刑侍）　三〇一
（兵尚）
章仇兼瓊——一二六（戶尚）
第五琦——一三一（度支）（鹽運）　一三二（戶侍）　一三六（戶侍）（度
支）（鹽運）
許子儒——一〇一（天侍）
許季同——二八三（工侍）
許孟容——五八（右丞）　五九（左丞）　一六〇（吏侍）　一六三（吏
侍）（禮侍）　二七七（刑侍）　二七九（兵侍）
許圉師——二九（左肅機）　九五（戶尚）
許康佐——一七六（戶侍）　一七七（禮尚）　二九〇（兵侍）
許景先——一一七（吏侍）　一一九（吏侍）　二五五（工侍）
許敬宗——八八（禮尚）　九〇（禮尚）
郭　釗——二八二（刑尚）　二八四（兵尚）
郭　鈞——二八〇（工侍）
郭子儀——四八（左僕）　二六二（武尚）
郭元振（震）——一一一（吏尚）　二四八（兵尚）（刑尚）
郭承嘏——二九一（刑侍）
郭英乂——五〇（右僕）
郭待舉——九七（吏侍）
郭虛己——一二五（戶侍）　二五八（工侍）　二六〇（工尚）
郭福善——二二六（兵侍）
陳　商——一八二（禮侍）　一八三（禮侍）　二九六（工尚）
陳　憲——二五二（工侍）
陳夷行——六七（左僕）　一八〇（吏侍）　二九一（工侍）
陳希烈——二五六（工侍）　二六〇（兵尚）
陳叔達——八四（禮尚）
陸　□——三一二（工侍）
陸　威——三〇九（兵侍）
陸　扆——七八（左丞）　二二二（戶侍）　二二四（戶侍）　二二七
（戶尚）　二二〇（吏尚）　三一三（兵侍）　三一四（工尚）
三一六（兵尚）
陸　渭——一四八（戶侍）
陸　贄——一五一（禮侍）　二七三（兵侍）
陸元方——三五（文昌左丞）　一〇一（春侍）　一〇二（天侍）　二三
八（秋侍）
陸希聲——二一三（戶侍）
陸象先——一一六（吏侍）（戶尚）　二四七（兵侍）　二五二（工尚）

二五三〔刑尚〕
陸景融——四五〔左丞〕〔右丞〕 一二五〔吏侍〕 二五六〔兵侍〕 二五九〔工尚〕
陸審傳——二九六〔工侍〕
陸餘慶——四〇〔左丞〕

十二畫

傅元淑——九九〔地尚〕 二三八〔冬尚〕
喬琳——一四七〔吏尚〕 二七〇〔工尚〕
強循——一一六〔戶侍〕
庾準——五二〔右丞〕 五三〔左丞〕
庾光先——一三一〔吏侍〕
庾承宣——六一〔右丞〕 六三〔左丞〕 一六六〔禮侍〕 一七二〔吏侍〕 一七五〔吏侍〕 二八三〔刑侍〕
庾敬休——六四〔左丞〕 一七五〔吏侍〕〔戶侍〕 二八六〔工侍〕
庾簡休——二九六〔工侍〕
程异——一六五〔鹽運〕 一六六〔鹽運〕 二八一〔工侍〕
程行諶——二四八〔刑侍〕 二四九〔刑侍〕
舒元輿——二九〇〔刑侍〕
賀知章——一一七〔禮侍〕 二五四〔工侍〕
賀若孝義——二三〔左丞〕
陽浚——四七〔左丞〕 一二九〔禮侍〕
陽嶠——三九〔右丞〕
馮伉——二七七〔兵侍〕
馮宿——二八七〔工侍〕 二八八〔刑侍〕 二八九〔兵侍〕
馮圖——一九三〔戶侍〕〔度支〕
馮元常——三一〔左丞〕 二三五〔兵侍〕
馮長命——二四〔左丞〕

十三畫

敬括——二六六〔兵侍〕
敬晦——一八六〔鹽運〕 二九六〔刑侍〕
敬暉——三六〔右丞〕 二四二〔夏侍〕
楊收——七二〔右僕〕 三〇一〔兵侍〕 三〇二〔刑尚〕
楊昉——二八〔右肅機〕 二三三〔司平太常伯〕
楊炎——五三〔左僕〕 一四一〔吏侍〕
楊汪——二二〇〔戶侍〕
楊釗（國忠）——二二七〔度支〕〔鹽運〕 二二九〔度支〕〔鹽運〕 二六〇〔兵侍〕 （與楊國忠條合看）
楊涉——八〇〔左丞〕 二一二〔禮侍〕 二一五〔吏侍〕 二二〇〔禮侍〕 三一一〔吏侍〕〔戶侍〕 三一四〔刑侍〕
楊授——二〇六〔戶侍〕 三〇八〔工侍〕 三一〇〔兵侍〕 三一四〔刑尚〕
楊堪——二一三〔戶尚〕
楊滔——一一四〔戶侍〕 一一六〔吏侍〕 二五一〔兵侍〕
楊瑒——一一七〔戶侍〕
楊暄——一三〇〔戶侍〕
楊鉅——二一七〔戶侍〕 二一八〔吏侍〕

楊　綰——五〇〔左丞〕　一三六〔禮侍〕　一三七〔禮侍〕　一三八〔吏侍〕
楊　憑——二七八〔刑侍〕
楊　嚴——二〇三〔度支〕　三〇二〔工侍〕　三〇七〔兵侍〕
楊　纂——二三〔左丞〕　二五〔左丞〕　八四〔吏侍〕　八五〔吏侍〕　八八〔戶尙〕
楊元琰——二四八〔刑尙〕
楊玄珪——二六一〔工尙〕
楊弘武——九二〔司列太常伯〕　二三二〔司戎少常伯〕
楊弘禮——二二八〔兵侍〕
楊汝士——一七七〔戶侍〕　一八〇〔吏侍〕　二八八〔工侍〕　二九一〔兵侍〕　二九三〔刑尙〕
楊再思——三八〔右僕〕　一〇五〔戶尙〕
楊希古——七六〔右丞〕
楊承令——四二〔左丞〕
楊於陵——一五八〔吏侍〕　一六一〔戶侍〕　一六二〔吏侍〕　一六四〔度支〕　一六六〔吏侍〕〔戶侍〕　一六七〔戶尙〕　二八〇〔兵侍〕
楊知溫——七二〔左丞〕　一九五〔戶侍〕　一九八〔吏侍〕　三〇〇〔工侍〕
楊知至——二〇八〔戶侍〕　三〇七〔工侍〕
楊思玄——九一〔司列少常伯〕
楊思敬——九四〔禮尙〕
楊恭仁——八二〔吏尙〕
楊師道——八二〔吏侍〕　八六〔吏尙〕　二二八〔工尙〕
楊國忠——一二九〔吏尙〕（與楊釗條合看）
楊執柔——一〇〇〔地尙〕　二三八〔夏尙〕
楊崇敬——二三五〔工侍〕
楊溫玉——一〇五〔地侍〕
楊愼矜——一二六〔地侍〕〔鹽運〕
楊嗣復——六四〔左丞〕　一七一〔禮侍〕　一七二〔吏侍〕　一七四〔戶侍〕　一七九〔戶尙〕〔鹽運〕　一八〇〔吏尙〕
楊虞卿——二八九〔工侍〕
楊漢公——一八七〔戶侍〕　二九七〔工尙〕
源　愔——九〇〔度支侍郎〕
源光裕——四一〔左丞〕　一一五〔戶侍〕　二五二〔刑侍〕
源光譽——一二一〔戶侍〕
源直心——二八〔左肅機〕　二三二〔司刑太常伯〕
源乾曜——四〇〔左丞〕　四二〔左丞相〕　一一三〔戶侍〕
溫　造——六三〔右丞〕　一七七〔禮尙〕　二八七〔兵侍〕
溫大雅——八三〔禮尙〕　二二四〔工侍〕
溫彥博——二四〔右僕〕　八三〔吏侍〕
溫無隱——二二九〔工侍〕
董　晉——五四〔左丞〕　一五三〔禮尙〕　二七五〔兵尙〕
虞　昶——二三四〔工侍〕
賈　至——五〇〔左丞〕〔右丞〕　一三七〔禮侍〕　二六七〔兵侍〕
賈　躭——五六〔左僕〕〔右僕〕　一五八〔吏尙〕　二七一〔工尙〕
賈　曾——一一七〔吏侍〕　一一八〔禮侍〕

十四畫

裴　瓚——二〇一（禮侍）　二〇四（吏侍）　二〇七（吏侍）（禮尙）
三一〇（刑尙）
裴士淹——一三一（禮侍）　一三二（禮侍）　一三九（禮尙）　二六六
（兵侍）
裴元質——三八（右丞）
裴行本——二三八（冬侍）
裴行儉——九三（司列少常伯）　九六（禮尙）
裴光庭——一一九（吏尙）　二五四（兵侍）
裴延齡——一五二（度支）（鹽運）　一五三（戶侍）　一五五（戶尙）
裴廸先——二五八（工尙）
裴居道——二三六（刑尙）
裴茂宗——一一四（禮尙）
裴思義——一二一（戶侍）　一二三（吏侍）
裴思猷——三〇四（工尙）
裴宣機——九四（禮侍）
裴敦復——二五九（刑尙）
裴熙載——二四（左丞）　二三三（兵尙）
裴敬彝——九七（吏侍）
裴遵慶——四八（右丞）　五一（右僕）　一三四（吏侍）（戶侍）　一三
八（吏尙）　二六四（兵侍）
裴耀卿——四四（左丞相）　四五（右丞相）　一一九（戶侍）　一二〇
（鹽運）　一二一（鹽運）
裴懷節——二三五（工侍）
趙　昌——二七八（工尙）

趙　涓——五四（左丞）　一四六（吏侍）
趙　崇——七九（右僕）　二一〇（禮侍）　二一二（吏侍）
趙　植——二七六（工侍）
趙　憬——五五（左丞）（右丞）
趙　隱——七五（右僕）　二〇〇（戶侍）　二〇一（戶尙）（禮尙）　二
〇四（吏尙）　三〇五（刑侍）
趙　縱——一四二（戶侍）　二六七（工侍）
趙　驚——一九七（禮侍）
趙　贊——一四五（禮侍）　一四六（戶侍）（度支）
趙仁本——二九（左肅機）　九三（司列少常伯）
趙仁恭——二三五（刑侍）
趙光逢——七八（左丞）　八〇（左丞）　二一二（戶侍）　二一六（禮
侍）　二二〇（吏侍）　三一三（兵侍）
趙昇卿——四二（左丞）
趙宗儒——一五八（吏侍）　一六〇（吏侍）　一六一（戶尙）（禮尙）
一六六（吏尙）　一六七（吏尙）　一六九（吏尙）　二七九
（刑尙）　二八一（兵尙）
趙彥昭——一一〇（吏侍）　二四六（兵侍）　二四九（刑尙）
趙國珍——二六七（工尙）
趙慈景——二三三（兵侍）
趙義綱——八三（民侍）
齊　抗——一四八（鹽運）
齊　映——二七二（兵尙）
齊　澣——四二（右丞）　一一八（吏侍）

齊景胄——三八〔左丞〕 二四七〔刑侍〕

十五畫

劉　彤——一二〇〔吏侍〕
劉　汾——三〇一〔兵侍〕
劉　奇——一〇一〔天侍〕
劉　洎——二四〔右丞〕 八七〔吏尚〕〔民尚〕〔禮尚〕
劉　廼——二七〇〔兵侍〕
劉　秩——四八〔右丞〕
劉　晏——五三〔左僕〕 一三四〔戶侍〕〔度支〕〔鹽運〕 一三五〔戶侍〕〔度支〕〔鹽運〕 一三六〔吏尚〕 一三七〔鹽運〕 一三九〔吏尚〕 一四三〔度支〕〔鹽運〕
劉　單——一四〇〔禮侍〕
劉　滋——一四七〔吏侍〕 一四八〔吏尚〕〔吏侍〕〔禮尚〕 一五〇〔吏侍〕 一五一〔吏尚〕 二七四〔刑尚〕
劉　彙——四七〔右丞〕
劉　瑑——一九一〔戶侍〕〔度支〕 二九六〔刑侍〕 二九九〔工尚〕
劉　鄴——七四〔左僕〕 七五〔左僕〕 一九六〔戶侍〕〔鹽運〕 二〇〇〔戶尚〕〔度支〕〔鹽運〕〔禮尚〕 二〇一〔吏尚〕 三〇四〔兵侍〕
劉　憲——一〇五〔吏侍〕 二四六〔工侍〕
劉　瞻——一九八〔戶侍〕 三〇四〔刑尚〕 三〇六〔刑尚〕
劉三復——二九三〔刑侍〕
劉仁軌——三〇〔左僕〕 三一〔左僕〕
劉太眞——一四九〔禮侍〕 二七一〔工侍〕 二七二〔刑侍〕
劉允章——一九七〔禮侍〕 三〇三〔工侍〕
劉文靜——八一〔民尚〕
劉公濟——二七六〔工尚〕
劉令植——一一五〔禮侍〕
劉守悌——一三六〔刑侍〕
劉如璿——二四〇〔秋侍〕
劉伯芻——一六五〔吏侍〕 二八〇〔刑侍〕
劉希逸——二六八〔工侍〕
劉林甫——八三〔吏侍〕
劉知柔——四〇〔右丞〕 一一二〔戶侍〕 二五〇〔工尚〕 二五一〔工尚〕
劉承雍——二〇一〔戶侍〕 三〇七〔刑侍〕
劉幽求——三八〔右丞〕 三九〔右僕〕 四〇〔左僕〕 一一〇〔吏尚〕〔戶尚〕
劉政會——二二四〔刑尚〕
劉祥道——九〇〔吏侍〕 九二〔司列太常伯〕〔司禮太常伯〕 二三一〔刑尚〕
劉栖楚——二八五〔刑侍〕
劉從一——一四八〔戶尚〕 二七一〔刑侍〕
劉崇望——七七〔左僕〕 二〇九〔戶侍〕 二一〇〔吏尚〕 二一一〔度支〕 二一四〔吏尚〕 三一一〔兵侍〕 三一二〔兵尚〕 三一四〔兵尚〕 三一五〔兵尚〕
劉崇龜——二一〇〔戶侍〕

劉德威——二二四（刑侍）　二二七（刑尙）
劉審禮——二三四（工尙）
劉燕客——二六（右丞）　二三〇（刑侍）
慕容珣——一一五（吏侍）
樂　賢——八九（禮尙）　九一（度支尙書）
樂仁規——三一五（兵尙）
樂朋龜——三一〇（兵尙）（兵侍）
樂思晦——一〇〇（天尙）
樊　[□]——五六（左丞）
樊　忱——一〇五（地侍）　一〇七（戶侍）
歐陽通——二三八（夏尙）
潘　炎——一四二（禮侍）
潘孟陽——一五八（戶侍）　一五九（度支）（鹽運）　一六四（戶侍）
（度支）　一六五（戶侍）
蔣　伸——一九〇（戶侍）　一九二（戶侍）　二九九（兵侍）　三〇〇
（刑尙）（工尙）　三〇三（兵尙）
蔣　沇——二七〇（刑侍）
蔣　洌——四七（左丞）　一二九（禮侍）　一三〇（吏侍）（戶侍）
蔣　係——六九（左丞）　一八七（吏侍）　二九八（刑尙）　三〇〇
（兵尙）
蔣　渙——五一（左丞）　一四一（禮侍）　一四三（禮尙）　二六七
（工侍）　二六八（刑尙）
蔣　詠——二一一（禮侍）
蔣　鎭——二七一（工侍）
蔣欽緒——一一八（吏侍）
褚遂良——二七（右僕）　八九（吏尙）
鄧　惲——三〇（左丞）　二四二（秋尙）
鄧玄挺——九七（吏侍）　九九（天侍）
鄧景山——四九（左丞）
鄭　元——五八（左丞）　一六〇（戶侍）（度支）　一六一（度支）　二
七八（刑尙）
鄭　言——一九八（戶侍）　三〇三（工侍）
鄭　杲——一〇三（天侍）　一〇四（天侍）
鄭　注——二九〇（工尙）
鄭　畋——一九九（戶侍）　二〇一（吏侍）（禮尙）　三〇六（兵侍）
三〇七（兵尙）
鄭　朗——一八三（戶侍）　一八七（度支）　一九〇（禮尙）　二九六
（工尙）　二九八（工尙）
鄭　涯——六八（左丞）　一八九（吏侍）　二九三（兵侍）
鄭　覃——六五（右僕）　一七六（戶尙）　二八四（工侍）　二八七
（工尙）　二九〇（刑尙）
鄭　愔——一〇八（吏侍）
鄭　絪——一六八（吏尙）　一七一（吏尙）　二八〇（工尙）　二八四
（兵尙）
鄭　愚——一九七（禮侍）
鄭　頎——一九九（禮侍）
鄭　損——二〇八（禮侍）
鄭　肅——六五（右丞）　一七七（吏侍）　一七九（吏侍）　一八一

〔戶尙〕〔禮尙〕 二九〇〔刑侍〕 二九三〔兵尙〕
鄭　綮——二一二〔禮侍〕
鄭　魯——二九七〔刑侍〕
鄭　澣（涵）——六五〔左丞〕 一七三〔禮侍〕 一七六〔吏侍〕 一八〇〔戶尙〕 二八七〔兵侍〕 二九一〔刑尙〕
鄭　憲——七一〔右丞〕
鄭　璘——七九〔左丞〕
鄭　薰——七一〔右丞〕 七二〔左丞〕 一八八〔禮侍〕 一九四〔吏侍〕 二〇一〔禮侍〕 二九六〔工侍〕 二九七〔工侍〕
鄭　顥——一八九〔禮侍〕 一九〇〔戶侍〕 一九二〔吏侍〕 一九三〔禮侍〕 二九八〔刑侍〕 二九九〔兵侍〕
鄭　權——二八三〔工尙〕〔工侍〕
鄭元規——三一七〔刑尙〕
鄭少微——二五七〔刑侍〕
鄭延休——七四〔左丞〕 三〇五〔兵侍〕〔工侍〕
鄭延昌——七八〔左僕〕 二〇九〔禮侍〕 二一一〔戶尙〕〔度支〕 三一二〔兵侍〕 三一三〔刑尙〕
鄭叔則——五四〔左丞〕
鄭昌圖——二〇八〔戶侍〕〔度支〕 三一〇〔兵侍〕 三一一〔兵侍〕
鄭珣瑜——一五四〔吏侍〕 一五七〔吏侍〕 一五九〔吏尙〕
鄭惟忠——一一三〔禮尙〕
鄭紹業——二〇六〔度支〕 三〇八〔工侍〕 三〇九〔兵侍〕 三一一〔工尙〕
鄭處誨——一九五〔吏侍〕 二九八〔工侍〕 二九九〔刑侍〕〔工侍〕
鄭從讜——一九五〔吏侍〕〔禮侍〕 一九九〔吏侍〕 二〇二〔吏尙〕 二〇三〔禮尙〕 三〇一〔刑侍〕 三〇六〔刑尙〕 三〇八〔兵尙〕
鄭善果——八一〔民尙〕 八二〔禮尙〕 二二四〔刑尙〕
鄭越客——二四七〔工侍〕
鄭欽泰——二八〔左肅機〕 二三一〔兵侍〕
鄭雲逵——二七六〔刑侍〕 二七七〔兵侍〕
鄭溫琦——一一七〔禮侍〕
鄭餘慶——五七〔左丞〕 六〇〔左僕〕 一五六〔吏侍〕 一六三〔吏尙〕 二七五〔工侍〕 二七九〔兵尙〕
鄭凝績——二一一〔戶侍〕 三一〇〔兵侍〕 三一三〔刑侍〕
黎　幹——二六七〔刑侍〕 二六九〔兵侍〕

十六畫

獨孤庠——七二〔左丞〕
獨孤朗——二八五〔工侍〕
獨孤雲——二〇〇〔吏侍〕
獨孤損——二一四〔禮侍〕 二一七〔吏侍〕 二一九〔禮尙〕 二二〇〔戶尙〕〔度支〕 三一七〔兵侍〕
獨孤義順——二二〔左丞〕 八二〔民侍〕
獨孤霖——一九七〔戶侍〕 三〇二〔工侍〕 三〇三〔兵侍〕
獨孤懷恩——二二三〔工尙〕
盧　匡——一九七〔吏侍〕
盧　告——二〇七〔吏侍〕

盧　坦——一六二(鹽運)　一六三(戶侍)(度支)(鹽運)　二七九
(刑侍)
盧　奐——四六(右丞)　二五七(兵侍)
盧　奕——二六一(武侍)
盧　耽——三〇四(兵尚)
盧　商——一八二(戶侍)(度支)　一八三(度支)　一八六(戶尚)
二九三(刑侍)　二九四(兵侍)(工尚)
盧　深——一九九(戶侍)
盧　鈞——七〇(左僕)　一八一(戶侍)　一八三(吏尚)(戶尚)(戶
侍)(度支)　一八六(吏尚)
盧　渥——七六(左丞)　七七(右僕)　二〇四(禮侍)　二〇八(戶尚)
盧　絢——二五八(兵侍)
盧　載——六六(右丞)
盧　說——三一五(兵侍)
盧　徵——一五一(戶侍)
盧　邁——五五(右丞)
盧　翰——一四六(吏侍)　二七一(兵侍)
盧　攜——二〇一(戶侍)　二〇二(戶尚)　三〇六(工尚)　三〇七
(刑尚)　三〇八(兵尚)
盧　獻——三二二(文昌左丞)
盧　懿——七〇(右丞)　一八九(吏侍)
盧元裕(正己)——四九(右丞)　二六五(刑侍)　二六六(工尚)
盧元輔——二八五(刑侍)(工侍)　二八六(兵侍)
盧弘正——一八四(戶侍)(度支)　二九四(工侍)
盧弘宣——二九三(刑侍)　二九四(工尚)
盧弘愼——二五一(兵侍)
盧光啓——二一八(吏侍)(戶侍)(度支)(鹽運)　三一六(兵侍)
盧知猷——七七(右丞)　二一〇(戶侍)　二一二(戶尚)　三一一
(工侍)　三一三(兵侍)(工尚)
盧承業——二六(左丞)　二八(左肅機)(右肅機)　九二(司列少常
伯)
盧承慶——二六(左丞)　八八(吏尚)(民侍)　九一(度支尚書)　九
三(司列太常伯)　二二九(兵侍)　二三三(司刑太常伯)
盧貞諒——二五八(刑侍)
盧從愿——四一(左丞)　一一〇(吏侍)　一一七(吏侍)　二五一
(工侍)　二五三(工尚)　二五四(刑尚)
盧義恭——二二七(工侍)
盧簡辭——一八三(戶侍)　二九四(兵侍)(刑侍)
盧藏用——三九(右丞)　一〇九(吏侍)　二四八(工侍)
盧懷愼——一一二(吏侍)　一一三(吏尚)　二四七(兵侍)
穆　寧——一三五(鹽運)　一三七(鹽運)
蕭　炅——一二一(度支)(鹽運)　一二二(戶侍)　一二三(戶侍)
二六〇(刑尚)
蕭　昕——一三五(禮侍)　一四九(禮尚)(禮侍)　二六九(工尚)
蕭　定——一四三(戶侍)
蕭　俛——六一(右僕)　一六八(吏尚)　一七二(禮尚)　二八三
(兵尚)
蕭　倣——七四(左僕)(右僕)　一九四(吏侍)　一九五(禮侍)　一

九七〔戶侍〕　一九九〔吏尚〕〔度支〕　二〇〇〔度支〕　三〇四〔兵尚〕　三〇五〔兵尚〕

蕭　造——二二三〔刑尚〕

蕭　華——四九〔右丞〕　一三五〔禮尚〕　二五八〔工侍〕　二六二〔武侍〕

蕭　復——一四七〔吏尚〕〔戶尚〕　二七一〔兵侍〕

蕭　植——一七二〔戶尚〕

蕭　瑀——二二〔左僕〕〔右僕〕

蕭　嵩——四二〔左丞〕　四三〔右丞相〕　一二〇〔吏尚〕　二五三〔兵侍〕　二五四〔兵尚〕

蕭　遘——七五〔左僕〕　二〇四〔戶侍〕〔度支〕　二〇五〔戶尚〕〔禮尚〕　二〇六〔吏尚〕〔度支〕　三〇九〔兵侍〕〔工侍〕

蕭　寘——一八八〔戶侍〕　一九六〔戶侍〕　三〇二〔兵侍〕

蕭　鄴——七四〔右僕〕　一八八〔戶侍〕　一九〇〔度支〕　一九二〔禮尚〕　二〇〇〔吏尚〕〔戶尚〕　二九八〔兵侍〕　二九九〔工尚〕　三〇〇〔兵尚〕

蕭　澣——二九〇〔刑侍〕

蕭元嘉——二五一〔工侍〕

蕭至忠——一〇七〔吏侍〕　一一一〔吏尚〕　二四八〔刑尚〕

蕭德昭——二三四〔兵侍〕

衞　洙——二九九〔工侍〕

衞中行——六一〔右丞〕

衞次公——五八〔右丞〕　六〇〔左丞〕　一六一〔禮侍〕　一六二〔戶侍〕　二七八〔兵侍〕　二八〇〔兵侍〕

錢　徽——六二〔左丞〕　一六七〔禮侍〕　二八四〔工侍〕

閻立本——二三一〔工尚〕

閻立德——二二九〔工尚〕

閻伯嶼——一四一〔戶侍〕　二六八〔刑侍〕

閻知微——一〇二〔春尚〕

鮑　防——一四七〔禮侍〕

十七畫

薛　□——二〇七〔禮侍〕

薛　平——一七一〔戶尚〕

薛　侃——四八〔左丞〕

薛　放——一七〇〔禮尚〕　二八二〔工侍〕　二八三〔兵侍〕〔刑侍〕

薛　眈——一九四〔禮侍〕

薛　述——一四二〔吏侍〕

薛　邕——五三〔左丞〕　一三一〔禮侍〕　一三八〔禮侍〕　一四〇〔吏侍〕

薛　能——三〇七〔工尚〕

薛　播——五四〔左丞〕　一四九〔禮侍〕

薛　稷——一〇八〔吏侍〕　一一一〔禮尚〕　二四八〔工尚〕

薛　獻——二二五〔工侍〕

薛元超（振）——九七〔戶尚〕

薛元賞——一八三〔鹽運〕　二九四〔工尚〕

薛廷珪——八〇〔左丞〕　一二一〔吏侍〕　一二二〔禮侍〕　三一六〔刑侍〕

薛季昶——三五〔文昌左丞〕　一〇五〔戶侍〕

薛季連——二七四〔工侍〕

薛昭緯——二一四〔禮侍〕　二一五〔禮侍〕　二一六〔戶侍〕　三一五〔兵侍〕

薛貽矩——二一八〔戶侍〕　二二〇〔吏侍〕　二二二〔吏尚〕　三一六〔兵侍〕

薛貽謀——二七九〔兵侍〕

薛謙光（登）——三八〔左丞〕　二四七〔刑侍〕　二五〇〔刑尚〕

鍾紹京——一〇九〔戶尚〕　一一一〔戶尚〕

韓　休——四三〔右丞〕　一一六〔禮侍〕　二五四〔工侍〕　二五六〔工尚〕

韓　洄——一四四〔戶侍〕〔度支〕〔鹽運〕　二七一〔兵侍〕　二七二〔刑侍〕　二七三〔兵侍〕

韓　偓——二一八〔戶侍〕　三一六〔兵侍〕　三一八〔兵侍〕

韓　章——二八〇〔工尚〕

韓　皐——五五〔右丞〕　五七〔右丞〕　六一〔左僕〕〔右僕〕　一六二〔戶尚〕　一六四〔吏尚〕　一六五〔吏尚〕　一六七〔吏尚〕　二七四〔兵侍〕

韓　滉——五一〔右丞〕　一四〇〔戶侍〕〔度支〕　一四八〔鹽運〕　一四九〔度支〕〔鹽運〕　二六八〔兵侍〕

韓　愈——一六九〔吏侍〕　二八一〔刑侍〕　二八三〔兵侍〕　二八四〔兵侍〕

韓　瑗——二三〇〔兵侍〕

韓仲良（良）——八二〔吏侍〕　八三〔民尚〕　二二五〔刑尚〕

韓思復——一一七〔吏侍〕

韓朝宗——一一九〔吏侍〕

韓擇木——一三四〔禮尚〕　二六三〔憲侍〕

十八畫

戴　冑——二二〔左丞〕〔右丞〕　八三〔民尚〕　八四〔吏尚〕

戴至德——三〇〔右僕〕　九四〔戶尚〕

歸　登——二七八〔工侍〕　二八一〔兵侍〕　二八二〔工尚〕

歸　融——一七八〔戶侍〕　一七九〔吏侍〕　二九〇〔工侍〕　二九一〔兵侍〕　二九三〔兵尚〕

歸仁晦——二〇〇〔吏侍〕　二〇二〔吏尚〕

歸仁紹——二〇六〔禮侍〕

歸仁澤——二〇八〔禮侍〕

歸崇敬——二七四〔工尚〕

顏相時——八六〔禮侍〕

顏眞卿——五〇〔右丞〕　一三一〔戶侍〕　一三五〔戶侍〕　一三六〔吏侍〕　一四三〔吏尚〕　二六二〔工尚〕　二六三〔憲尚〕　二六四〔刑侍〕　二六六〔刑尚〕　二六九〔刑尚〕

魏　扶——一八四〔禮侍〕　一八五〔戶侍〕　二九五〔兵侍〕

魏　徵——二二〔右丞〕

魏　謩——一八七〔戶侍〕　一八九〔禮尚〕　一九〇〔戶尚〕　一九一〔吏尚〕

魏　簹——三一一〔刑侍〕

魏元忠——三七〔左僕〕〔右僕〕　二四五〔兵尚〕

十九畫

二十畫

二十一畫

二十二畫

圖書在版編目（CIP）數據

唐僕尚丞郎表 / 嚴耕望著 . -- 北京 : 北京聯合出版公司 , 2023.8

ISBN 978-7-5596-3599-0

Ⅰ. ①唐… Ⅱ. ①嚴… Ⅲ. ①官制—研究—中國—唐代 Ⅳ. ①D691.42

中國版本圖書館 CIP 數據核字（2019）第 198713 號

唐僕尚丞郎表

嚴耕望　著

出 品 人：趙紅仕
出版監製：劉　凱　趙鑫瑋
選題策劃：聯合低音
責任編輯：翦　鑫
封面設計：聯合書莊
內文排版：旅教文化

關注聯合低音

北京聯合出版公司出版
（北京市西城區德外大街 83 號樓 9 層　100088）
北京聯合天暢文化傳播公司發行
北京華聯印刷有限公司印刷　新華書店經銷
字數 1100 千字　880 毫米 × 1230 毫米　1/16　72.25 印張
2023 年 8 月第 1 版　2023 年 8 月第 1 次
ISBN 978-7-5596-3599-0
定價：480.00 圓（全四冊）